文春文庫

帳簿の世界史

ジェイコブ・ソール
村井章子訳

帳簿の世界史　目次

序章　ルイ一六世はなぜ断頭台へ送られたのか　11

第1章　**帳簿はいかにして生まれたのか**　23

奴隷が帳簿係を務めたアテネ、ハンムラビ法典で会計原則が定められていたバビロニア、歴代の皇帝が帳簿を公開したローマ帝国。だが古代の会計は不正に満ちていた。それはいかに進化し、複式簿記の発明へ至ったのか。

第2章　**イタリア商人の「富と罰」**　45

教会法で金貸業が禁じられていた一四世紀のイタリアでは、商人と銀行家は常に罪の意識に苛まれていた。だが、最後の審判を恐れるその信仰心こそが、会計を発展させたのだ。彼らの秘密帳簿は、それを示している。

第3章　**新プラトン主義に敗れたメディチ家**　69

ルネサンス期のフィレンツェを支配していたメディチ家。ヨーロッパ最大の富豪を支えた会計技術は、なぜわずか一世代で失われてしまったのか。その謎を解く鍵は、新プラトン主義によるエリート思想の流行にあった。

第4章 「太陽の沈まぬ国」が沈むとき 103
一六世紀になっても会計への偏見は根強かった。だが、スペインは赤字続きの植民地を前に、遂に会計改革に乗り出す。重責を担ったフェリペ二世だったが、オランダの反乱・無敵艦隊の敗北など、更なる悪夢が彼を襲う。

第5章 オランダ黄金時代を作った複式簿記 141
東インド会社を中心とした世界貿易で途方もない富を得たオランダ。その繁栄の秘密は、複式簿記にあった。国の統治者が史上初めて複式簿記を学び、それを政権運営に取り入れることができたのは、一体なぜなのか。

第6章 ブルボン朝最盛期を築いた冷酷な会計顧問 169
ヴェルサイユ宮殿を建設したルイ一四世を支えたのは、会計顧問のコルベールだった。財政再建に奮闘したその手腕はアダム・スミスにも称讃されたが、同時に彼は会計の力で政敵を容赦なく破滅へと追い込んだ。

第7章　英国首相ウォルポールの裏金工作　191

スペイン継承戦争の巨額債務や南海泡沫事件など、イギリスの財政危機を何度も救ったウォルポール。だが彼の権力と財産は、国家財政の秘密主義なくしては得られず、その長期政権も裏金工作によって支えられていた。

第8章　名門ウェッジウッドを生んだ帳簿分析　217

イギリス史上最も成功した陶磁器メーカーの創立者・ウェッジウッド。彼は経営に確率の概念を取り込み、緻密な原価計算を行うことで会社を繁栄させた。この時代、富は信心と几帳面な会計の産物だとみなされていた。

第9章　フランス絶対王政を丸裸にした財務長官　241

ルイ一六世から財務長官に任命されたスイスの銀行家・ネッケルは、それまで秘密のベールに包まれていた国家財政を、国民へ開示した。そのあまりにも偏った予算配分に国民たちは怒り、フランス革命につながった。

第10章　会計の力を駆使したアメリカ建国の父たち　267
「権力とは財布を握っていることだ」。アメリカ建国の父たちの一人、ハミルトンはこう喝破した。複式簿記を郵政会計に導入したフランクリン、奴隷も個人帳簿に計上したジェファーソン。彼らはみな会計の力を信じた。

第11章　鉄道が生んだ公認会計士　297
鉄道の登場により、財務会計の世界は急速に複雑化した。鉄道会社は巨大企業へと成長するが、粉飾決算が横行。その監督のために公認会計士が誕生することになる。彼らは、規制がなく野放し状態のアメリカで奮闘した。

第12章　『クリスマス・キャロル』に描かれた会計の二面性　315
一九世紀から二〇世紀にかけて、会計は小説や思想にどのような影響を与えたのか。父親が会計士だったディケンズ、複式簿記の発想が『種の起原』に見られるダーウィン、会計を忌避したヒトラーから見えてくるものとは。

第13章 大恐慌とリーマン・ショックはなぜ防げなかったのか 333
複雑化した会計は、もはや専門教育を受けた人でなければ扱えない。その中で大手会計事務所は、監査で知り得た財務情報をもとにコンサルティング業を開始する。明らかな構造的矛盾のもと、最悪の日は近づいていた。

終章 経済破綻は世界の金融システムに組み込まれている 359

謝辞 365
ソースノート 369
日本版特別付録 帳簿の日本史（編集部） 401
解説 山田真哉 408

帳簿の世界史

マーガレット・ジェイコブに捧ぐ

序　章　ルイ一六世はなぜ断頭台へ送られたのか

ルイ一四世の帳簿とフランスの破綻

二〇〇八年九月のこと、太陽王ルイ一四世の財務総監ジャン＝バティスト・コルベールの評伝を書き終えたばかりだった私は、興味深い事実に気づいた。コルベールは、上着のポケットに入れて持ち運べるよう、金色に印字された小型の帳簿を作っていたのである。この習慣は一六六一年に始まっており、ルイ一四世は年に二回、自分の収入、支出、資産が記入された新しい帳簿を受け取った。あれほどの絶対的地位にいる君主が王国の会計《アカウンティング》に興味を示したのは、初めてのことである。太陽王が自分の王国の決算をつねに把握するために帳簿を持ち歩いたのだとしたら、これこそが近代的な政治と会計責任《アカウンタビリティ》の始まりだったように見えた。会計責任とは、他人の財貨の管理・運用を委託された者がその結果を報告・説明し、委託者の承認を得る責任を意味する。

　しかし次に私は、この習慣がすぐに終わってしまったことを知ってショックを受けた。金のかかる戦争やヴェルサイユを始めとする宮殿建設で赤字続きだったルイ一四世は、コルベールが一六八三年に死去すると、会計報告の習慣を打ち切ってしまう。国王からすれば、帳簿は国家運営の道具ではなく、統治者としての自分の失敗をあからさまに示す不快な代物になっていたのだろう。せっかく会計と責任のシステムを発足させたルイ一四世だが、ついに会計の中央管理をやめてしまった。これではもう、コルベールがやったように各省庁の会計を一つの元帳にまとめることはできない。そして大臣たちは、王の財政運営を把握することも的確に批判することもできなくなった。よい会計は悪いことが起きたときに真実を教えてくれるが、ルイ一四世は都合の悪いことは見て見ぬ振りをしたくなったらしい。あの有名な「朕《ちん》は国家なり」という言葉は、本心だったのだろう。こうなると、政府といえども王の個人的意志に逆らえない。一七一五年、太陽王は死の床で、自分はフランスを破綻《はたん》させたと告白した。

ルイ一四世の権勢と崩御の物語は、過ぎ去った遠い昔の出来事ではない。太陽王の小さな帳簿とよく似た話はどこにでも転がっている。二〇〇八年九月のリーマン・ブラザーズの破綻は、まさに同種の出来事だった。アメリカの、いや世界の資本主義の申し子だったリーマン・ブラザーズは、突如として蜃気楼《しんきろう》よりもはかない実態を露呈する。よい会計を追放してまで権力に固執したルイ一四世さながらに、このアメリカの投資銀行は途方もないリスクをとってサブプライムローン証券やクレジット・デフォルト・スワップ（CDS）などのデリバティブを大量に取引し、帳簿操作を行って損失を隠蔽して、結局は破綻した。監査人も規制当局も健全だとみなしていた金融システムは、そもそもの設計が不適切だったことが判明したのである。

公然の事実だったリーマン・ブラザーズの会計操作

ルイ一四世が悪いニュースを知らずに済まそうとしたのと同じく、ウォール街も規制当局も、金融システム全体を脅かす会計慣行を見ないことにしようと決めたらしい。当時ニューヨーク連邦準備銀行の総裁だったティモシー・ガイトナーは金融市場の専門知識を備えていたはずだが、自分のオフィスの目と鼻の先で何が起きているのか知らなかった、少なくとも完全には知らなかったようだ。上場企業の監督責任を持つ証券取引委員会（SEC）も、ビッグ・フォーと呼ばれる大手会計事務所、デロイト・トウシュ・トーマツ、アーンスト・アンド・ヤング、KPMG、プライスウォーターハウスクーパースも同様だった。リーマン・ブラザーズの帳簿をきちんと監査した人間は一人もいなかったとみえる。同行が損失隠しのために資産を帳簿外に移す会計操作を行って健全経営を装っていたことはほとんど公然の事実だったが、それを見落としてしまった。(1)

二〇〇八年九月にリーマン・ブラザーズが破綻すると、相次いで他の投資銀行も倒れ、世界の金融システムは崩壊の危機に瀕する。一〇月にブッシュ政権は銀行の救済と金融システムへの資金注入を決断し、不良資産救済プログラム（TARP）のもと、莫大な公的資金を使って不良債権を買い取る。アメリカの資本主義経済は、政府の命綱頼みという事態に陥ったのである。二〇〇九年にはバラク・オバマが大統領に就任し、ガイトナーを財務長官に指名する。しかし、会計責任の新しい時代をつくるという大統領のふれこみにもかかわらず、ウォール街には罰されるはずがないという空気が充満していた。三五〇〇億ドルもの資金が投じられたおかげで、世界経済を巻き添えにしかねないメルトダウンはどうにか避けられたものの、この公的資金には何の交換条件もつけられていない。銀行がそれをどう使うのか、監査もない。アメリカ経済は瀕死の状態だというのに、銀行は最後の審判を免れた。

その後、お粗末な帳簿が引き起こす金融危機に脅かされるのは、銀行だけでないことがあきらかになる。アメリカ、ヨーロッパ、中国にまで、もっと大きな会計と責任の危機――公的債務危機の暗い影が迫ってきたのだ。危なっかしい銀行どころか、ギリシャ、ポルトガル、スペイン、イタリアの国債から全世界の地方自治体にいたるまで、財務報告がほとんど信用できず、債務残高が公表された数字のとおりなのか、年金をきちんと払い出せるのかどうかすら、疑わしい状況にあることが判明した。民間の監査法人や政府の規制当局に対する信頼も地に墜《お》ちた。慎重な監査を最も必要とするまさにそのとき、SECは相変わらずの予算不足で無力だったし、ビッグ・フォーは厳格な監査に踏み込めずにいた。

つまり、官民を問わず会計責任は果たされていなかったわけである。しかしこのことに対する抗議の声はほとんど聞かれなかった。銀行が罰を受けないことに不満を述べる人は大勢いたし、政府の介入は金融業界の自由を妨害すると憤慨する人もいた。だが、財務報告の責任はどうあるべきか、どうすれば責任は果たされるのか、といった問題に関する真剣な議論はまったく行われず、現代社会がこうもたびたび財政と政治の責任能力喪失に陥るのはなぜか、という根本的なことも論題にに上らなかった。まるで政府も市民も、財政破綻の責任を求めるのはどうせ無理だと考え、あきらめているように見える。

国家の繁栄は会計によって決まる

本書はこの問題に切り込み、会計責任を果たすことがいかにむずかしいかを知るために、七〇〇年におよぶ財務会計の歴史をたどる。会計は事業や国家や帝国の礎《いしずえ》となるものだ。会計は、企業の経営者や一国の指導者が現状を把握し、対策を立てるのに役立つ。その一方で、会計がきちんとしていなければ、破綻に拍車をかけることになる。二〇〇八年のグローバル金融危機はその端的な例と言えよう。

ルネサンス期のイタリア、スペイン帝国、ルイ一四世のフランスからネーデルラント連邦共和国、大英帝国、独立初期のアメリカにいたるまで、一国の浮沈のカギを握るのは政治の責任と誠実な会計だった。よい会計慣行が政府の基盤を安定させ、商業と社会を活性化するのに対し、不透明な会計とそれに伴う責任の欠如が金融の混乱、金融犯罪、社会不安を招いてきたことは、何度となく歴史が証明している。何兆ドルもの負債と大規模な金融不祥事に直面する今日も、メディチのフィレンツェ、オランダの黄金時代、大英帝国の全盛期、一九二九年のウォール街も、この点では変わらない。社会と政治が大規模な危機に直面せず繁栄を謳歌《おうか》できたのは、会計の責任がきちんと果たされていたごく短い期間だけだったようにみえる。千年近く前から人々は会計のやり方を知ってはいたが、大方の政体や金融機関は、それを実行しないことに決めてしまったらしい。繁栄する社会では、よい会計慣行や商業文化が根付いていただけでなく、それを支える健全な倫理観や文化の枠組みが存在し、会計を無視したり操作したり怠ったりしがちな人間の性癖をうまく抑えていた。本書では、この簡単な教訓がなぜ活かされてこなかったのか、その理由も探りたいと考えている。

ルイ一六世はなぜ断頭台へ送られたのか

最初に会計システムを開発し、財政と政治の責任を明確化したのは、繁栄する商業国家だった。イタリアのジェノヴァ共和国では、はやくも一三四〇年には市政庁の執務室で大型の帳簿がつけられており、複式簿記で財政を記録していた。会計は、他国とはまったく異なる政治観をジェノヴァにもたらした。厳正な会計はよき事業のみならず、よき統治に欠かせない、ということである。ジェノヴァは自国の財政状態を常時把握しており、将来の困難に備えることもできた。ジェノヴァ、ヴェネツィア、フィレンツェを始め、商業を基盤とする共和国では、すくなくとも支配階級はしかるべき財政の責任を果たすべきものと考えられていた。これこそ、理想的な近代統治、すなわち規律と責任のある合理的な統治の始まりと言えよう。(2)

これらの共和国はたしかに栄えたけれども、会計責任の維持がむずかしいことも立証することになった。一六世紀になると、イタリアの共和国全般の衰退と絶対君主制の台頭が相俟《あいま》って、会計への関心は薄れていく。商人たちは複式簿記に慣れて熟達していったが、政治の場からは会計は姿を消していった。例外は、君主制の潮流に逆らって共和制を維持し続けたスイスとオランダだけである。なるほどルネサンスが最盛期を迎え、それに付随して科学革命が起きる頃、すなわち一四八〇年から一七〇〇年にかけては、君主が会計に興味を示したこともあった。イングランドのエドワード七世、エリザベス一世、スペインのフェリペ二世、オーストリア帝国の皇帝たち、ルイ一四世、そしてドイツ、スウェーデン、ポルトガルの王たちは、収支を調べ、国庫を管理し、帳簿を維持した。だが、ジェノヴァを始めとするイタリアの共和国が一四世紀に実践したような、複式簿記による政府の会計システムを安定的に確立した君主は一人もいない。いや実のところ、それを望みもしなかった。臣下が国家財政を厳正に記録しようものなら、君主に報復されかねない。財政改革を試みた大臣はいても、君主は結局、自分が責任をとるべき相手は神であって、財務長官に対してではない、と開き直る。こうして君主が財政の責任をとなくなったせいで、ヨーロッパでは何世紀にもわたり金融危機が頻々と起きた。

君主にとって会計の透明性は危険だったし、たしかにそれにも一理はある。ルイ一六世の外務大臣を務めたヴェルジェンヌ伯は、フランス革命の八年前の一七八一年の時点で、アメリカ独立戦争の戦費が財政を圧迫していることに気づいていた。ヴェルジェンヌ伯は、この事実を絶対に世に知られてはならないと主張する。王家の財政の公表は、君主制の至上命令である秘密主義に反するという理由からだった。実際にはその時点ですでにフランスは破産同然だったのだから、ヴェルジェンヌ伯が財政を正確に把握していたとは言いがたい。それでも君主制に関する限り、伯爵は正しかった。帳簿を公開することは、財務会計の責任を引き受けることである。この同じ年に、王家の収支と王国の危機的財政が財務長官ネッケルの手によって初めて白日の下にさらされたとき、ルイ一六世の神秘性は剝ぎ取られた。のちに王が断頭台送りになったのは、このことにも一因がある。

資本主義と近代以降の政府には、本質的な弱点がある

一九世紀になり、選挙によって選ばれた名目上は開かれた政府が出現しても、会計の責任は果たされないことが多かった。一九世紀はイギリスが大帝国を支配し世界の金融の中心地となった時代だが、腐敗と不正が同国の財政運営をたびたび脅かした。またこの時期のアメリカは、南北戦争が終わって産業が急発展し、「金ピカ時代」と呼ばれる軽薄な成金趣味の時代を迎えていた。そして慎重に設計された会計責任のメカニズムを持っていたにもかかわらず、悪徳資本家による大規模な会計不正や不祥事や危機に何度も見舞われている。財政の責任を継続的に

果たした完璧な国家は、一つとして存在しない。企業と政府の会計責任は、民主主義社会においても、いまだに確立されていない。

度重なる金融危機に脅かされる現代は、会計の責任の歴史を振り返るのにふさわしい時期ではないだろうか。だが、そう考えた歴史家はほとんどいないようだ。国家財政の歴史を論じた研究者はいても、会計と責任が大国の興亡に果たした役割は見落としている。しかし、複式簿記はまさに西洋文明の産物であり、欧米経済史の主役になってもおかしくない。会計の歴史を調べれば、組織や社会の浮き沈みを解明できると考えられる。メディチ銀行、オランダ東インド会社、大英帝国は栄華を誇ったが、いまはもう存在しない。つまり繁栄ののちには衰退したのであり、会計はどのストーリーでも重要な役回りを演じてきた。

会計責任の歴史という観点から見れば、資本主義の歴史は単純に右肩上がりでもなければ、好況不況の繰り返しでもないことがわかる。むしろ資本主義と近代以降の政府には、本質的な弱点があると言うべきだろう。決定的な瞬間に会計と責任のメカニズムが破綻し、金融と政治の危機を引き起こすとは言わないまでも、危機を深刻化させる。すくなくとも財政における一国の成功は、会計が整備され会計責任が果たされること、そのための努力が継続されることに懸かっている。

マルクスやウェーバーは会計をどう見ていたか

複式簿記なしには近代的な資本主義は成り立たないし、近代国家も存続できない。複式簿記は、損益を計算し、財政を管理する基本的なツールである。その発祥の地はトスカーナと北イタリア各地で、一三〇〇年頃だったとされる。言い換えれば古代と中世の社会には存在しなかったのであり、複式簿記の誕生は、資本主義と近代政治の幕開けを意味した。では、「複式」とはいったい何を意味するのだろうか。家計簿や銀行通帳のような単式簿記では、単一の勘定における現金の出入りを記録するだけである。これに対して複式簿記では、現金の増減だけでなく、それに伴う資産の価値も表すことができる。帳簿の中央に線を引いて、左を借方、右を貸方とし、一つの取引では必ず借方・貸方が対になり、また貸借は必ず同額になる。たとえばヤギを売るたびに、入ってきた現金を借方に、出て行った商品を貸方に記入する。取引が完了したら、あるいは期末に、集計して利益または損失を計算する。収支尻を確定したら、借方と貸方に線を引いて勘定を締め切る。こんな具合に帳簿をつけていれば、いま現在は赤字なのか黒字なのか、つねに把握できる。[3]

複式簿記は、会計の基本的な等式を表す。それは、ある組織が管理する資産は、債権者の権利および所有者の持ち分と必ず等しくなる、というものだ。この等式のおかげで、企業や政府は資産と負債の状況をいつでも追跡でき、したがって横領を防止しやすい。資産、収入、そしてもちろん利益といった実績を表す数字を明確に示してくれる複式簿記は、財務計画を立て、実行し、責任を果たすための有効なツールとなる。[4]

近代的な経済思想の生みの親であるアダム・スミスも、カール・マルクスも、複式簿記は経済と資本主義の発展に欠かせないと考えていた。一九二三年には、ドイツの社会学者で資本主義の理論家であるマックス・ウェーバーは、現代の企業では会計が大きな役割を果たすとし、「近代的な簿記の手順に従って会計が行われることにより、企業の収益力が決定づけられる」

と述べた。複雑な資本主義の発展には多くの文化的な要素が作用するが、会計もその一つだとウェーバーは考えていた。独立初期のアメリカに資本主義文化が定着するにいたった要因はプロテスタントの職業倫理にあるというウェーバーの主張において、会計は職業倫理の基本要素の一つと位置づけられていた。(5)

ドイツの経済学者ヴェルナー・ゾンバルトはもっと過激で、「複式簿記のない資本主義は想像もできない。両者は形式的にも実体的にも密接に関連付けられている」と述べた。「創造的破壊」で名高い政治学者のヨーゼフ・シュンペーターは、会計を資本主義の支柱と位置付け、経済学者が会計にあまり注意を払わないことを嘆いている。そして、会計慣行の歴史的理解なくして有効な経済理論を打ち立てることはできない、と書いた。(6)

見落とされてきた複式簿記の重要性

こうした経済思想家たちは一様に、会計に経済的成功を導く重要な要素であり、経済の歴史を理解する手がかりにもなると考えていた。しかし彼らが見落としていたことがある。それは、政治の安定は会計責任が果たされる土壌にのみ実現すること、それはひとえに複式簿記に懸かっているということである。複式簿記は利益の計算に威力を発揮するだけではない。借方と貸方が必ず等しくなるという概念（貸借平均の原理）が導入されることによって、経済運営ひいては政権の手腕を診断し、責任を明確にすることができる。中世イタリアでは、複式簿記による帳簿は健全な事業や政府の実態を表すと同時に、神の審判や罪の合計を表す宗教的な一面も備えていた。

あらためて言うまでもなく、厳正な会計を貫き通すのは、口で言うほど容易ではない。会計の責任を継続的に果たすことは、昔もいまも変わらずにむずかしい。本書を通じて示したいのは、会計が単に商取引の一部ではなく、倫理的・文化的枠組みに溶け込んでいるときは、責任はよりよく果たされるということである。中世から二〇世紀前半にいたるまで、公正な会計を実行し報告する責任と信用の伝統を築くことのできた社会では、例外なく複式簿記が文化に根付いていた。フィレンツェやジェノヴァを始めとするイタリアの共和制都市国家しかり、黄金時代のオランダ、一八〜一九世紀のイギリス、アメリカしかり。これらの国はどこも、会計が教育にも、宗教・倫理、芸術、哲学にも、政治運営にも取り込まれていた。会計はまた、神学や政治学、絵画、社会・科学理論、小説のテーマにもなった。たとえばダンテ、オランダの画家たち、オーギュスト・コント、トーマス・マルサス、チャールズ・ディケンズ、チャールズ・ダーウィン、ヘンリー・デイヴィッド・ソロー、ルイザ・メイ・オルコット、マックス・ウェーバー……。実務の分野に数学が応用され発展したことも、社会における会計の活用に寄与し、ひいては会計責任の文化を根付かせるというふうに好循環につながった。またこうした文化は、資本主義と代議政治を伴った。

会計と責任の相互作用は壊れやすく、しかもそれが一企業どころか一国の運命を決定付けることがある。したがって会計の歴史は、単に景気の変動や数字の増減の話ではなく、人間と政治の物語である。会計に熟達し、文化に根付かせながらも、往々にしてそれを忘れてしまい、不可避的に危機に見舞われることの繰り返しだ。この長い歴史を振り返ると、会計もそれに伴う責任も日々実践しなければならないにもかかわらず、その継続はじつにむずかしいことがわかる。会計は財政と政治の安定に欠かせない要素だが、信じがたいほど困難で、脆《もろ》く、やり方によっては危険にもなる——これが中世イタリアの残した教訓であり、この教訓は七〇〇年前と同じく今日にも通じる。

第1章 帳簿はいかにして生まれたのか

奴隷が帳簿係を務めたアテネ、ハンムラビ法典で会計原則が定められていたバビロニア、歴代の皇帝が帳簿を公開したローマ帝国。だが古代の会計は不正に満ちていた。それはいかに進化し、複式簿記の発明へ至ったのか。

土地台帳に記入されたことは、けっして変更できない——最後の審判のように。

——リチャード・フィッツナイジェル、イーリーの司教

（一一七九年）

誰も注目しなかったアウグストゥスの帳簿

ローマ帝国の初代皇帝アウグストゥス（オクタウィアヌス）は今日でも建造物や彫像で有名であり、また古代史やロバート・グレーヴズの小説『この私、クラウディウス』に描かれた謙虚な父親的性格で知られている。アウグストゥスは、「私は煉瓦の街を受け継いで大理石の街を残した」と語ったという。その偉業を理解する手がかりは、逝去した紀元一四年頃に建造された「神アウグストゥスの業績録」と呼ばれる記念碑から読み取ることができる。記念碑には建造物や軍隊やさまざまな功績が記されているが、そこに記載されたたくさんの数字が目を引く。たとえば、ローマの兵士に勝利給として、ポケットマネーで一億七〇〇〇万セステルティウス払った、などと自慢気に書いて自分の栄華を誇っているのだ。偉大な業績を象徴するこれらの数字は、ごく初歩的な帳簿から転記されている。つまり、ユリウス・クラウディウス朝の創始者にしてローマ帝国の父である人物は、透明性の高い精密な会計を自身の政治的正統性と功績に結びつけたのである(1)。

しかし、会計の歴史ではありがちなことだが、この点に注目した人はいなかった。アウグストゥスが帳簿をつける物語など、全然魅力的ではないのである。その後に続いた支配者も貴族も、誰一人としてアウグストゥスの手本に倣《なら》おうとはしなかった。ひょっとすると自分の財政状態をきちんと把握していた人物はいたかもしれない。だが、皇帝の統治能力の証《あかし》としてそれを公表することはなかった。

アウグストゥスの生きた時代には、会計は身近なものだったと考えられる。ローマの家長教育を受けた貴族は、会計知識を身につけ活用することを下品だとは思わなかったし、恥ずかしいとも考えなかった。だがアウグストゥスが手本を示したにもかかわらず、世界の政治指導者が自らの統治手腕や正統性の裏付けとして財政の実績を公表するようになるまでには、一七〇〇年近い歳月を要した。それだけの年月を経てようやく、アウグストゥスが健全な習慣とみなしていたものが標準的な会計慣行になったのである。会計の技術は古代メソポタミア、ギリシャ、ローマでゆっくりと進歩し、そして中世イタリアで複式簿記が出現したことによって、資本主義経済における企業経営や政権運営の強力なツールとなっていく。

ハンムラビ法典に定められていた会計原則

古代世界は数千年にわたって会計を実行してはいたが、新しい工夫が付け加えられることはなかったし、アウグストゥスがしたように政権運営の手段として活用されることもなかった。古代メソポタミア、イスラエル、エジプト、中国、ギリシャ、ローマで単式簿記が実践されていたことはわかっている。ギリシャ人やプトレマイオス朝のエジプト人やアラブ人は高度な文明を開花させ、幾何学や天文学にも長《た》けていたにもかかわらず、利益や損失の計算に欠かせない複式簿記を発明するにはいたらなかった[2]。

古代の会計は主に商売のために行われ、基本的な在庫管理にとどまっていた。マックス・ウェーバーは、その原因として、商売が家計から切り離され、一定期間ごとに、たとえば年末に利益や総資産を集計するという発想がなかったことを挙げている。たしかに古代には、資本や利益についての近代的な知識は存在しなかった。それでも、会計の文化や意識が政治や商業の分野で存在していたことはまちがいない。(3)

記録が残っているどのケースでも、初歩的な会計計算が行われ、かんたんな表が作成されていた。メソポタミアでは契約、倉庫、取引の記録が作成されており、パン屋の在庫台帳などが残っている。会計は主に在庫管理の目的で行われていたが、穀物の余剰なども計算された。定住生活、農耕、市場が実現したのは、自分で食べる以上の穀物を生産できたからにほかならない。シュメール人は紀元前三五〇〇年頃に会計のために粘土のコインをつくり、出荷した商品や受け取った商品を数えるのに使っていた。やがてコインに代わって粘土板を導入し、そこに基本的な在庫を記録するようになる。粘土板の断片は、広くアッシリアやシュメールから発掘されている。バビロニアのハンムラビ法典（紀元前一七七二年頃）は「目には目を、歯には歯を」で有名だが（これはこれで最も原始的な会計方式と言える）、じつは基本的な会計原則や商取引の監査の規則も定めている。たとえば第一〇五条には、現金を受け取ったときにその場で確認して領収書に署名をしなかった場合、帳簿にその取引を記入してはならないという規定がある。国は通貨の保有量を管理し、それを国庫の記録につけたほか、穀物やパンの基本的な在庫台帳も作成していた。(4)

古代アテネでは帳簿操作がはびこっていた

国家が会計や監査を行うようになると、会計と倫理に政治が絡んでくる。古代アテネでは、会計は政治の責任と切っても切れないものとされていた。このように古い時代から、面倒な簿記と公的監査が民主的統治を支える重要な柱とみなされていたのである。アテネの国庫は神聖なものとして扱われ、デロス島に保管されて監督官が厳重に監視した。身分の低い市民や奴隷は教育され、帳簿係として雇われた。アテネ市民が奴隷を帳簿係や監査人に雇いたがったのは、疑わしいとなったら拷問にかけられるからである。自由民はそうはいかない。アテネには、公的機関の会計を監督する高級官僚や監査官も存在した。寡頭政治では一握りの権力者が支配し、誰も会計責任を負わないのに対し、民主制を掲げるアテネでは、会計責任を果たす仕組みが整っていた。官僚が作成した会計報告は、民主政治の原則に則り、漏れなく監査の対象となる。元老院や最高裁判所の役割を兼務していたアレオパゴス会議のメンバーでさえ例外ではなく、また神官も、公務のみならず贈答品まで含めて会計報告を義務づけられていた。アテネ市民は、国家に対する債務をすべて清算してからでなければ、国外に出ることはできず、財産を神に献納することはできず、遺言状を作成することはできない。アリストテレスの最後の著作『アテナイ人の国制』には監査官（logistae）に関する記述があり、官僚や裁判官の会計報告を監査していたことがわかる。不正疑惑が持ち上がった場合、事情聴取を行う前に、まずは問題の人物の帳簿を公的に監査する仕組みだった。(5)

こうしたシステムが確立されていたにもかかわらず、腐敗ははびこっていた。アテネ市民は会計責任という概念をよくわかっていなかったようである。敬愛された将軍であり政治家でもあったアリステイデス（紀元前五三〇〜四六八年）でさえ、あまり厳しい監査をするのはどうかと思う、とこぼしている。不正はある程度までやむを得ないとして容認され、むしろ厳格な監査はいたずらに平穏を乱すと見なされた。歴史家のポリュビオスは、国家が監査官を一〇人雇って公的監査を徹底したところで、人間が正直になるわけではない、頭のいい人間は必ず帳簿を操作する、と示唆している。[6]

不正を追及し暗殺されたキケロ

人間が正直になったかどうかはともかく、古代ローマの家庭経済には会計が定着していた。アリストテレスは、国家財政と家計の切り盛りの両方を指してオイコノミクス(oeconomicus)と呼んだが、この言葉が経済学《エコノミクス》の起源である。オイコノミクスは、利益志向の財政運営といった近代的な意味合いはなく、政府や家計を導くよき指針というほどの意味だった。ローマ人はこのオイコノミクスになじみ、家庭に会計の習慣を持ち込む。国は家長に家計簿の管理を義務付け、必要に応じて収税官が監査した。家長は毎日支出簿をつけて領収書を保管し、月末には収入と支出を台帳に記入する。そこには未収金や債務残高も書き込む。銀行家も、やはり同じような単式簿記を行っていた。銀行家は、法務官あるいは州や市の判事による監査のために決算報告を要求されることがあった。ときには市民も決算報告を求められたという。[7]

ローマ共和国時代と初期のローマ帝国には、財務官(quaestores oerarii)と呼ばれる専門官僚が存在した。大プリニウスは『博物誌』の中で、カエサルがルビコンを渡った紀元前四九年には、ローマの国庫には金が一万七四一〇ポンド、銀が二万二〇七〇ポンド、硬貨が六一三万五四〇〇セステルティウスあったと報告している。国の支払いや兵士の給料に充《あ》てる現金が不足しないよう、財務官は造幣局の担当者と密に連絡をとっていた。[8]

国有財産はサートゥルヌス神殿で保管された。ローマ法を記した文書など、重要なものを保管する役割を担っていた神殿で、遺跡の一部は現在フォロ・ロマーノに保存されている。国庫の書記官は毎月の現金出納を記録しており、入出金ごとに氏名、日付、取引内容を記帳したものが残っている。国家の債務、軍、州の収支は、それぞれ別の台帳に記録された。政府の会計事務はタブラリウムと呼ばれる公文書保存館を兼ねた役所で行われ、監督官のもとで書記官、会計官、出納係、検査係などが働いていた(9)。

アテネと同じくローマでも国家の会計はかなり杜撰《ずさん》で、不正が絶えなかった。キケロがマルクス・アントニウスに対する弾劾演説（紀元前四四〜四三年）の中で、巨額の負債やあやしげな金融取引に苦言を呈したことが知られている。キケロは、アントニウスの帳簿に不正があり、カエサルから盗んで「湯水のごとく浪費している」と述べ、書類や署名まで偽造したと指弾した。このように非難されたにもかかわらず、当時副執政官だったアントニウスは有罪にはならなかった。それどころか、その年の終わりにはレピドゥス、オクタウィアヌス（将来の初代皇帝アウグストゥス）とともに三執政官に就任すると、刺客を放ってキケロを暗殺し、その首と手を広場に晒《さら》したのである。このおぞましい出来事は、普遍の教訓を残酷に物語っている――権力者に帳簿の公開を迫ったら報復されるだけだ(10)。

だが結局アントニウスは不正の報いを受けることになる。次にはアウグストゥスがアントニウスを葬り去り（なにしろアントニウスの軍管理能力は、帳簿管理に劣らずお粗末だった）、権力を掌握し、混迷を極めていた帝国に秩序をもたらし、「皇帝の帳簿」として今日知られる会計記録を整備した。この帳簿は立派なもので、ローマの歴史家タキトゥスは、アウグストゥスは皇帝（在位紀元前二七〜後一四年）に即位してからも自らの手で管理していたと伝えている。そこには、帝国の財政状態の一覧、軍の収支や建設工事の資金繰り、州税納付庫にある手元現金などが記録されていた。[11]

ローマ帝国の重大な欠陥とは

アウグストゥスは、この個人用の帳簿から数字を拾って「神アウグストゥスの業績録」を書いたのだろう。この業績録は公共建築物の壁面に刻印されたほか、帝国のそこかしこに掲げられた。ローマの歳入が年間五億セステルティウスに達しても、アウグストゥスは、建造物、軍隊、そして兵士への褒美の大半は自腹で払ったと注記するのを忘れなかった。彼はまた、自分の個人的資産をどのように築いたかを説明し、軍のために徴発した施設や品物の代金を町に支払ったことを明かすとともに、その金額も明記して自分の気前のよさを誇示している。以上の点から、アウグストゥスは帝国の経営に当たって自分の帳簿を将来構想や計画立案に活用すると同時に、巧みなプロパガンダにも利用していたと言えよう。[12]

こうして、帳簿を公開する伝統が始まった。第二代のティベリウスは公開しなかったが、第三代のカリグラは公開した。金を偏愛した第五代のネロ（在位五四〜六八年）は、サートゥルヌス神殿の国有財産を管理する法務官を任命したと記録にある。アウグストゥスが始めたローマ帝国の会計を行う役所は、少なくともディオクレティアヌス（在位二八四〜三〇五年）の治世まで機能していた。[13]

この会計システムは帝国運営の重要な手段であり、その正統性を裏付けるものでもあったが、重大な欠陥を内蔵していた。帳簿はつけられ、監査もされたが、不正の余地は大きく、しかも組織的に不正が容認されていた。有力者が絡んでいるときはなおさらである。それにローマ帝国の経済では、現在の利益を把握することや将来の収益を予想することがさほど重視されなかったため、複式簿記の必要性は乏しかった。地中海を擁するローマ帝国では海運や貿易が発展したが、貿易実務の理論や制度は整備されていなかったし、借り入れにしても質屋のような形式で行われ、信用の文化は発達しなかった。また富と言えば宮殿の金銀財宝であって、投資して利益を生む資本とは見なされなかった。こうしたわけで、貿易がさかんに行われても、商業活動を分析し説明する経済学のような学問はとうとう出現しなかったのである。(14)

財務官の編成は、時の皇帝の権益を反映して時代とともに変わっていった。帝国が衰退するにつれ、公会計は皇帝の個人的監督下に置かれるようになった。歴史家のエドワード・ギボンによれば、臣下は「頂戴するのはすべて君主からのご褒美」であって、国からもらうのではないと教え込まれたという。後代の皇帝たちは国富を神聖不可侵とみなし、コンスタンティヌス一世(在位三二四〜三三七年)の治世になると、財務長官に相当する役職は、専門知識を備えた高級官僚ではなく貴族が務めるようになった。(15)

ノルマン・コンクエストによって生まれた世界初の土地登記簿

四七六年に西ローマ帝国が滅亡すると、国家は皇帝やら僭称皇帝やら領主やらによる個人的な領土と化す。したがって会計監査など行われるべくもなかった。簒奪者《さんだつ》たちは、自分は神だけに仕えるのだと称した。それでも西ローマ帝国の滅亡後にも、カトリック教会と男子修道会は、基本的な会計と監査を通じて土地や商品や支払いの管理を行っていた。やがてゴート族、フランク族、バイキングの侵攻を受けたフランク王国のカール大帝（在位七六八〜八一四年）、東フランク王国のオットー大帝（同九三六〜七三年）、イングランドのウィリアム征服王（同一〇六六〜八七年）などの君主は、富を活用し征服地の統治を強化するために、再び法の支配の確立をめざすようになる。ゲルマン社会の従士制度とローマ帝国の恩貸地《おんたいち》制度が融合して生まれた封建制度には、意外な問題点が一つあった。国家の土地を個人が封土として保有することの形態では、世代をまたぐうちに所有関係が煩雑になり、手続きや書類や会計事務が徐々に増えていくことである。中世を貫く主旋律がキリスト教であり、それを支えたのが教父と修道会の伝統であったことは言うまでもないが、カール大帝の記録簿からうかがわれる税と所有権の概念も忘れるべきではない。中世においてもやはり会計は政権運営において重要な位置を占めていた。しかし富裕な修道会士やフランク族の王族を除き、アウグストゥスのように会計記録を公開した例はなかった。

一〇世紀が終わる頃には貿易の隆盛とともに記録すべき書類や法的手続きは増え、会計の重要性も高まっていく。そして一〇六六年にイングランド征服（ノルマン・コンクエスト）を果たしたウィリアム征服王に、またとない機会が与えられる。たった一度の急襲で全土を制圧した王は、ゼロから制度設計をすることができた。つまり、必然的に複雑になってしまう旧来の封建制度モデルに従わずに、新しい制度で支配することが可能になったのである。王家の継承や結婚によって、長い間には土地所有関係が断ち切られ、所有権の所在がわからなくなった土地は紛争の種になってしまう。そうした状況の中、ノルマン・コンクエストは土地管理制度を一元化する願ってもない好機となった。その結果として新しい封土契約がどっと増え、明確な記録作成のための世俗および教会のルール作りが急務となる。本章の冒頭に引用した土地台帳(Domesday Book)は、検地の結果を記した世界初の土地登記簿で、一〇八六年に作成された。この台帳には、ウィリアム個人の記録として、所有権、法律上の特権、債務、教会の権利、王家が徴収可能な税金などが書き込まれている。ドゥームズデイとは最後の審判を意味する。つまり土地台帳は、名前からして王家による認証を神の裁きと同等に位置づけ、何者も逃れられはしないと高らかに宣言したのだった。(16)

一三世紀に入る頃には商業が再び活発化して通貨の流通量が増えたのに伴い、国も地主もいくらかましな会計管理を行うようになる。この時代には、手書きの書類が大量に作成された。許可証、証明書、書状、令状、帳簿、貸借契約、裁判記録、年鑑、年代記、権利証書台帳、各種登記簿……といった具合である。これらのこまかい書類は、どれも大なり小なり会計帳簿と関係があった。会計の記録はどんな国家にとっても基本的な情報であり、法律運用のためにも、土地管理や課税のためにも必要だった。イングランドでは大蔵省が詳細な帳簿を作成し、それが羊皮紙をパイプ状に巻いたものだったことから、パイプ・ロールと呼ばれている。そこには国の歳入、歳出、罰金などが克明に記録されていた。こうした記録は、投資や労働からの利益を把握するためではなく、主に王家の領地からしかるべき収入を確保することが目的だった。(17)

国が発行したさまざまな書類は、大蔵大臣の執務室や市役所は言うまでもなく、修道院で保管されていたものも数多く見つかっており、修道士たちが法律家に相談した形跡も見受けられる。また、治安判事や大臣や貴族の手元にも大量に保管されていた。封建制度と経済を支えていた領主の館は、当時のイングランドで会計が最も発達していた場所だったと言えるだろう。領主が利益という概念をはっきり理解していたかどうかは疑わしいが、自分の領地の生産物から余剰を確保しようと励んでいたことはまちがいない。それに、羊皮紙が非常に高価だった当時、帳簿をつけることは一つのステータスでもあった。内容はともかくも、帳簿はつけられた。優秀な会計係はほとんどおらず、教育するのは金がかかるというわけで、大半の帳簿は単に毎日の支出を記録してあるだけだったし、長期にわたって保管されることもなかった(18)。

その一方で、管財人を始め財産や土地の管理を行う人々は基本的な単式簿記の手ほどきを受け、債務残高の計算方法、取引や財産の勘定科目の立て方、基本的な集計の仕方などを学んでいた。管財人は、過去の未払金や延滞金を確定し、現金その他受け取ったものを確認する。次に、支出されたにもかかわらず財産の中に見当たらない品物をリストアップした(19)。

ローマ数字の限界

監査は公証人や州長官の重要な仕事だった。彼らは高級官僚の会計報告、とりわけ徴税人や財務官僚の報告を入念にチェックした。「監査（audit）」という言葉は、支配者や領主が自分の会計書類を見るのではなく「聴いた」ことに由来する。つまり彼らは、読み上げられる会計報告の「聴き手（auditio）」だった。一三世紀になると、大蔵省に監査官が置かれる。また国家の歳出と歳入は、議会による精査を受けるようになった。国家財政の監査は別の機関が行うべきだとして、このようになったのだろう。ただし国王個人の収入と支出は、まちがいなく巨額に上るはずだが、だいたいにおいて秘密扱いだった。国王は自分のおおざっぱな支出を議会に報告することはあったものの、それも稀《まれ》だったし、監査はまずもって実施されなかった。エドワード三世（在位一三二七〜七七年）は、「王は神に対してのみ報告する」と宣言し、ヨーロッパの王たちはこれを一九世紀にいたるまで主張することになる。[20]

これらの会計帳簿や巻物を見ると、ちゃんと役割を果たしていたのかと、疑問を感じざるを得ない。優秀で勤勉な会計係が毎日きちんと記録していくうちには、会計実務というものを習得して一定の水準まで熟練できたはずだ。たしかに現金出納や在庫管理ではある程度の熟達が認められるものの、この方面でさえ数字が正確とは言いがたい。大きな理由は、アラビア数字を使っていなかったことにある。ローマ数字の表記法につきもののエラーは、どんなに注意深い会計係でも避けられまい。どれほどがんばったところで、XやCやIが大量に出てくるのではお手上げである。たとえば八九三はＤＣＣＣＸＣＩＩＩと表記するのだ。それに、分数や小数を使うこともできなかった。複雑な取引が発展し進化するためには、新しい数字と新しい会計方式が必要だった。[21]

イタリアの商業都市国家における数学の発展

一二世紀には、フィレンツェ、ジェノヴァ、ヴェネツィアといった商業都市国家を中心とする北イタリアが、ヨーロッパで最もゆたかで最も人口が多くなっていた。君主制を敷かず、共和制都市国家の優位性を熟知した貴族を指導者に戴く北イタリアは、一風変わった地域だったと言えるだろう。貿易で富を築いた商人貴族の支配する裕福な都市国家が、パッチワークのように入り組んで存在していた。この北イタリアこそ、共同出資会社、銀行、遠距離の貿易が発

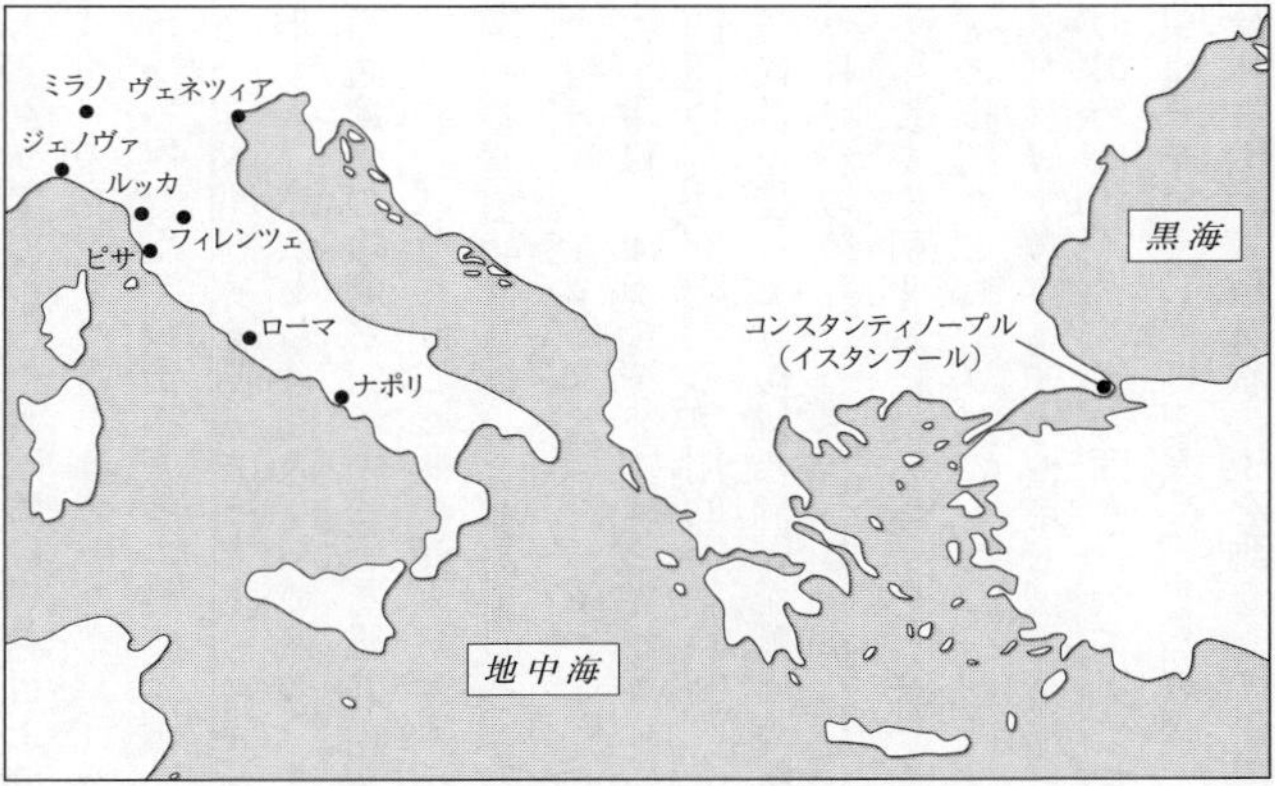

イタリアの諸都市とコンスタンティノープル

展し、それとともに資本主義的な利益や複式簿記が誕生した地である。

北イタリアは東のコンスタンティノープル（現在のイスタンブール）と接点を持ち、その影響を強く受けた。コンスタンティノープルには皇帝がいて宮廷があり、金貨ノミスマが流通している。そのゆたかな市場では、砂糖菓子、ナツメヤシ、アーモンドから絹、古代ギリシャの巻物まで、ありとあらゆるものが売られている。東方からもたらされる古代ギリシャの香気にイタリア人は酔い、贅沢な品々に魅了された。ヴェネツィア、ジェノヴァ、フィレンツェ、ミラノ、ルッカ、ピサなどの貿易都市は、商品を満載した船を東地中海の貿易ルートに送り込む。最高位の聖職者であってローマの世俗の支配者でもある教皇が、自らに帰属する枢機《すうき》卿《けい》や王家の宮廷から税を徴収し、法律を定め、西ヨーロッパから東方正教会にいたる広い範囲で外交を展開した。

イタリアの都市や共同体は、名目上は神聖ローマ帝国の皇帝（ドイツ人かオーストリア人だった）の支配下に置かれていたが、元首、元老院、ギルドが支配する商業共和国の体裁を抜け目なく保った。政治指導者の多くは選挙で選ばれ、ちょうど企業の役員のように報酬をもらって一定期間国家を治めた。[22]これらの商業都市国家では、会計、統治、責任の観念が飛躍的に進歩する。商人たちは商人ならではのやり方で自分たちを律した。豊富に残されているこの頃の単式簿記の帳簿が、そのことを雄弁に物語っている。

一二〇二年には、ピサの商人レオナルド・フィボナッチ（一一七〇～一二五〇年）が算術に関する歴史的な著作『算盤の書』（Liber abaci）を書く。フィボナッチは、地中海の港湾都市ブージ（現在のアルジェリアのベジャイア）との貿易を通じて算盤とアラビア数字を学んだ。この本は、筆算のやり方から始まって、加減乗除から分数、平方根、連立方程式にいたる数学問題の解法を教える実用的な教科書とも言えるものだった。本の中ではイスラム教徒の発明した代数を使って、複雑な問題を解く方法が示されている。中でも兎の問題「一つがいの兎が二カ月目から毎月一つがいの兎を産んだら、一年間で何つがいになるか」は有名である。「胡椒と生姜を取引するには」「三人で会社を興すには」といった問題もあれば、両替の計算方法やその根拠なども示されていた。[23]

アラビア数字を使ったキリスト教徒は、フィボナッチが最初というわけではないが、『算盤の書』は北イタリアの商人社会にアラビア数字や位取り計算法を紹介するという重要な役割を果たした。そしてほどなく、アバカスと呼ばれる木製の算盤が登場する。アバカスは、溝または棒に沿って数珠《じゅず》状の玉を動かして計算する道具で、そろばんに似ている。先ほど述べたように、ローマ数字では分数や小数を扱うのも、それどころか複雑な計算をまちがいなく行うのさえ不可能だった。アラビア数字の伝来によって、計算は正確かつすばやく行えるようになる。さらにアバカスが普及すると、数学は実務や取引に応用できるようになった[24]。

一三世紀の終わり頃には、算盤を教える学校がトスカーナ各地にでき、多くはフィレンツェ出身の優秀な教師たちがフィボナッチの書やアラビア数字を広めるとともに、アバカスの使い方を教えた。一二七七年にはヴェローナの公式書類の中で、市内にいるアバカスの先生が紹介されている。また一二八四年には市当局が、フィレンツェ出身のアバカスの教師を表彰した。アバカスの学校は、やがてイタリアの商人たちに広く商業実務や教養を教える専門学校のようになっていく。そして応用数学のほかに、アルファベット、散文の書き方、キリスト教の教義なども教えた[25]。

なぜ中世イタリアで複式簿記が発明されたのか

こうした中、中世イタリアの商人は、古代ギリシャ人も、ペルシャ人も、ローマ人も、アジアの皇帝も、そして封建時代の領主もできなかったことを、はなばなしく宣伝することもなく、世間の注目を集めることもなしに、ひっそりとやってのけた。複式簿記を発明したのである。これは、利益と損失の明確な把握につながる革命的な第一歩だった。なぜ彼らにできたのか——イタリアの商人は、仲間で資金を出し合って貿易を行う共同出資方式を採用しており、そのために各人の持ち分や利益を計算する必要があった。そこで、「必要は発明の母」という言葉通りの結果を出したわけである。誰が最初だったかははっきりしないが、トスカーナの商人たちが複式簿記を発展させたことはまちがいない。資料を巡っていくらか議論はあるものの、最も早い複式簿記の例は、リニエリ・フィニー兄弟商会の帳簿（一二九六年）か、ファロルフィ商会の帳簿（一二九九〜一三〇〇年）だとされている。前者はヨーロッパ各地で、後者はフィレンツェとプロヴァンスの間で商売をしていた。ファロルフィ商会の帳簿はきわめて近代的で、現金勘定と出資者勘定が分離され、利益をリアルタイムで把握できるようになっていた。借方と貸方が分けられ、消し込まれているほか、前払費用を繰延《くりのべ》支出として記帳していることからも、複式簿記の規則に則って帳簿がつけられていたことがわかる。たとえば四年分の家賃として一六リラを前払いした場合には、一年目の年度末に四リラだけを経費として処理し、残り一二リラは次の期以降に繰り延べている。[26]

こうした帳簿は保存されているが、複式簿記をいつ誰が発明したかがわかるような資料はいっさい存在しない。一人の人間が発明したわけではないようだ。ただ、一三〇〇年頃のイタリアでなぜ複式簿記が誕生したかについては、次のような説明が定説になっている。まず、アラビア数字が使われていた。さらに、貿易が発展し、多くの資本が必要になって、共同出資方式が考案された。そこで帳簿は、単に所有しているものの記録ではなく、出資者への利益配分を計算するための記録となっていった。会計は、収入と支出を集計するだけでなく、投資家に還元すべき利益剰余金の累計を計算するために活用されたのである。複式簿記なら、投資家の取り分を長期にわたって分割して払い出す場合にも、正確に計算できる。出資金の払い出しは債務の返済と同様の扱いになり、数年にわたる分割払いでも、ある時点の未済残高を示すことができる。[27]

ジェノヴァの驚くべき監査システム

貿易が拡大すると、商人は自分の商品を直接自分で扱うことは不可能になり、遠隔地の代理人に任せることになる。これは現在で言う委託販売の扱いになり、複式簿記では商品が出荷された時点で借方に計上する。代金を受け取ったとき初めて売り上げが立って、出荷と受取代金が対になる。(28)

初期の複式簿記は文章で記載されており、借方のパラグラフと貸方のパラグラフが対応していた。のちにパラグラフは廃止され左右対称の欄が設けられて、数字だけが記入されるようになる。パラグラフ形式の複式簿記の例としては、ジェノヴァ市政庁のものが挙げられる。たとえば一三四〇年の帳簿の「黒胡椒勘定」では、八月二六日付けで、商人ジャコバス・デ・ボニーチャが「ジェノヴァ市の代理として、タクサロッリ軍の船および艤装の支払いを行った（元帳二三一ページを見よ）。注文主は元首および評議会で、発注の決定は、公証人ランフランチ・デ・ヴァルの立ち会いの下で、一三四〇年八月一九日に行われた」というふうに文章で記帳されている。これは、市政府の会計が複式簿記で行われていたことを示す最初期の記録の一つだ。こうした記録がジェノヴァに存在したことは、すこしも驚くには当たらない。ジェノヴァは海運のさかんな商業都市国家であり、コンスタンティノープルとの交易で栄えていたからだ。(29)

もちろん銀行は、簿記に関して政府よりずっと進化していたが、ジェノヴァ市政庁も複式簿記を活用してさまざまな取引を管理・記録する術《すべ》を心得ており、税収と支出はもちろん、国家としての融資と債務、兵士の給料、首長の個人勘定にいたるまでを克明に記録していた。注目すべきは、ジェノヴァがあたかも事業体のように金を貸し、投資を行い、支出を記録するだけでなく、損益計算も行っていたことである。市の元帳には、受取関税といったものに加えて、中国の絹や胡椒などの交易商品の詳細な記録が残っている。会計書類は複式簿記の厳格なルールに従って記帳されており、元帳には、それぞれの取引が転記される前に記録されていた帳簿のページ番号も示されている。元帳は毎年締め切られ、継続取引は新しい元帳に転記された。(30)

ジェノヴァ市政庁の元帳は、単に収支計算や記録保存の目的で作成されたのではなく、内部的な責任の所在があきらかになるように設計されていた。相変わらず会計不正は頭痛の種であり、このため監査官が、あらゆる取引は公証人の立ち会いのもとに記帳するよう命じている。監査官は、何かを記入して消した形跡があればけっして見逃さず、元帳のページには漏れなく番号を振り、新たな取引を記帳する前にページ番号を確認した。そして注目すべきは、一三二七年に「元帳は銀行の方式に倣って管理維持すべきことについて」という法律によって、会計監査が公式に制度化されたことである。ジェノヴァのあらゆる事業は、二名の正規の会計担当者によって帳簿を作成し、年一回市当局の監査を受けることが義務づけられた。(31)

現代の金融や統治の研究者が当時の帳簿を見たら、きっと目を見張ることだろう。じつにきちんとしており、数字は正確で、借方貸方は釣り合っており、内部監査もしっかり行われている。古代の会計をはるかに凌駕《りようが》する会計と責任のシステムが確立されているのだ。だが、この画期的かつ効率的なシステムは、ルネサンス期のイタリアで終わってしまう。ヨーロッパの大国の君主たちは、イタリアの商業都市国家のやり方をなかなか受け入れようとはしなかった。

複式簿記が再び国家の元帳の管理ツールとして浮上し、監査が行われるようになるのは、それから六〇〇年も経ってからである。イタリアを除く中世からルネサンス期のヨーロッパでは、財政規律の必要性と、金勘定は汚らわしいとするキリスト教の認識との衝突をまず打開しなければならなかった。その後にようやくヨーロッパ各国の政府は、会計の効率的活用に取り組むようになる。

第2章

イタリア商人の「富と罰」

教会法で金貸業が禁じられていた一四世紀のイタリアでは、商人と銀行家は常に罪の意識に苛《さいな》まれていた。だが、最後の審判を恐れるその信仰心こそが、会計を発展させたのだ。彼らの秘密帳簿は、それを示している。

神は計り知ることができない。
——ルスペのフルゲンティウス
（五三三年）

巨万の富を築いたトスカーナ商人・ダティーニ

一三八三年一月一〇日、富裕な商人フランチェスコ・ダティーニは、教皇庁のあったアヴィニョンから生まれ故郷のプラートに錦を飾る。プラートはトスカーナの都市で、フィレンツェの北に位置する。当時の成功したトスカーナ商人や銀行家の例に漏れず、ダティーニも始めは教皇庁との取引で財を成した。そして百年戦争の間に両替や武器の売買に手を染め、儲けを毛織物の貿易に投資し、イングランド、カスティーリャ、フランダース、シャンパーニュ、フィレンツェからやって来る抜け目のない商人たちを相手にしっかりと一財産築いたのである。国際貿易につきものの危難を乗り越えてほぼ九％近い利益率を維持したのだから、ダティーニには相当な商才があったと言えるだろう。腰の低い男だったが、周囲からは「イル・リッコ」と呼ばれていた。リッコとは金持ちという意味である。ただし地方徴税官は、ダティーニが金持ちだとは把握していなかった。「彼の資産がどれほどあるのか知らない。だが神はご存知だろう」と徴税官は当惑して言ったものである。ダティーニは控えめで、信心深く、辛抱強かった。それに何より、会計をちゃんと知っていた。それでも、金儲けの才は罪深いという意識に悩まされていたようである。(1)

三年後の一三八六年にこの大商人が申告した資産総額は、三〇〇〇フロリンだった。徴税官は、ダティーニの巨額の資産の大半はどこかに投資されているはずだと推測したが、それが見つからなければ課税のしようがない。当時はブタ一匹が三フロリン、乗馬用のよい馬が一六〜二〇フロリン、女中は年一〇フロリン、女奴隷は五〇〜六〇フロリン、深紅のマントが八〇フロリンといったところである。ちなみにダティーニは、所有していた女奴隷の一人との間にただ一人の嫡出子をもうけた。プラートに豪邸を建て、結婚もしたが、商売を拡げるために一三八九年にはフィレンツェに移る。美術品も扱い、自身も件《くだん》の深紅のマントを着用した肖像画を何枚か描かせている。中でも特筆すべきは、フィリッポ・リッピの傑作『聖母戴冠』の中に、寄進者の一人として描き込まれていることだ。この絵はいまもプラート市立美術館に飾られている。一四一〇年に死んだときにダティーニが残したのは一〇万フロリン——まさに巨万の富だった。(2)

一四世紀の当時も、今日と同じく、金持ちになるには相当の才覚を必要とした。ヨーロッパの人口の約半分を、そしてダティーニの両親の命をも奪ったペストの大流行から四〇年も経っておらず、しかも通商路は山賊や海賊の危険に満ちているというのに、ヨーロッパ経済は活況を呈していた。その中心となったのが北イタリアである。一三四〇年代までにはすでに複式簿記、為替手形、海上保険が存在し、帳簿振替や手形決済も非常にスムーズに行われていた。イングランド、フランダース、カスティーリャから来た毛織物とお金の大半が、北イタリアを通過したのである。フィレンツェは金融の中心地であり、ダンテを始めとする文豪を輩出した街としてだけでなく、小さな花を意味するフロリン金貨でも名高かった。表には市の紋章である「フィレンツェの百合」、裏側には洗礼者聖ヨハネが刻まれている（共和国の通貨には、王や皇帝の肖像はけっして登場しない）。フロリン金貨一枚は純度の高い二四金三・九三オンスで鋳造され、きわめて品質の高い貴重な通貨として流通した。縁を削りとられることを防ぐために、公式に封印された革袋に入れて流通、交換されることが多かったという。フィレンツェの銀行が国際的に事業を展開していたことも相俟って、この金貨はヨーロッパの基準通貨となった。(3)

教皇庁との金融取引

ダティーニが最初に財を築いたのは、先ほども述べたように、アヴィニョンの地である。初期の金融取引の多くは教皇庁を相手に行われていた。教皇庁には一〇分の一税など巨額の入金があり、それを流通、両替、貯蓄する必要があったからである。中世最大の富豪はフィレンツェの銀行家ペルッツィ家とアルベルティ家だが、どちらも教皇庁の御用商人から財を成したのだった。教皇庁の役人も金貸しと両替という新しい手段を活用して利息や手数料で荒稼ぎし、利益を家族に送金した。アヴィニョンでのダティーニは小粒な商人で、出資者から得た八〇〇フロリンの元手を一万フロリンに増やしただけだった。ダティーニが大きく儲けたのは、金融業だけでなく、やはり教皇庁絡みでさかんになっていた貿易に参入したからである。武器、奴隷から衣服、香辛料、葡萄酒、オリーブ油まで何でも扱った。一三九九年四月に執り行われた娘ジネーブラの結婚の祝宴では、パスタ、子牛、パイ、家鴨《あひる》、鳩など、一人当たり五〇皿もの料理が供されたと記録されている。こんな具合に、ダティーニの帳簿にはすべてが克明に記載されていた。(4)

ダティーニの記録は、今日にいたるまで失われていない。死んだときに残された一二万四五四九通の商用文書、五七三冊の帳簿と元帳は、個人の会計記録としては中世最大のものとして、プラート博物館で保管されている。その詳細な記録からは、中世イタリアの生活をうかがい知ることができると同時に、商売がいかに複雑だったか、複式簿記の維持にはどれほどの知識と手腕を要したかにも気づかされる。なにしろ支出は食糧、衣料から奴隷、犬、猿、孔雀にいたるまで漏れなく記帳され、個人的な所有物は家具から宝石、葡萄酒まで資産に計上されているのだ。ちなみに地元産の赤葡萄酒は、一本一リラすなわち銀貨二〇枚だった[5]。

ダティーニが死んでから七〇〇年以上も経っていることを考えると、その経営感覚の新しさには驚くほかない。彼は、共同出資方式で資本を調達して成功したのである。自分はほとんど金を出さず、共同出資者や投資家を呼び込む手腕に長《た》けていた。それができたのは、会計に精通し、単に基礎知識だけでなく、それぞれの事業に必要とされる高度な専門知識を備え、共同出資者や投資家に配分する利益をリアルタイムで把握できたからにほかならない。それぞれの取り分や最終的な配当は出資比率に応じて計算され、そのほかに七～八%の固定金利が支払われた[6]。

ダティーニが活躍した時代には、複式簿記には経験と数学的理解力だけでなく、物理的に何冊もの帳簿に分かれていたため、帳簿から帳簿へ情報を転記する緻密さや、帳簿と帳簿の関係性を理解し分析する能力も必要だった。現代人の目には、ダティーニの会計システムは革と羊皮紙と紙と木の塊としか見えないだろう。この会計システムの仕組みが解明されたのは、じつに彼の死後一世紀経ってからのことだった。のちにオランダの画家たちは、ダティーニのように几帳面に帳簿をつける人をモチーフに絵を描いた。たとえばマリヌス・ファン・レイメルスワーレの『二人の収税人』(一五四〇年)がそうだ。絵の中では収税人が重々しく帳簿に記入

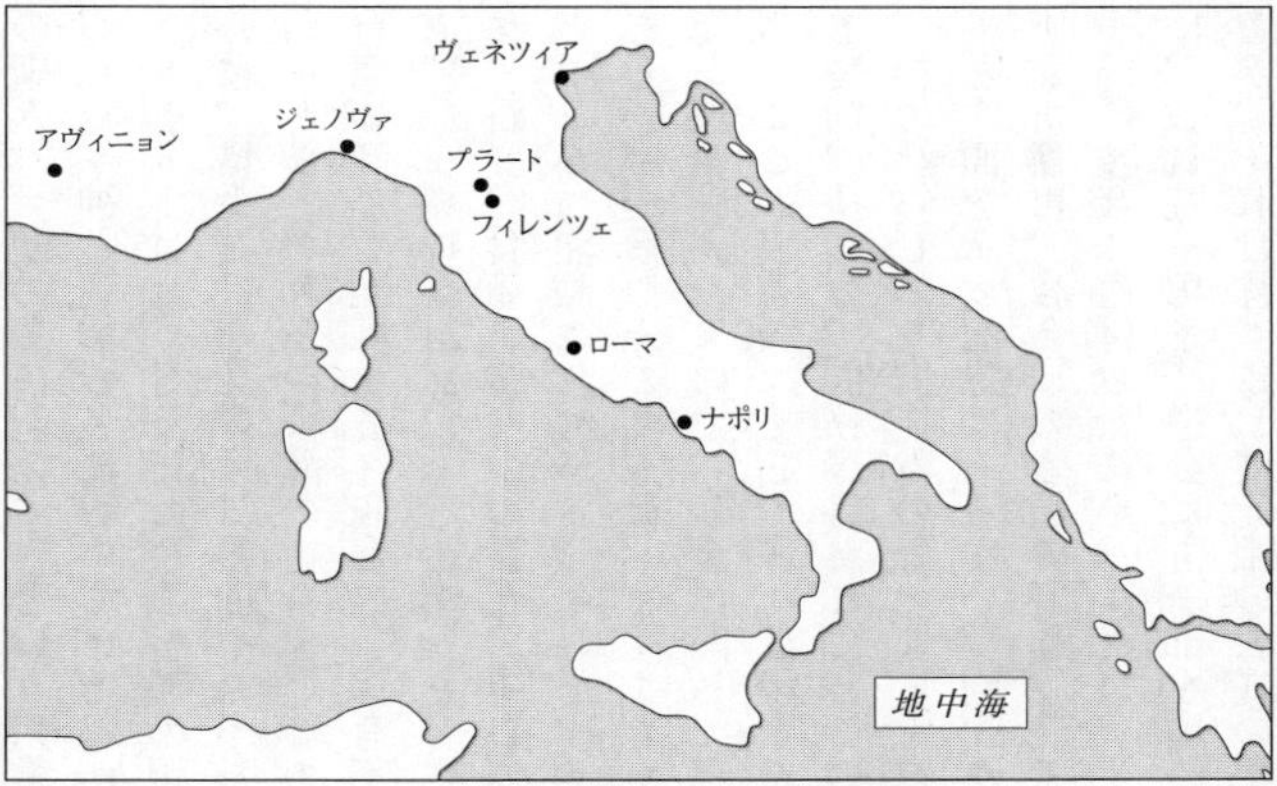

イタリアの諸都市とアヴィニョン

しており、周囲には紙や硬貨が散らばっている。ダティーニの帳簿の多くは番頭役のカンビオーニが保存していたが、ダティーニ自身が保管し、商会の印を押したものもあった。[7]

秘密帳簿に書かれていた真実の取引

会計プロセスは、その日一日の取引を記帳するところから始まる。現金、手形、為替などの出入りを記帳する帳簿は日記帳と呼ばれ、スクラップブックとノートのあいのこのようなものだった。そこには生活のこまごましたこと、たとえば奴隷、晩餐会、娘に買い与えたシンバル、犬、観劇、ラバなどの代金も記入される。こうした雑多な情報は、次に仕訳して時系列に記入する仕訳帳に移されたのち、複式簿記で総勘定元帳に転記される。元帳は立派な革張りで、かんたんに「大きな本（libri grandi）」と呼ばれていた。こうした帳簿一式が事業別に作成され、最初のページには必ず「父と子と聖霊とすべての聖人、天使の名において」という宗教的な決まり文句が記されている。あるいは商人にふさわしく「神と利益の名において」と書かれていることもあった。(8)

ダティーニは、日々行われる少額の現金出納については、現金出納簿をつけていた。このほかに、借金だけを記載する帳面もあった。事業の数が多く、取引はきわめて複雑に入り組んでいたから、これらの帳簿の統合が経理の重要な仕事だったことは言うまでもない。このほかに、倉庫の商品を記載する在庫台帳、保有不動産の台帳、給料の記録簿、プラートで経営していた衣料品工場の会計記録などもあった。さらに個人的な家計簿もあり、そこにはシーツ、ロウソク、石炭、食品から女中の賃金、そしてダティーニの豪華な衣裳の途方もない代金までが、ことこまかに記載されている。そして、すべてを総括する一冊が「秘密の本（libro segreto）」である。中規模以上の商人は、まずまちがいなくこの秘密帳簿を用意していた。これは帳簿と日記を兼ね備えたもので、お金に関して真実を告白できる唯一安全なスペースだった。ダティーニはここに真実の（そして多くは税金を免れた）取引を記録している。出資者ごとに、あらゆる契約、持ち分、債務が書かれているのだ。さらに個人的な日記代わりとして、子供の誕生や一族の暮らしぶり、徒然《つれづれ》の思いなども書き込まれている。この「秘密の本」以上にプライベートな内面を示す記録はあるまい。商売から神にいたるまであらゆることが対象で、たとえば高価な祈禱書、教会への多額の寄進、貧者への施しなどがひんぱんに書き込まれている。利益の一部は教会に寄付したほか、ニシン、オレンジ、葡萄酒などの贅沢品を自分のために買うたびに、救貧院や男子修道会にも一部を納めていた。秘密帳簿には事業の最終決算も記入されているが、それは往々にして元帳の公式の集計と一致しない。(9)

ダティーニの帳簿の数と広範な内容には圧倒される。これだけの帳簿を維持するには、強固な意志と経営規律が必要だ。ダティーニはワインや豪華な衣裳や狩猟や女奴隷を楽しむ一方で、じつに熱心に几帳面に仕事をした。部下の管理職の一人に宛てて、昼夜を分たず自分の仕事のことを考えよ、つねにメモをとれ、心覚えとして帳簿をつけよ、と手紙を書いている。[10]

自分の家が没落したり、自分の事業が破綻したりするのは、ダティーニにとって悪夢である。この重圧は「堪えがたい」と心情を吐露した手紙も残っている。事業を完全に掌握するために帳簿の整備は必要不可欠であり、彼は会計係にただ任せるのではなく、厳罰をもって臨んだ。現金を実際に受け取る前に記帳してしまうといった「違反行為」は、一ソルドの罰金である。罰金が度重なって一〇ソルドに達する間には会計係も誤りを犯さなくなるだろう、とダティーニは考えていたらしい。この罰には悔い改めさせるという宗教的な意味合いもあった。これは「神聖な規則」だとダティーニは日記に書いている。たしかに、罰金は効き目があったらしい。残された帳簿からもわかるとおり、ダティーニの富は一度か二度の巨額の取引ではなく、たくさんの小さな取引の積み重ねから成り立っている。だから、こまかいことをおろそかにするわけにはいかなかった。[11]

快楽の追求と鉄の職業倫理

ダティーニの帳簿に目を通すと、近代的な会計と情報時代の誕生を実感できる。帳簿をつける作業を通じて、ダティーニは事業に伴う数字、データ、書類に精通した。資本主義はプロテスタントの職業倫理から発展したというマックス・ウェーバーの有名な主張は、自制心、満足の先送り、快楽の抑制といったものを根拠にしている。われらがダティーニは、女奴隷を愛し、狩猟を好み、贅沢な衣裳を身に着けていた。それでも彼の帳簿は、西欧の初期の資本主義的職業倫理が、国際的な貿易を展開し、キリスト教を信仰し聖人を愛し、コンスタンティノープルとオスマントルコの影響を受けたイタリアの商業世界で育ったことを教えてくれる。イタリア人は共同出資方式や銀行や複式簿記といった複雑な仕組みを発明したが、これらはどれも鉄の職業倫理を必要とする。ダティーニは、出資者の一人であるアヴィニョンのボニンセーニャ・ディ・マッテオに事業の状況を説明する必要が生じたとき、ただ帳簿を読むだけでよかった。「椅子から一度も立ち上がらずに仕事を終えた」とダティーニは語っている。ルールは単純明快だ——とにかくすべてを誠実に帳簿に記帳すること、まちがいなく集計すること、それだけである。もう一つ付け加えるなら、つねに心配し、つねに注意しなければならない。一三九五年にダティーニは妻に宛てた手紙の中で、仕事が忙しすぎて頭がおかしくなりそうだとこぼしている。不安がダティーニを仕事へと駆り立てた。そしてきちんと帳簿をつけることで、万事が秩序正しく保たれ、心の平安が得られた。ダティーニ商会のある支店の支配人は、この二年間安眠できたことがないとぼやきつつも、「温かいベッドでのんびりしたい」という連中を馬鹿にしている。(12)

几帳面なダティーニは、複式簿記を励行している商人がほとんどいないことにいつも驚いていた。ダティーニと取引のある商人なら、彼の帳簿を目にしていたと想像される。ダティーニは商談の際にはつねに日記帳を横において書き込んでいたからだ。故郷のプラートに帰ったときには、友人のストルド・ディ・ロレンツォに、他の商人は帳簿をつけずに記憶に頼っているらしい、と語っている。「あれじゃあ何がどうなっているのか、神様にしかわかるまい」とダティーニは慨嘆した(13)。

ダティーニは、複式簿記が事業を正確に把握して運営するための基礎的なツールであることを理解していたが、商売仲間の多くはその必要性を無視していた。たとえばプラートで薬局を経営するベネデット・ディ・タッコが採用していたのは、元帳と補助簿の二冊だけのごく初歩的な会計システムである。元帳に記帳するのは売掛金と買掛金で、ディ・タッコに対する一〇六人分の債務が個別に記入されている。小さな補助簿のほうには、取引内容をくわしく書き込んだ。たとえば羊皮一枚の売り上げ一ソルド四デナーリ、という具合である。次に取引の合計を元帳に転記し、斜線を引いて勘定を締める。そのほかに、おおざっぱな一覧表を黒板に書いたり、そこらの紙切れや帳面に書いたりしたが、それはじきにどこかへ行ってしまうのだった。こんな調子だから、ディ・タッコは会計事務をやってはいたが、複式簿記ではないので事業の現状を正確に把握できていなかったし、そもそも計算自体もダティーニほど正確でなかった。ディ・タッコの会計のやり方は、かなりいい加減だったと言わねばならない。多くの商人が、記憶頼みの単式簿記方式で事業をうまく切り回し、儲けを上げていたことは事実だが、大規模な事業になったら、それではうまくいかない。ダティーニはそのことをよくわきまえていた(14)。

銀行家と商人を悩ませた罪の意識

ダティーニは、自分の商売や会計が世間に快く受けとめられていないことを、けっして忘れなかった。なにしろ当時は、金を扱う職業や会計慣行の大半は教会法に反していたからである。

教会法は厳格に施行されはしなかったものの、ともかくも金貸業を禁じていた。よきトスカーナ人であるダティーニは、信心深いが富の追求にも熱心だった。「神と利益の名において」というモットーは、相容れない二つの概念を結びつけようとする彼なりの試みだったと言えよう。

今日では想像しがたいことだが、中世の銀行家や商人には罪の意識がまとわりついていた。聖アンブロジウス（三三七～九七年）は、高利はおろか利子をとって金を貸すこと自体を非難し、もらった以上にとることは罪だとした。一一七九年に開かれた第三ラテラノ公会議は、高利貸しをキリスト教徒の墓地に埋葬することを禁じた。高利は強欲の大罪と結びつけられ、強盗、嘘、暴力などと同罪とされた。ダンテは、金貸しは正直者を貧困に追いやる泥棒であるとし、『神曲』の「地獄篇」では、首から下げた金袋のことが片時も頭から離れない人物として描いている。ユダヤ人は利子をとって金を貸すことを許されたが、旧約聖書では、同胞には利子をとってはならないとした。いずれにせよ儲かる職業ではあったが、憎まれることは避けられなかった[15]。

しかし毎度のことながら、聖職者は方便に長けている。大神学者のトマス・アクィナスは「公正価格」という概念を導入して商業活動に正当な根拠を与えた。ことほどさように、言葉というものはいかようにも定義できる（だから、古今東西弁護士が重宝されるのだ）。ダティーニの時代の著名な説教師ヤコポ・パッサヴァンティは、貸金行為が保証金、貯蓄、物品の購入、販売といった言葉で隠匿されていると非難した。そして、どんな名前で呼ばれようと、貸金業は「憎むべき」だとしている[16]。

商人はもちろん、大方の教会も、高利禁止令を巧みにすり抜けた。ダティーニも主に両替で大きな利益を上げている。両替は、中世の銀行経営の基本だった。銀行家は、パリ、ロンドン、ジュネーブ、ブルージュなどで外国の通貨に両替できる手形を振り出す。交換レートは出し手に有利に設定されていたから、これは要するに利子付きの貸金にほかならない。いずれにせよ教会は金を貸す必要があったし、裕福な高位聖職者は自分の富を投資あるいは保管する安全な場所を必要としていた。枢機卿、さらには教皇でさえ、何の躊躇《ちゆうちよ》もなく、銀行家に金を渡してその裁量に委ねた。すると銀行家は、自分の裁量で預金に見返りや贈り物を付ける——つまり利息である。利息の額は銀行の利益に応じて決められ、数年間払われないこともあったが、利息が付くことははっきりしていた。ダティーニやメディチのような銀行家はさまざまなビジネスに手を染めており、利子をとって金を貸すことも当然その中に含まれていたのである。

富と信心の両方を追求する中世の商人にとって、利益は悩ましい問題だった。中世イタリアの商人は帳簿をつけてはいたものの、「最後の清算」を行うのが人間ではないことを片時も忘れたことはない。それをするのは神である。とはいえ人間には善行をすることができたし、生前に善行をしておけば神の審判を受けるときに備えて大いに意味があると考えられた。罪は善行で埋め合わせられる、というわけだ。教会も積極的にそれを後押しした。罪は会計と結びつけられ、むしろ罪なしには会計の発展はなかったと言えるほどである。

ダティーニは自分が神のために金儲けをしているわけではないことをわきまえており、そのことは繰り返し手紙にも書いている。彼は自分の富と罪を数え上げ、神に対する負い目(debt)を計算した。ただし勘定を締めるのは、人生の最後を迎えたときだけである。この「心の借り」を返すことが悔悛だとすれば、これもまた会計的概念の一種と言ってよかろう。

このように金銭の会計は心の会計と対をなしており、精神生活の重要な部分でもあった。

聖マタイが残した矛盾したメッセージ

とはいえ、なぜ帳簿をつける者と帳簿を疑問視した者がいたのだろうか。この点は、中世キリスト教徒の富に対する姿勢で説明できる。中世の宗教は、契約に基づいていた。人間は神に約束し、これを果たさなかったり忘れたりした場合には、最後の審判の日に罰せられる。約束を果たした場合の見返りは、利益ではなく、永遠の魂である。多神教では、生《い》け贄《にえ》や供物《くもつ》が不十分だと、すぐさま直接罰が下る。ギルガメシュ叙事詩の洪水はその端的な例である。ヘブライ信仰では、アブラハムは神と契約したし、モーセもそうだ。モーセがシナイ山から持ち帰った十戒の書かれた石板には、神が人類のために定めた掟《おきて》が明示されている。これを守らなかった者は罰を受ける。モーセ五書と複雑な律法は、心の会計の具体例を事細かに定めたものだった。信者は、神が自分たちに何を求めているかをわきまえ、心の会計につける。ユダヤの戒律では、ありとあらゆる行為に対して負い目が定められていた。

しかし、よきユダヤ人やよきキリスト教徒がきちんと帳簿をつけるべきかどうかまでは、定められていなかった。人間は自分の行為の収支を記録すべきだろうか。それとも、神が正直者と不信心者の帳簿をきっちりとつけているなら、人間がつけても意味はないのだろうか。どのみち最後は神が清算をするのだと考えた人々は、帳簿をつけなかったのだと思われる。

ヘブライ、古代ギリシャの伝統に新しくキリスト教が融合していく中、キリスト教に会計文化を持ち込んだのは聖マタイである。とはいえマタイのメッセージは、今一つ明確さを欠く。

ヘンドリック・テル・ブルッヘン『聖マタイの召喚』（1621年）
ユトレヒト中央博物館蔵、オランダ
（© Collection Centraal Museum, Utrecht）

聖マタイは、銀行家、税吏、会計士、調香師の守護聖人だが、富に関して矛盾する言葉を残し、キリスト教世界を大いに混乱に陥れた。金儲けは道徳に反するのか、反しないのか。マタイは富を賢く正直に扱うよう教えつつも、富そのものは現世では罪であるとした。富を巡るこの倫理的な曖昧さは、今日もなお解決されていない。

正直者はきちんと誠実に帳簿をつけ、浪費を避けよと説く一方で、富は悪だと決めつけ、その誘惑を断てと教えているのだ。マタイ（レビと同一人物とされる）はユダヤ人で、ローマ帝国の徴税人だったが、イエスの召命に応じて改宗した。イエスは改宗を擁護し、自分が来たのは「正しい人を招くためではなく、罪人を招くためである」と言った（「マルコによる福音書」二章一七節）。イエスはマタイの数学と会計の技能や多くの外国語の知識が役に立つと考えたのだろう。これらは他の使徒が持ち合わせていない能力だった。マタイは一二使徒に加わり、最初の福音伝道者となり、今日にいたるまで銀行家、税吏、会計士、調香師の守護聖人となっている。調香師の守護聖人なのは、ただの杖を香り高い果物の木に変えたからだとされる。

中世とルネサンス期の絵画では、マタイのアトリビュート（目印となる持ち物）は福音書あるいは事務机である。じつのところ、どちらであっても動作は似通っている。たとえばカラヴァッジオの手になる『聖マタイと天使』（一六〇二年、サン・ルイジ・デイ・フランチェージ教会）ではマタイが福音書を書いているのだが、事務机に向かって計算をしているのとさして変わらない。他の画家の作品では、帳簿を手にしているか、事務机に向かうマタイの姿が多い。(五)

マタイは、富をまっとうに扱うよう教える。「マタイによる福音書」二五章の「タラントンの譬《たと》え」では、元手を運用して利益を上げることが強く推奨され、投資をしないならせめて利子を得るべきだと示唆する。この寓話では、主人が外国に行く間、僕《しもべ》たちに家屋敷を管理させる。中の一人は、一タラントンの金貨を地中に埋めておく。すると帰って来た主人は、元手を活用しなかったことを責めるのである。そして、「怠け者の悪い僕だ。……それなら、わたしの金を銀行に入れておくべきであった。そうしておけば、帰って来たとき、利息付きで返してもらえたのに」[18]。

その一方で、富そのものは現世では罪であるとした。「あなたがたは、神と富とに仕えることはできない」（「マタイによる福音書」六章二四節）。人間はまじめに働き、金を稼ぐものとされている一方で、富の追求は罪深い強欲なのである。マタイは、「人の生くるはパンのみに由るにあらず、神の口より出《い》づるすべての言《ことば》に由る」（同四章四節）として、罪深い現世の糧《かて》と神によって与えられる真の滋養とを峻別するよう、何度となく説いている。「カエサルのものはカエサルに、神のものは神に返しなさい」（同二二章二一節）。マタイのこの二分法をのちにアウグスティヌスが発展させ、物質主義批判につなげている。ともあれ、マタイの残したメッセージはいささか曖昧だ。そして中世の教会は富を切望しながらも、富を戒める説教を行っていた。

最後の審判に見る「心の会計」

おそらく使徒ヨハネは、マタイの会計にまつわる逸話や比喩に刺激を受けて「黙示録」を書いたのだろう。黙示録では、神の「命の書」のことがくわしく説明される。神は言わば帳簿をつけていて、天国へ行く者と地獄へ堕ちる者との最後の審判を下す。「わたしはまた、死者たちが、大きな者も小さな者も、玉座の前に立っているのを見た。幾つかの書物が開かれたが、もう一つの書物も開かれた。それは命の書である。死者たちは、これらの書物に書かれていることに基づき、彼らの行いに応じて裁かれた」（「ヨハネの黙示録」二〇章一二節）。

「その名が命の書に記されていない者は、火の池に投げ込まれた」（同二〇章一五節）。

キリスト教における会計の比喩は、後世にも受け継がれた。四〇〇年代前半には、古代キリスト教最大の教父であり思想家であるアウグスティヌスが、会計の概念を使って贖罪《しょくざい》について説明した。アウグスティヌスから見たキリストは、命と引き換えに復活と永遠の生を得た商人である。「人間の罪を贖《あがな》うために、キリストは十字架に懸けられるという代償を払った」[19]。

アウグスティヌスは、若い頃は酒と肉欲に明け暮れる日々を送り、マニ教、占星術、新プラトン主義などさまざまな思想的遍歴を経た末に、あるとき回心する。そして精神生活のみが善きものであり、世俗の知識もアリストテレスの学問も捨てよと説く。人間がめざすべきは神の国であり、そこで人間は自らに投資し、犯した罪を償い、またキリストが人間のために流した血をも贖わねばならない。

ペスト禍に見舞われ信仰に救いを求めたヨーロッパでは、神が最後の審判を下すことはまさに現実であり、黙示録のイメージもけっして荒唐無稽ではなかった。ジョヴァンニ・ボッカチオは『デカメロン』の中で、ペストに覆い尽くされた一三四八年のフィレンツェの様子を描いている。栄華を誇った富裕な街も廃墟同然で、街路には死体が散乱していたという。街から逃げ出した者たちは、神に対する人間の負い目は死者が償ってくれたのだと希望的に考えようとした。人生ははかない、どこにいても死がつきまとう、とボッカチオは語る[20]。

ダティーニも東から伝染病が近づいてきたと妻に書き送っている。当時は神の怒りに対してまったくなす術がなかった。フランチェスコ・トライニのフレスコ画『死の勝利』（一三五〇年）には、ペストの惨禍が克明に描かれており、人間は死から逃れられないという無常観がありありと表れている。このように、絵画も、日々の説教も、また当時の偉大な文学作品も、人間の無力さを強調していた。とりわけフィレンツェでは、ダンテやボッカチオといった文豪が、人生の儚《はかな》さ、不完全で罪深い人間が払わねばならない代償といったテーマを不朽の名作に残した。人間は地獄へ落とされ、天国にたどり着くには煉獄山を登り、犯した数々の罪を浄めなければならない。この旅程は避けられない、なぜならこれも神の審判の一部だからだ、とダンテは書いている。

なれど読者よ、
神がわれらに負い目の償いを課したもうことを
聞いたからとて、君の善い決心をひるがえしてほしくはない。
刑罰の形に心とむるな。
あとに何が来るかを思え。最悪の場合でも、
最後の審判の先までは、それは続かぬ。（ダンテ『神曲　煉獄篇』第十歌[21]）

免罪符という発想

一四世紀になる頃には、信心と善行と罪は、帳簿よろしく消し込むことが可能になる。神に対して償わなければならない負い目について、教会が神の帳簿の収支尻を変える方便を考案したからだ。これでもう、苦労して煉獄山を登るにはおよばない。本来であれば、信者は罪を告白し、審判を受け、悔悛し、善行によって罪を埋め合わせなければならない。しかし、ルター

がのちに批判するように、善行の代わりに金で埋め合わせることが可能になった。教会は、精神性の源泉でもあるが、外交組織でもあり、そしてマネーマシンにもなったのである。しかも万事を、律法や倫理にまつわる人々の不安とうまいこと結びつけた。信心深い人ほど自分の犯した罪に見合う金額を持参して次々にやって来るため、教皇庁の大広間には大勢の会計係が陣取っていたという。[22]

ダティーニももちろん払った。さらに善行もしたし、貧者に寄付もした。こうして自分の富と利益を心の会計とうまく釣り合わせようとした。ペスト禍、百年戦争、教皇庁の分裂と災厄が続いた混乱の時代には、赦《ゆる》しの秘蹟こそが、死や不確実な来世に対する恐怖を和らげてくれるのだと聖職者たちは考えるようになる。そして、煉獄で費やす時間を短くするには懺悔や祈禱をせねばならぬが、免罪符はその代わりをしてくれると説明した。こうして教会は権力にものを言わせ、神の審判を前に個人の罪を取りなす役割を果たすことになった。[23]

もっともキリスト教における会計の概念は、罪の償いをして神に借りを返す、といった単純なものではない。キリストの血は、人類を救うために流された貴重なものである。聖ペテロが最初の手紙で述べたように、キリストは自らの血でもって人間の罪を贖った。枢機卿ヒュー・オブ・サン・シェールなどは、この血は「教会の宝物として樽に入れて保存され、宝物庫の鍵は教会が保管している」と信じていた。だから教会だけが宝物庫を開き、貴い血で人間の罪を洗い流せるという。「教会が保管しているキリストの血は、汲めども尽きない功徳の源泉」だとされ、それによって人類の救済が実現すると信じられていた。[24]

大方のキリスト教徒にとって、善行と悔悛に加えてキリストの血の代償によって罪を帳消しにでき、死後に煉獄であまり苦しまずに済むという教えは、会計の概念と接した初めての経験だったと言えるだろう。心の会計の借方と貸方と差引残高は、救済を得るために欠かせない。一二〇六年から〇九年にかけてパリ大学総長を務めたクレモナのプレポスティネスは、さらに踏み込んで、金を払った者は赦免を受けられると述べている。蓄積された罪の負い目は、いまや金貨や銀貨で返せるというのである。プロテスタントは、中世の伝統が異質な商業的要素をキリスト教に持ち込んだと非難したが、実際には旧約聖書にも、マタイによる福音書にも、アウグスティヌスにも、そうした要素はつねに存在した。信心とキリストの血で罪が贖えるというキリスト教の中心的な教義にすら、商取引のニュアンスが認められる。(25)

地獄を恐れたダティーニ

ダティーニの例が示すように、自己の行為に対する責任の意識を人々に呼び覚ましたのは、神に対する負い目という観念と最後の審判に対する恐れだったと考えられる。実際、ダティーニは神と利益の相反に最後まで悩まされていた。ダティーニは毎日利益を記帳しては、そのたびに、これで自分は神から遠ざかるのだと考えた。一四二〇年代にはシエナのベルナルディーノが、親に従う者は神から富を授けられ、逆らう者は貧困に苦しむと説教した。だがたとえ神のおかげで商売が繁盛しているのだとしても、それで神に近づくとはダティーニは思えなかった。彼の商売の一部は金貸しだったし、自分が高利をとっていること、それが罪であることをダティーニはよく承知していた。だから心配でたまらなかった。(26)

ダティーニの帳簿の収支尻がつねに黒字であることは、神に対する負い目は増える一方であることを意味した。つまり帳簿は、利益を示すと同時に、罪の償いとして神に払うべきものも示していたと言える。ダティーニはとりたてて信心深いわけではなかったが、神への負い目をどうやって払うべきかはつねに考えていた。一三九五年に四旬節《しじゅんせつ》の説教を聞いたダティーニは、「私は、およそ人間が犯しうる限りの罪という罪を犯してきた。自制ができず、欲望を抑える術を知らなかった……だから、この償いは喜んでするつもりだ」。彼は当時の人々がみなそうだったように、最後の審判を恐れていた。ペストの惨禍を見れば、地獄の恐ろしさはおおよそ想像がつく。しかも、第二波の流行がフィレンツェや東ヨーロッパに近づいていた。記録によれば、ダティーニはビアンキの聖地巡礼に加わり、白装束に身を包んで裸足で一〇日間歩く悔い改めの行をしたという[27]。

　教会は、富を貧者に分け与えるようダティーニを諭《さと》した。友人たちは、そんなことをすれば坊主を喜ばせるだけだと忠告したが、ダティーニは遺産をプラートの教会に寄進することを決める。病人を助け、貧しいご婦人に夫を見つけてやり、貧困と戦うといった善行に金を出そうとしたのである。ただし、自分の遺志の実行は商売仲間にやってもらうと強く主張し、貧しい人々にだけお金が行くように取りはからった。ダティーニの遺言に従い、一〇万フロリンという巨万の富は貧民のための病院建設に投じられる。フィリッポ・リッピが描いたダティーニが『聖母戴冠』の中でいまも生き生きと輝きを放っているように、ダティーニが建てた孤児のための病院も六〇〇年以上存続し、古い扉を開けると、「孤児を救済した商人」とダティーニを称える銘板が掲げられていた。今日でもプラート市では、ダティーニの生まれた日にミサが執り行われる。いよいよ死を迎えるその日、ダティーニはなぜ死ななければならないのかと考えたらしい。それなりに信心もしたし神に気前よくあれこれ捧げたというのに、会計の達人としては、これでは帳尻が合わないと感じたのかもしれない。[28]

第3章

新プラトン主義に敗れたメディチ家

ルネサンス期のフィレンツェを支配していたメディチ家。ヨーロッパ最大の富豪を支えた会計技術は、なぜわずか一世代で失われてしまったのか。その謎を解く鍵は、新プラトン主義によるエリート思想の流行にあった。

商人の指がインクで汚れているのは、よい兆候である。

——レオン・バティスタ・アルベルティ

（一四三七年）

一世代ですべてを失ったメディチ家

フィレンツェは個性的な街である。午後遅く、澄んだ空気の中で日差しを浴びるフィレンツェはこのうえなく美しい。重厚な石が街を薔薇色に彩り、霞んだようにぼやける日には、丘の上にふわりと浮かんだ地上の楽園のように見える。だがフィレンツェが近づきがたい冷酷な姿を見せる日もある。夏の容赦ない暑熱の中、微風すら吹かない日には、盆地に閉じ込められたこの街は蒸《む》し蒸しと悪臭を放つ。また厳寒期には、北東のムジェロの山と野生のイノシシの駆け巡る暗い森から風が吹き下り、雨が降り注ぐ。アペニン山脈から山越えの風が吹く日には、フィレンツェを彩る石は黒ずみ、石炭の煤《すす》がついたように見えた。冷気が湿気を孕《はら》んでまとわりつくそんな日には、暖炉に火を焚き、野菜のシチューとパンとキャンティで暖まるのが唯一の楽しみになる。この街の美と冷酷さの二面性は、メディチ家の性格そのものでもあった。

そして会計にも、事業経営を助ける一方で罠《わな》にもなりうるという二面性が備わっている。メディチ家の歴史を知り、この名家とフィレンツェとの力関係や金融と文化に与えた絶大な影響をたどっていくと、このことがよく理解できるだろう。ここフィレンツェの地でメディチ家は金融の力を誇示し、そして会計をないがしろにする誘惑に屈した。メディチ銀行の実力者たちは会計を活用して銀行業を発展させ、文化の面でも政治の場でも圧倒的な存在感を発揮する。どんな名家といえどもこれほどの権勢を誇ったことはなかった。だが一世代のちには、彼らはほとんどすべてを失ってしまう。単に会計が杜撰だったからではない。後継者にとって会計が必須の知識であることを忘れてしまったのだ。その結果、メディチ家の権力には、銀行業の裏付けがなくなった。この変化は必ずしも自ら選択したわけではないが、メディチ家自身が銀行を破綻させたことは事実である。

いかにしてヨーロッパ最高の富豪となったか

コジモ・デ・メディチ（一三八九〜一四六四年）は、したたかな銀行家だった。イル・ヴェッキオ（老いた人）と通称された老コジモは、死後には「祖国の父」の称号を贈られている。コジモは銀行家の息子として生まれた。コジモの父ジョヴァンニ・ディ・ビッキ・デ・メディチは、フィレンツェ屈指の名家の当主として、名誉あるゴンファロニエーレ（この名称は旗に由来し、共同体のリーダーを意味する）だった。とはいえ、重要な旧家の一つではあったものの、当初はフィレンツェで最も裕福だったわけではないし、最も地位が高かったわけでもない。彼らは抜け目なく立ち回ることで財を成したのである。成功する銀行家の例に漏れず、最初の取引相手は教皇庁だった。コジモの父は巨万の富を築き、ダティーニを上回る一一万三〇〇〇フロリンの遺産を残した。(1)

コジモの父はメディチ家を富裕にし、それを受け継いだコジモは銀行を一大国際事業に発展させて、当時のヨーロッパで最高の富豪になった。用心深く積み上げられたメディチ家の富は、ルネサンス期のフィレンツェに芸術の光輝をもたらすために投じられる一方で、メディチ家自身の政治力を強化するためにも使われた。イタリア・ルネサンスの栄光は、几帳面な会計という地味な土台に支えられていたと言えよう。コジモは多くの画家や彫刻家や建築家の後ろ盾となり、パトロンとなり、彼らを力強く後押しした。こうして芸術の新しい世界の扉を開いたコジモではあったが、中世の商人だった父親から受け継いだ多くの習慣を捨てることはなく、厳格に守り続けた。

コジモは、多くの意味でフィレンツェの黄金時代に生まれたと言える。一五世紀初めのフィレンツェはキリスト教世界の中心であると同時に、貿易、金融はもちろん、文芸や教養の面でも世界の中心だった。共和国の書記官長を務めた教養高い人文主義者のコルッチョ・サルターティ（一三三一〜一四〇六年）は、いまこそが黄金時代だと誇らかに宣言している。いったいダンテは、ペトラルカは、ボッカチオはどこにいるのか、フィレンツェではないか、と。これらの文豪は、イタリアの方言の中でも特有のトスカーナ語の地位を確立し、近代的な文学と人文主義を打ち立てた。フィレンツェの地は古代ギリシャ、ローマの栄光を復活するのだという自負もあった。その一方で、イタリアで重視された実務的な知識は、やがて人文主義を初期資本主義や産業開発へと結びつけることになる。(2)

銀行と商業が発展したフィレンツェは、教育でもヨーロッパの先頭を走っていた。フィレンツェのあるトスカーナ地方は識字率がきわめて高く、商人の多くは帳簿をつけることを通じて読み書きの能力を身につけた。当時のフィレンツェの人口は一二万ほどだが、そのうち八〇〇〇人から一万人が生涯のどこかの時点で学校に通ったことがあり、その半分は算盤の学校だったという。労働者や職人でさえ読み書き算数ができたことを示す史料が豊富に残っている。また人文主義者はみなラテン語を解する学者であり教師だった。フィレンツェは芸術家、詩人、哲学者であふれていたと言っても過言ではない。銀行家、商人、職人、法律家は職業に必要な知識を学ぶだけでなく、哲学にも親しみ、アリストテレスやピタゴラスなど古代の思想も学んだ。算盤の使い方は一四世紀から教えられており、実用的な算術を教える学校も多く存在した。エリート階級のためには高度な学校やアカデミーがあり、一三二一年には大学の前身であるストゥディウム・ゲネラーレが創設される。そこでは古代思想を学ぶことができた。コルッチョ・サルターティのような名家の出身者がプラトンの理想に基づいてアカデミーを設立し、世俗的な学問や天文学、倫理学などを教えた例も少なくない。サルターティは名文家としても知られ、ペトラルカの流麗な文体をまねることもできれば、教皇や他の都市と交渉する際には、キケロの文体で書簡を書くこともできたという。初期の人文主義の精神は、政治、商業、教養が渾然一体となって形成されていた。サルターティはまた、コンスタンティノープルからギリシャの文人マヌエル・クリュソロラスを招聘《しょうへい》し、西洋では忘れられていた古代ギリシャ語を教えさせた功績でも名高い。こうして、失われていたプラトンやアリストテレスの知恵を知る道を拓いた(3)。

コジモはフィレンツェに恐怖をもたらした

フィレンツェは、やり手の商人がのし上がり政治的影響力も獲得できる街ではあったが、ダティーニが共和制の最盛期を満喫していた時期に比べると、エリート主義の色合いが濃くなっていた。哲学者が王となるべきだと語ったプラトンの思想がフィレンツェの教養高いエリートの間で重んじられ、文化的業績を徳のみならず社会的権威と結びつけるようになっていく。一三九八年から一四〇六年にかけて、コジモが子供のときの家庭教師だったロベルト・デ・ロッシは、名家の子弟のために無料のアカデミーを開き、ゆくゆくはフィレンツェの指導者となる若者たちに、クリュソロラスとともにギリシャ語やプラトン哲学を教えた。生徒の中には、もちろんコジモもいた。つまりコジモは銀行家にしてプラトン学徒だったわけである。富と古代哲学の教養の両方を手にしたフィレンツェのエリートたちが、誇りと自信を身にまとったとしても驚くには当たるまい。(4)

これが、独力で身を立てたダティーニと、銀行家一族の御曹司だったコジモの大きなちがいである。コジモはルネサンスの人文主義文化に染まり、聖フランチェスコと聖母マリアを信仰する一方で、異教徒である古代世界の教養も身につけた。メディチ家はフィレンツェのやや身分の低い党派とも政治的に連携してはいたが、コジモ自身は、いかに質素で馬よりラバを好んだとはいっても、やはり文化的エリート主義者だった。彼は公的な催事に参加することを好まず、往来では年寄りに道を譲り、パレードなどでもしんがりに控えることが多かったという。

それでも、この控えめな男がフィレンツェの冷酷な支配者だったという事実は動かない。コジモは抜け目なく用心深く権力の階段を上っていった、とマキアヴェッリは正確に描写している。だが彼は金を使って共和国の自由を損なう行為にもおよんだ。メディチ家の富は「フィレンツェに恐怖をもたらした」とマキアヴェッリは指摘する。(5)

腰が低く質素な衣服を身に着けた物静かな老コジモは、債務を棒引きにしてやったり、無能な銀行支配人を許してやったり、芸術家や学者を支援したりしたが、じつはその無慈悲さでも知られる。無理もない、当時のイタリアでは、それ以外に権力を維持する方法はなかった。フイレンツェには市民の公開処刑を禁じる法律はあったものの、街には暴力と陰謀が渦巻いていた。コジモがある教会の改修を一手に引き受けて他のパトロンを締め出し、栄誉を独り占めしたことはよく知られている。叛旗を翻した有力家を国外追放処分にしたり取り潰したりしたし、彼らの手紙を検閲したほか、イタリア各地の法廷や広場に密告者を配置した。敵を拷問にかけたという噂もある。(6)

コジモはフィレンツェ共和国の事実上の支配者であり、イタリアのほぼ全土にわたって影響力を持ち、またヨーロッパ全体の金融を牛耳《ぎゅうじ》っていた。彼の書斎は金融・政治帝国の中枢だったと言ってよい。手紙、小包、暗号で記された密書、報告書、帳簿はすべてここを通過した。支店の支配人を任命し、命令を出し、共同出資者、預金者、借り手と商談し、絹の品質やスイスの硬貨の金含有率を検討した。人事管理も掌握し、手腕や才覚はもちろん、語学能力や人脈までチェックした。美男すぎる男や豪華な服に目のない男は要注意だ。金を扱うのだから危なっかしい人間は困るというわけで、コジモに人間性を厳しく見きわめ、不正の兆候を見逃さなかった。同盟の価値を認めると、ヴェネツィア共和国に一五万フロリンを貸す度胸もあった。ヴェネツィアが教皇から破門されるのを防ぐためである。この投資のおかげで、ヴェネツィアとメディチ家の結びつきは磐石《ばんじゃく》になった。(7)

死刑を免れ、フィレンツェの指導者に

カトリック教会御用達の銀行家であり、外国との交易ルートも掌握しているコジモは、ヨーロッパ随一の富豪であり、彼の銀行はヨーロッパ最大の影響力を誇っていた。当時は十分の一

税の徴税人や大市に買い付けに行く商人が現金を持ち歩くのは非常に危険だったが、メディチ銀行に頼めば為替手形を使って簡単に送金してもらえる。たとえばロンドンかブリュージュの支店に現金を持ち込んでフィレンツェで受け取る、あるいはその逆、といったことができた。このとき両替のレートは必ずメディチ銀行に有利に設定されている。またローマでは、教皇や司教たちが手持ちの金《きん》をメディチに預けた。一方、枢機卿や政治家や商人が、たとえば五〇〇フロリン借りたいときは、外国為替を扱えるコジモのような銀行家のところへ行く。そして五〇〇フロリンを所定の期日に必ず返すと約束する。するとメディチは同額の手形を書いてロンドンあるいはブリュージュへ送り、有利なレートで交換する。この両替事業の利益率は年一三〜二六%にも達した。当時は教会によって利子が禁止されていたから、この利益が利子代わりになるわけである。後日借り手は五〇〇フロリンを返済し、メディチは教会の目からは完全に合法的に利益を得るという仕組みだった。両替のほかに、メディチは国家や市当局にも金を貸し、フィレンツェやトスカーナ地方の徴税業務も代行した。これは言うまでもなく、貸した金を回収するためである。さらに教皇、枢機卿など富裕層の貯金も預かり、農場や織物業に投資し、アーモンドから一角獣の牙にいたるまで、ありとあらゆるものの交易にも手を染めていた。[8]

　コジモはトスカーナ地方におけるフィレンツェの勢力伸張のために自分の金を投じ、ときには北イタリアの交戦中の都市国家のために平和を金で買うことまでした。フィレンツェは隣の有力都市ルッカを従属させるために荒っぽい戦争を仕掛け、不名誉な失敗に終わったが、このときコジモは戦争に消極的だったと言われる。とはいえ、彼が従来のフィレンツェの軍隊に代えて傭兵部隊を雇ったことが、フィレンツェの国力を弱体化させたのはまちがいないようだ。

一四三三年、敵対する有力家の一派がコジモを捕えて政庁舎の鐘塔にある牢獄（「小さな宿屋」と呼ばれていた）に放り込み、死刑を宣告するという反乱が起きた。だがバリーアと呼ばれる非常時の大権機構が設置され、刑の執行が延々と議論されている三週間の間に、コジモは市当局の要職者に宛てて約束手形あるいは債務免除を約束する書状を書きまくる。あちこちに一〇〇〇フロリンの鼻薬をきかすだけで、手形や書状は名宛人の元に届けられた。これほど少額で効き目があるのかとコジモは驚き、のちになって、要求されたらその一〇倍は払うつもりだったと明かしている。彼はまた、傭兵を雇ってフィレンツェ郊外に結集させておいた。結局、バリーアは死刑から国外追放に刑を軽減し、コジモは始めパドヴァに、のちにヴェネツィアに移る。同盟関係にあったヴェネツィアでは悠々と快適な生活を送り、メディチ銀行の支店を通じて仕事もし、一段と金持ちになった。最終的には買収や敵の弱体化が重なって追放令は一年で撤回される。コジモは、今度は誰もが認める指導者としてフィレンツェに戻って来たのだった。(9)

芸術のパトロンとしても活躍

コジモ自身の財産は、メディチ家および銀行の資産とほぼ同義語と言ってよいのであるが、ともかくも莫大であり、推測することしかできない。一四二七年に定められた法律により、フィレンツェの土地所有者および商人には国の税務監査を受けるために複式簿記の維持が義務づけられ、監査記録は今日まで保存されている。ダティーニもそうだったように、賢い商人は必ず帳簿を二冊つけた。自分だけが見る秘密帳簿と、監査用のもっともらしい公式帳簿である。

コジモの弟が一四四〇年に死ぬと、兄弟合わせた資産が監査の対象になった。そのときの総資産額は二三万五一三七フロリンだったが、もちろんこれがすべてではなかったし、その後も増え続けた。しかも宝石、美術品、古書のコレクションは監査に供されていない。

コジモが亡くなる一四六四年までの間にメディチ家がいかに莫大な富を築いたかを示す数字を紹介しよう。コジモの父ジョヴァンニ・ディ・ビッキ・デ・メディチの死の二年前の一四二七年の時点では、メディチ銀行と商会の総資産額は一〇万四七フロリンだった。それが一四五一年には、銀行の利益が七万五〇〇〇フロリンを突破したという記録がある（ただし共同出資者の取り分も含む）。そして一四六〇年になると、ミラノ支店だけで資産額は五八万九二九八フロリンに達した。[10]

のちにフィレンツェに君臨したコジモの孫でロレンツォの回顧録によると、一四三四年から七一年にかけてメディチ家が公共建築への寄付と税金に支払った額は六六万三七五五フロリンに達するが、そのうち四〇万フロリンはコジモの時代に払われたという。当時、都市の大邸宅は一〇〇〇フロリンが相場だったが、フィレンツェの住人の大半は一フロリンの税金も払えないほど貧しかった。コジモは市の税収の大半を負担したわけである。それも当然だった、彼は当時の大方の王より金持ちだったのだから。[11]

コジモはフィレンツェの芸術振興にも惜しみなく資金を投じた。文芸を愛したコジモは、人文学、建築、絵画や彫刻と幅広い芸術家を支援し、とりわけ壮大な建築を数多く発注したことで名高い。メディチ家の菩提寺であるサンロレンツォ教会の改築は、父の代にフィリッポ・ブルネレスキに発注され、コジモが受け継いでいる。こうした芸術の後援には、コジモの評判、王族に認められていることがまた、国内外での影響力を強める結果につながったのである。

者として、また芸術のパトロンとして、ヨーロッパ中の王侯貴族が羨む存在であり、こうした

ェ市民の多くもそうだった。教養高く、寛大で、商売の機微に通じたコジモは、懐の深い助言

権勢、社会的地位を高める効果もあった。芸術家や人文学者はコジモを愛したし、フィレンツ

銀行経営に必須だった複式簿記

富はコジモの力の源泉である。彼は金儲けがうまかったが、その多くは金の管理がうまかったことに起因する。コジモは当時としては最高水準の人文主義的教育を受けただけでなく、メディチ銀行のローマ支店で金融と会計の実務も経験していた。ローマ支店は教皇の勘定を扱っており、そこで彼はビジネスのあらゆる面に精通したのである。すでに当時は複式簿記は必須であり、たとえば多くのギルドも複式簿記を義務づけていた。金銭を巡る紛争が発生した場合には、複式簿記による元帳は法的文書として法廷に提出される。フィレンツェの裁判官は裁定を下すに当たって元帳を徹底的に調べ上げたものである。だから、杜撰な帳簿は敗訴につながりかねなかった。(12)

商業教育の基本は簿記であり、コジモのようにゆくゆくは経営者になるエリートは若いうちに修得していた。家族経営の事業では、若い後継者は系列の店や外国の支店で実地に学ぶ。簿記は、経験を通じてしか身につかない。そこでフィレンツェでは、会計のゆたかな伝統を育てるべく、商業と簿記に関する法律を定めていた。このように会計は、文化と法律の両方に根付いていたのである。商人は、信用状や手形を写したり書いたりすることから、帳簿をつけるこ

とにいたるまで、商売のイロハを実地に学んだ。

こうしたわけで、のちには部下に任せるようになったが、コジモは自分でも帳簿がつけられた。彼が経営者でありながら実務に通じているのは、若い頃に会計をマスターしていたおかげである。コジモは、自分の農場の帳簿は自ら管理していたようである。一四四八年の帳簿を見ると、ムジェロにある自分の農場について、同じページに借方と貸方を記入する簡単な複式簿記を行っていたことがわかる。会計は、コジモが個人的に作るオリーブ油から巨大な銀行ネットワークにいたるまで、すべてを克明に記録し管理する手段だった。会計なしには、製造業であれ銀行であれ、事業を運営することもできなければ、状況を把握することもできない。ただし重要なのは、それを実地に学ぶことである。コジモも実際の取引を通じて学んだ。経営感覚は現場でしか身につかないのと同じように、複式簿記も、現実の取引をほんものの帳簿につけることによってしか学べない(13)。

複式簿記が銀行経営に必須となったのは、それ以外の方法では膨大な数に上る複雑な取引をリアルタイムで記録し、利益を計算することができないからである。たとえば銀行預金を裏付けに手形を振り出し、それで決済することが一般的になると、複式簿記でなければ、お金の行方を追跡できなくなった。手形は商人にとって、現金払いに代わる便利な決済方法ではあるが、記帳ははるかに面倒になる。銀行は多数の預金を受け入れ、貸し出し、送金や振替を日々行っているため、資産と負債はつねに変動し、したがってそのつど記帳したうえで、毎日集計することが必要だった。仕立屋や肉屋から貿易商、銀行、さらには国家にいたるまで、あらゆる取引相手の勘定が設定され、元帳で掌握された(14)。

すべての支店で厳しい監査を徹底

ダティーニ商会とは異なり、メディチ銀行は本店が統括する単一事業体ではなかった。各支店は独立しており、共同出資者が支配人を務める。ただしどの支店でも、最大の出資者はつねにメディチだった。この事業体制では、一つの支店が倒産したり、あるいは契約違反で訴えられたりしても、他の支店に影響はおよばない。たとえばブリュージュ支店の総支配人トマソ・ポルティナリが毛織物九梱《こり》の梱包損傷で訴えられたときにも、梱包を担当したのはロンドン支店であり、ブリュージュ支店に責任はないことを主張して認められている(15)。

コジモは一一の事業の出資者兼経営者だった。事業にはフィレンツェの銀行本店やヨーロッパ各地に散らばる支店のほか、毛織物と絹の製造業も含まれている。コジモの地位と権力は、筆頭出資者であると同時に主監査人でもあることに裏付けられていた。メディチ銀行ブリュージュ支店の定款第一四五五条にそのことが明記されている。メディチ家は支配人に事業上の自由裁量の余地を認めていたが、しかし規律も厳しかった。定款第七条は、支配人がトランプやさいころで賭けをすること、自室で婦人をもてなすことを禁じている。また第八条では、支配人は会計報告のために、いついかなるときでも招集に応じてフィレンツェに出向くこと、また最低年一回(三月二四日)または必要に応じて何度でも決算を行い、会計報告をコジモに提出することが定められている。会計監査はコジモと会計主任がフィレンツェで行った(16)。

ジョヴァンニ・ディ・アメリゴ・ベンチは、コジモが最も信頼した支配人である。ベンチは一五歳のときにメディチ銀行ローマ支店で走り使いとして働き始め、めきめき頭角を現し、一

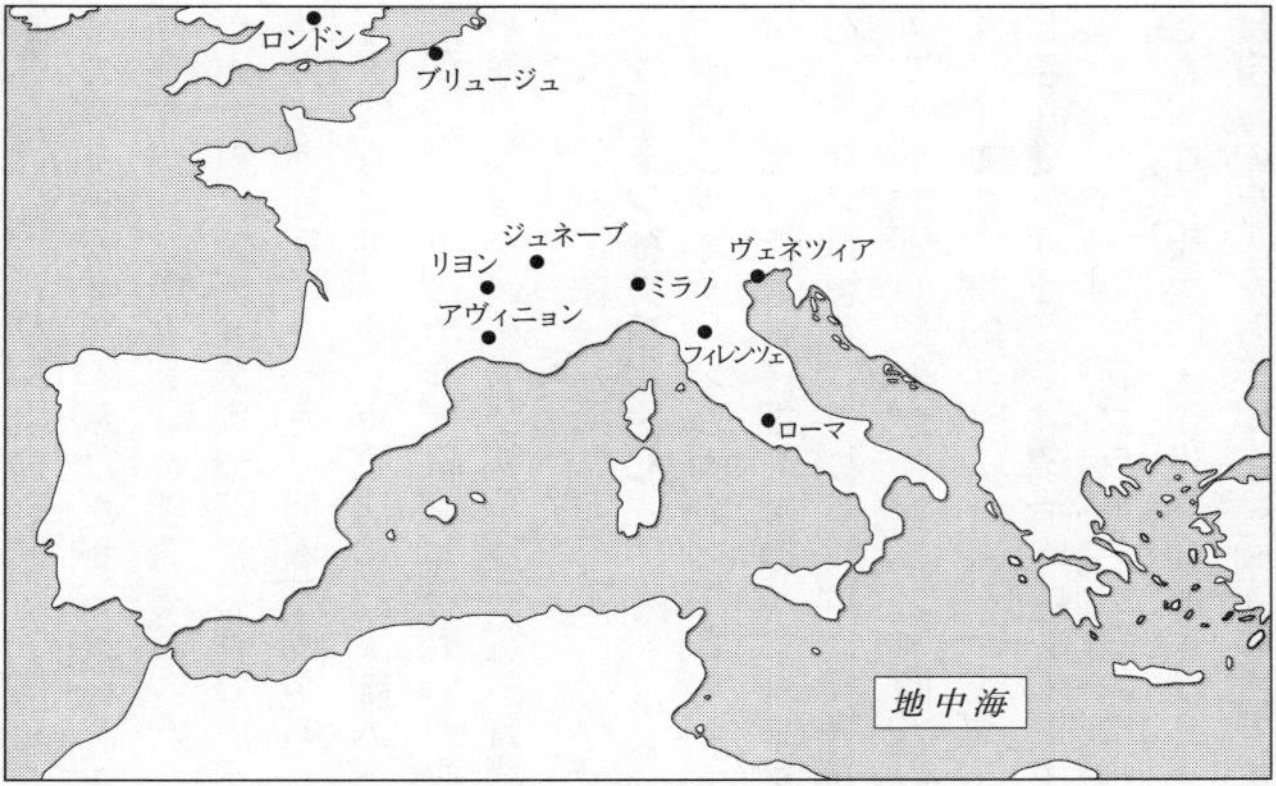

メディチ銀行の主な支店所在地

四二四～三五年にはジュネーブ支店で手腕を発揮する。こうして経験を積んだベンチは一四三五年にフィレンツェに戻り、コジモの右腕として働くことになった。二〇歳にして複式簿記をマスターしたベンチは有能であると同時に信頼できる人間であり、メディチ銀行の総支配人として手形の振り出しをすべて担当し、帳簿をつけ、監査を行い、さらには秘密帳簿までつけた。現存する三冊目の秘密帳簿（一四三五～五五年）は、ベンチの手になるものである。この時期はちょうどメディチ銀行の最盛期に当たる。ベンチは教会に多額の寄進をしたり、自分の娘の肖像画をレオナルド・ダ・ヴィンチに描かせたりはしたが、つねに自分を律し、熱心に仕事に励んだ。彼の帳簿は完璧で、記帳漏れなどということとは無縁である。コジモはそれをよく知っていたので、安心して任せていた。[17]

　コジモはベンチの力を借りて、監査と査定システムを構築した。年一回、各支店の支配人は決算を行い、財務報告書をベンチに送って監査を受ける。支配人は出資者であるから事業の一部の持ち主でもあるわけだが、最終決定権を握るのは言うまでもなくコジモである。コジモはたびたびベンチとともに監査を行ったし、秘密帳簿に関しては彼が最終点検をしたことはまちがいない。メディチ家で保管されている多くの帳簿には、最終監査の検認印が押されている。年度末に赤字になったり何か不備があったりすれば、支配人はフィレンツェに呼び出される。たとえばブリュージュ支店の総支配人トマソ・ポルティナリは、フィレンツェのメディチ家の居館であるリッカルディ宮に呼びつけられ、コジモとベンチの前に立たされ、二人が一行一行帳簿を調べながら浴びせかける鋭い質問に答えなければならなかった。

プラトン研究を後押し

中世とルネサンスの両方を生きたコジモは、二つの世界に生きたと言える。ルネサンス期には、メディチ家の後押しもあって、プラトン研究がさかんになった。この時期に取り入れられたプラトン思想は、のちに新プラトン主義と呼ばれるようになる。しかしプラトンの貴族的・エリート的価値観とフィレンツェ商人の現実的・実務的価値観は、次第に相容れなくなっていく。そして、知的エリートが社会を導くことを理想としたプラトン思想が教育や文化のモデルとされただけでなく、政治的エリート主義にもつながっていった。(18)

ルネサンス期の新プラトン主義によれば、人間の栄光は芸術、文化、政治的業績に基づくとされ、ごく現実的・現世的な商業は必ずしも重視されなかった。こうした背景もあり、コジモは自分の息子たちが卑しい商売の世界に身を置くことをあまり望まなかったと言われる。そして政治家の高貴な血統が家系に維持されることを望んだ。あれほどコジモを助け、ルネサンスの開花を促す資金の捻出にも役立った会計は、次第に重んじられなくなり、それどころか下品で不道徳な習慣とさえみなされるようになっていく。[19]

そもそもルネサンスは、中世の教会の教えに真っ向から反するものである。アウグスティヌスははっきりと、キリスト教徒は現世の知識に背を向け自己実現の望みを捨てよ、信仰だけが人間を救うのだと宣言している。しかしコジモは、プラトンやアリストテレスを始め、忘れられたギリシャ思想を人文主義者たちが学ぶことを奨励し、後援した。プラトンの著作は多くのフィレンツェの人々の心を捉えた。とりわけ知識修得や文化的成果を人間の理想や敬神と結びつけたところに心を惹《ひ》かれたようである。神が創造主だとすれば、教養を積み美を愛するプラトン的人間は神の領域に近づくと考えられたのだった。

コジモは、銀行と政治を通じてのみ権力と社会的地位を追求したわけではない。たびたび触れたように、芸術のパトロンになることもその一つの手段だった。さらに宗教面でも貢献しており、その最も華々しい成果が一四三九年に実現したフィレンツェ公会議である。ギリシャ東方教会とローマ・カトリック教会の合同公会議がフィレンツェで開催されるようコジモは尽力し、多額の経費も負担した。こうしてローマ教皇エウゲニウス四世とコンスタンティノープルからの使節団がフィレンツェにやってくる。使節団には、聖職者のほかにギリシャの学者も含まれていた。彼らは、忘れられた古代ギリシャ語と文献を改めてイタリアに紹介したいと切望していたのである。随員のゲオルギオス・ゲミストス・プレトンとマヌエル・クリュソロラスは、西洋に伝わっていなかったプラトンの著作を携えてきて、コジモの後援を得てプラトン講義を行う（クリュソロラスは、プラトンの『国家』を自らギリシャ語からラテン語に翻訳もした）。こうして初めてイタリアで、プラトンの作品が原語で朗読されたのである。コジモと親しい人たちもこの講義を受けた。侍医の息子マルシリオ・フィチーノ（一四三三〜九九年）もその一人である。フィチーノはコジモの庇護を受け、プラトンを始めギリシャ語の多数の文献をラテン語に翻訳し、イタリアにおける重要なギリシャ学者となる。そしてコジモの別荘のあるフィレンツェ郊外にプラトン・アカデミーを開設した。

「聖なる数学を商人の算術と混同してはならない」

こうして新プラトン主義はルネサンス期の思想に深い影響を与え始め、人間の理想や現世での成果といった概念を持ち込んで、キリスト教信仰に変化をもたらす。フィチーノは人々に瞑想を奨めた。瞑想に加えて学問的研鑽を積むことによって、人間は完成の域に近づき、現世での幸福のみならず来世での幸福も実現すると考えたのである。アウグスティヌスとは異なり、フィチーノに異教徒の知恵を学ぶこととキリスト教信仰とは矛盾しないとした。ローマ人が人間の一生は運命によって決まると考えていたのに対し、フィチーノは、思慮深く予見されたものごとは人知によっては自分の手で変えられると信じた。フィチーノは、思慮深く予見されたものごとは人知によって支配できると書いている。アウグスティヌスは信者たちにアリストテレスの本など捨ててしまえと言ったが、フィチーノは『ニコマコス倫理学』を大いに引用した。神の創造物である自然を支配するには、自然を「知の基盤」とみなすべきだという。そして「ヨハネによる福音書」一九章一一節を引いて、人間の知力は神しか授けることはできないのだから、それは美徳であるとして、ギリシャ哲学をキリスト教と結びつけた。[20]

新プラトン主義は、ひたすら瞑想を通じて知恵を探求し神に近づくことをめざしたわけではない。芸術を通じて神の創造を模倣することも求めた。ドナテッロやボッティチェリはギリシャ古典のテーマや俗人の肖像を描いたが、より美しくよりリアリスティックであるほど、神に近いとして称讃された。そしてコジモは、まさにこの理由から彼らを後援したのである。当時の貴族は物質主義的ではあったけれども、なおダティーニのように信心深かった。彼らにとって、古代ギリシャの哲学は、世俗の金持ちにも神に近づく道を拓いてくれたのだった。だからフィレンツェの商業や文化の春を謳歌していた人々に受けがよかったのも、当然だろう。こうして人間と神の関係には、創造の光輝を共有するという新しい視点が導入された。

ところがフィチーノの後を継いだピコ・デラ・ミランドラ（一四六三〜九四年）は、もうすこし過激だった。ピコはエミリア＝ロマーニャの貴族出身で、商人の価値観や倫理観には何の共感も抱いていなかった。彼はコジモの孫のロレンツォの世代に属し、コジモのような老練な銀行家たちが実務的なスキルを駆使してフィレンツェに栄華をもたらした時期を知らない。ピコはフィチーノによるプラトン研究の影響と生まれながらの貴族的感覚を併せ持つ人物だった。ロレンツォとフィチーノは、この才気あふれる若い学者の庇護者となる。ピコは一四八六年に行った「人間の尊厳についての演説」の中で、人間を神の高貴な被造物であると定義づけるとともに、人間の知性を讃え、数学は自然を理解するための神聖な学問であるとした。ただし数字は純粋でなければならず、商売の世俗的な利益などという不純なものに関わるべきではないという。「聖なる数学を商人の算術と混同してはならない」とピコは警告した。こうした商業に批判的な姿勢は文化に影響を与えずにはおかない。新プラトン主義の貴族的哲学は、商人の価値観と衝突し始めた(21)。

コジモは欠かさず帳簿をつけていたが、それはいまや彼の精神を満たす哲学や芸術の高貴な世界とは相容れないことになったのである。ダティーニのジレンマが神と利益だったとすれば、コジモを悩ませたのは、商売の知識と神聖なる学問、本業である金融とプラトン的エリートの追求のジレンマだった。このジレンマは、コジモの家族にも、共同経営者にも、銀行にも好ましからぬ影響をおよぼすことになる。

後の世代に受け継がれなかった会計文化

コジモは息子たちの将来に野望を抱くようになった。その気持ちはわからないでもない。彼の目からすれば、メディチ家こそフィレンツェの事実上の君主である。おそらくは新プラトン主義に染まりすぎたせいで、あるいは自分の家系を王族のようにみなす驕《おご》りから、あるいは非現実的な自信過剰から、彼は息子たち全員には会計を教えなかった。この判断はメディチ銀行のみならず、フィレンツェそのものの弱体化につながっていくことになる。

コジモには嫡出の息子が二人いた。長男のピエロは、経営のセンスはあったが商人としての修業に出されなかった。ピエロは人文主義的な教育を受け、ラテン語やギリシャ語の修辞学を学ぶ。コジモは長男が共和国の統治に携わることを期待したのだった。一方、次男のジョヴァンニには商売をみっちり仕込んだ。彼は銀行の跡継ぎになることが期待され、父と同じく帳簿のつけ方から監査の仕方まで学ぶ。しかしジョヴァンニは享楽的なタイプで、帳簿のつけ方は知っていても、厳格に帳簿を維持する几帳面さや規律に欠けていた。そのうえ彼は四二歳の若さで一四六三年に世を去ってしまう。結局、コジモが亡くなると、「痛風病み」とあだ名されたピエロが一四六四年から六九年にかけて当主となる。彼は父の慎重な経営戦略をそのまま踏襲したものの、メディチ銀行はトップはいても実務家がおらず、最終監査のできる者もいないという事態になった。そして監査なしでは、銀行は機能しない。[22]

フィレンツェを訪れる観光客にとって、この街の顔は何と言ってもロレンツォ・デ・メディチ（一四四九～九二年）である。コジモの孫でピエロの長男であるロレンツォは、芸術の黄金期を迎えたフィレンツェに君臨した。彼は当時の基準からすると醜男だったが、その肖像画や胸像は、フィレンツェの魅惑と官能と権力のシンボルとなる。ボッティチェリ、ブロンズィーノ、ヴェロッキオ、ヴァザーリらが競ってロレンツォの長いかぎ鼻、とび色の髪、気の強そうな表情を描いたおかげで、その姿は永遠に残された。ロレンツォは自身が詩人であり、新プラトン主義の学徒であり、ボッティチェリ、レオナルド・ダ・ヴィンチ、ミケランジェロ、ギルランダイオの友人であり、パトロンでもあった。彼はまた独裁者であり、ヨーロッパ全土に決定的な影響力を持ち、コンスタンティノープルの新しい支配者であるオスマントルコとさえ貿易を展開した。だがそのロレンツォも、会計に関してはお粗末だった。彼はフィレンツェの共和制の自由を踏みにじり、市の金庫を空っぽにし、金にあかして一族のために教皇の職を買った。なるほどメディチ家はフィレンツェの栄華を築いたかもしれない。だがロレンツォの下で、財政の安定性と共和国の自由は徐々に失われていった。

メディチ銀行の真の経営者とは

ロレンツォはイル・マニフィーコと通称された。マニフィーコには豪華絢爛といった意味がある。実際ロレンツォはフィレンツェの最も華々しい時代を代表する人物だったし、ほとんど君主のような実権を握ってもいた。マニフィーコという形容詞は、当初は単に「偉大な」という意味合いで使われていたのだが、次第に王族の尊称を意味するような使い方に変わっていった。そしてロレンツォ・イル・マニフィーコは、いつのまにか「豪華王ロレンツォ」という何か公式の肩書きに変化する。これではまるで、ロレンツォが王様になったような印象を受ける。ロレンツォは引き続きメディチ銀行の経営者ではあったものの、真の経営者は彼ではなかった。[23]ロレンツォが二〇歳で銀行を引き継いだ時点で、経営陣の代替わりは完了する。ロレンツォは名目上ただ一人の経営トップになった――しかし、現実に銀行事業を切り回すことはできなかった。なるほど彼は、政治には長けていた。メディチ家の当主となってほどなく起きた陰謀を巧みに乗り切り、一族のために教皇の信任も取り付けた。だが彼は銀行経営に必要な会計を教えられていなかったし、帳簿の監査に必要な厳格な基準も知らなかった。そもそもロレンツォは、フィレンツェ共和国の一市民としてふるまってはいたものの、王子の教育を受けていたのである。マキアヴェッリがロレンツォに興味を抱き注目したのは、まさにこの理由からだった。[24]

ロレンツォの能力と教養は同時代の人々から高く評価された。ロレンツォを専制君主だとして糾弾した人文学者のアラマンノ・リヌッツィーニでさえ、彼が多才であることは認めざるを得なかった。なにしろロレンツォは、ダンス、弓、歌、乗馬から楽器の演奏、詩の創作にいたるまで、万事に秀でていたのである。外国の貴族の子弟たちにとってロレンツォは最高のお手本であり、ロレンツォは自分の家庭教師を各地の貴族や支配者に派遣したこともある。しかしロレンツォには銀行の経営はできなかったし、その気もなかった。マキアヴェッリは、ロレンツォは有能な貴公子だが無能な銀行家だったと書いている。かくしてロレンツォは、銀行の資金繰りのために、市の金庫から借用、いや横領するようになった。アダム・スミスはこれについて、君主や政府は会計を専門家に任せなければならない、と結論づけている[25]。

こんな状態だから、ロレンツォには有能で信頼できる専門家が必要だった。コジモの右腕だった会計主任ベンチの役割を果たすだけでなく、最終監査役だったコジモ自身の役割も果たしてくれる人物である。金融と会計に精通した人間が家系の中にいなくなってしまったため、メディチ家は、支店の支配人の中で最も成績優秀で信頼のおけるフランチェスコ・サセッティ（一四二一～九〇年）に白羽の矢をたてる。こうして銀行経営上の重要な問題にはサセッティが最終決定を下すことになった。すべての帳簿に目を通し、最終監査を行うのも彼である。銀行を経営していたのは事実上サセッティであり、それも共同出資者としてではなく、ロレンツォの言葉を借りるなら「メディチ家の大臣」の役割を果たしていた。サセッティはコジモからエリート教育を受けたわけではない。むしろダティーニのように独力で身を起こした人物であり、ジュネーブ支店で業績を上げてメディチ家の信頼を勝ち得、有能な会計監査役、支配人として銀行に貢献した。実務を通じて上り詰めた、いわば叩き上げのサセッティは、やがて新プラトン主義に興味を持ち、ルネサンス期のフィレンツェの芸術を支えてきたパトロンの役割にも意欲を燃やすようになる。コジモは事業と文化をうまく融合させることができたが、サセッティは文化に傾倒し始めると会計がおろそかになってしまった。

エドワード四世による戦費の踏み倒し

サセッティがジュネーブからフィレンツェに戻ったのは一四五八年であり、ロレンツォの相談役を務めたが、やがてメディチ銀行全体の総支配人として暗黙のうちに全権を委任される。だが、コジモの死から長い年月の過ぎたこのときの総支配人の仕事には、以前のような厳しさがなくなっていた。財務と会計に全力投球していたベンチとは異なり、サセッティは次第に多くの時間を人文主義的な学問に費やすようになり、当時メディチ家の家庭教師だったアンジェロ・ポリツィアーノや、プラトン・アカデミーを開いたフィチーノの友人たちと過ごす時間が増えていく。

ちょうどこの頃、サセッティはサンタ・マリア・ノヴェッラ教会と衝突してしまう。教会は、家柄や前例を重んじる立場から、サセッティ家に地下聖堂の権利を与えることを拒んだのだ。フィレンツェで最も有力なこの教会の聖堂をあきらめざるを得ないとわかったサセッティは、それならいっそ自前で礼拝堂を建ててしまおうと考える。こうして彼は、自分の影響力、富、信仰心、高尚な趣味を見せつける絶好の機会を得たのだった。サセッティは人気画家ドメニコ・ギルランダイオのパトロンとなり、礼拝堂の壁画を依頼した。

サセッティ家の礼拝堂を建立すれば子孫にも感謝される――この思いつきはサセッティの情熱を奪い取った。こうして完成したサンタ・トリニタ教会サセッティ礼拝堂の壁画は、今日でもギルランダイオの傑作の一つと評価されている。この礼拝堂は、画家と銀行支配人の思いが

ドメニコ・ギルランダイオ
『法王ホノリウス三世によるフランシスコ修道会の承認』(1485年)
サンタ・トリニタ教会サセッティ礼拝堂身廊壁画の部分
フィレンツェ、イタリア (Scala/Art Resource, New York)

サセッティは厳密な会計と銀行経営に向けるべき注意と情熱を、サセッティ家の礼拝堂建立に注いでいた。ギルランダイオに描かせたこの作品は、新プラトン主義を表現した傑作とされる。サセッティはもはや会計士としてではなく信仰心篤く教養高い貴族であると自負しており、雇い主でありフィレンツェの事実上の支配者であるロレンツォ・イル・マニフィーコの隣に自分を描かせている。

みごとに一致した理想の成果と言えよう。二人の目的は、単に宗教画を描くことではなく、新プラトン主義を讃え、フィレンツェの文化的ヒエラルキーの中にサセッティ家を堂々と位置づけることにあった。ジョルジョ・ヴァザーリは『美術家列伝』の中で、ギルランダイオは新プラトン主義の実力者たちをできるだけ実物そっくりに描いて、彼らの教養の高さと地位の高さを強調したと述べている。礼拝堂の壁全体を彩るのは聖フランチェスコの生涯だが、ある場面には聖痕を受ける聖フランチェスコとともにサセッティ、ロレンツォ、ポリツィアーノが、また別の場面には膝を折って祈るサセッティと妻の姿が描かれている。フィチーノは、新プラトン主義の理想を体現するものとして、サセッティの礼拝堂建立を称讃した。(26)

だが言うまでもなく、フィチーノは哲学者であって、実務のことは何も知らない。サセッティの礼拝堂が完成した一四八五年には、じつはサセッティ自身は財政面で苦境に陥っていた。一四八八年に作成した遺言状の中で本人が率直に認めているのだが、リヨン支店の放漫経営がもたらした「悲痛で危機的な結末」がサセッティ家と自慢の邸館パラッツィオ・ディ・モンテュイに暗い影を落としていたのである。この邸館は、没収や取り壊しといった事態を防ぐため、教会の信頼できる友人に寄付すると決めていた。サセッティは常々「運命は私にやさしい」と信じていたが、どうやら運命は彼に牙を剝くようになったらしい。この危機を乗り切れるのか、サセッティは不安になっていた。(27)

サセッティはリヨン支店の支配人リオネット・デ・ロッシを「不注意で無能」だと非難したが、サセッティ自身が支店の経営権を持つ共同出資者なのだから、彼には大いに責任があった。そもそもサセッティは最終監査役なのである。しかしサセッティは支配人がリスクを冒すのを容認しただけでなく、自身の重要な仕事である厳正な監査をやめてしまった。サセッティの個人的な秘密帳簿の一冊(一四六二〜七二年の帳簿)が現存するのだが、そこには彼の怠慢が克明に表れている。サセッティは銀行の会計を複式簿記で行っており、最初の五年間は期待にたがわず勤勉に仕事をこなしている。銀行の支店の不動産もちゃんと記帳しているし、個人の勘定としても、自分の不動産(一四六六年時点で五万二〇四七フロリン)を記帳しており、まことに申し分がない。ところがその後は抜けや漏れが多くなる。サセッティは昔ながらの厳格な簿記の技術と規律を学んだはずなのに、それを実践していない。そのうえ、支店の管理もおろそかになり、支店の支配人に監査を任せてしまう。これでは、支店の経営を放棄したも同然である。その結果、各支店は外国の王族に金を貸し始めた。コジモが存命の間は、リスクが大きすぎるとして厳に禁じていた行為である。そして一四六九年に災難がロンドン支店を襲った——あろうことかエドワード四世が、薔薇戦争の戦費として借り入れた金を踏み倒したのだ。だがこれは、終わりの始まりにすぎなかった。メディチ銀行の屋台骨を揺るがす出来事が起きたのは、一四七七年のことである。(28)

海賊に奪われた『最後の審判』

それはブリュージュ支店で起きた。ロレンツォは、不運なブリュージュ支店の支配人トマソ・ポルティナリに対し、ブルゴーニュ公シャルルに巨額の金を用立てることを許可していた。豪胆公と呼ばれるシャルルは返済の約束を守らないことで有名だったにもかかわらず、である。しかもロレンツォは、ポルティナリについてよく知らないままに、共同出資者への昇格に同意している。当時ブリュージュ支店の出資比率は、ポルティナリの一三・五％に対し、メディチ家は六〇％以上だった。それなのにサセッティは、ポルティナリにフリーハンドを与えてしまう。ポルティナリはブルゴーニュ公の宮廷で丁重に扱われ、王家に足がかりを得たことをうれしがった。とはいえ、ポルティナリがおそまつな支配人だったというわけではない。彼の右腕であるカルロ・カヴァルキャンティは、日々勤勉に元帳をつけていた。結局のところ、サセッティとロレンツォが政治的な配慮から承認したブルゴーニュ公への融資が、すべての原因だったと言わねばならない。すぐれたフランスの歴史家フィリップ・ド・コミーヌ（彼自身は、利子の不払いを巡って銀行と長年揉めていた）は、ポルティナリの自由裁量に委ねられた金額の大きさに仰天している。なにしろブルゴーニュ公に六〇〇〇グロート以上の信用を供与していたのだ。これはポルティナリの出資額の二倍以上に当たり、もし債務が返済されなかったら損失は巨額に上る。だがロレンツォにとっては、ブルゴーニュ公の領地にある明礬鉱《みょうばんこう》（明礬は毛織物の染色になくてはならない重要な鉱物だった）について、メディチ家の利権を保護してもらうことのほうが大事だったのだろう。[20]

　理由はどうあれ、このような融資は債務超過を招きかねず、銀行の経営方針に反するものだった。そして案の定、ブルゴーニュ公シャルルは債務を返済しなかった。一四七七年に公が死んだとき、メディチ銀行に対する負債は九五〇〇グロートに達していた。ブリュージュ支店の資本金の三倍である。追い貸しが行われたが、宮廷は利払いすらできない。交換レートの変動を勘案しても、ブリュージュ支店の損失は七万フロリンという巨額に達し（コジモの遺産が一二万フロリン前後だったことを思い出してほしい）、結局この支店は閉鎖に追い込まれた。

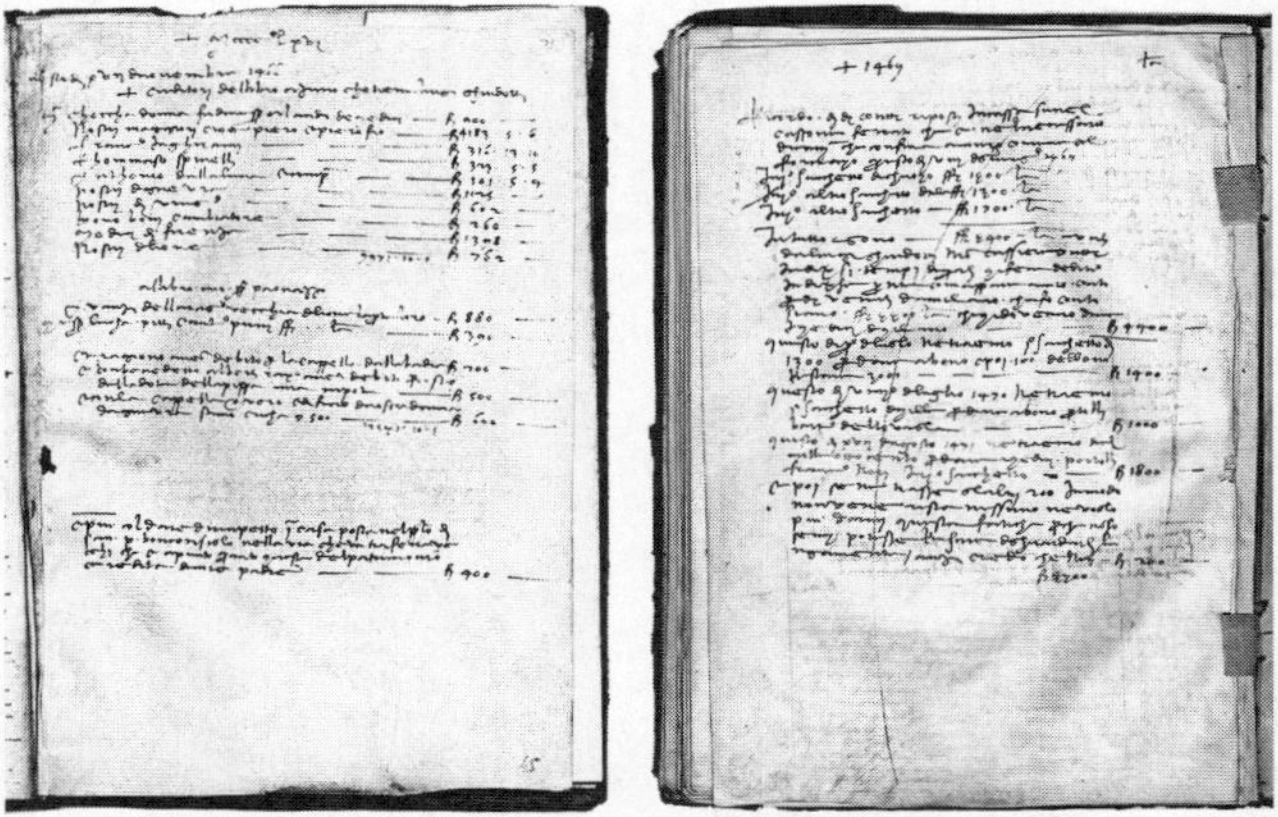

フランチェスコ・サセッティの秘密帳簿（1470年代）
フィレンツェ国立古文書館蔵、イタリア
（Carte Strozziane, Su consessione del Ministro per i Beni e le Attivita e Culturali e del Turismo）

メディチ銀行の会計主任サセッティの秘密帳簿からは、彼が自らの責任を果たしていなかったことが読み取れる。1470年代前半には、記帳や監査に対する注意がおろそかになり、銀行は破綻の危機に瀕していた。

一四七八年にロレンツォはポルティナリに使いを送り、持ち分を現金化してメディチ家に返済するよう迫る。ポルティナリには拒否できるはずもなかった。ヨーロッパの金融と政治の中心に加わっていたポルティナリは、あわれ文無しになったのである。さらに皮肉なエピソードがある。ポルティナリは、フランドルの画家ハンス・メムリンクの『最後の審判』を取り戻す訴訟に長年関わっていた。この作品はブリュージュ支店が発注したのだが、完成品が送られてくる途中でポーランドの海賊に奪われてしまったのである。一文無しのポルティナリは訴訟の継続を断念しなければならなかった。絵の中では、大天使聖ミカエルが魂の重さを測る秤《はかり》を携え、地獄へ落とす者を決めている。まさにポルティナリは秤に載せられ、最後の清算をさせられたのだった。

新プラトン主義への傾倒が会計と責任の文化を損なった

そしてリヨンである。リヨン支店の一件は、メディチ銀行にとって、単にもう一つの大損害では済まされなかった。今度はサセッティ自身が当事者であり、全財産を失う恐れがあったからである。サセッティは経験豊富な総支配人であり会計のエキスパートでもあるのだから、帳簿にはっきりと表れていた危険な兆候に気づいていなければならなかった。一四六二年から六八年にかけて、リヨン支店の利益率はなんと七〇～一〇五%の間で推移していたのである。銀行の平均利益率は八～一〇%といったところで、富裕な顧客と良好な関係を保ち高利の融資のできる支店でも一五～三〇%程度である。一〇五%もの利益率というのは、あきらかに異常だった。不良債権が長期にわたって計上されたままになり、見かけの利益を水増ししていたので

ハンス・メムリンク『最後の審判』（1467–71年）
ポモージェ美術館蔵、グダニスク、ポーランド
（Scala/Art Resource, New York）

メディチ銀行ブリュージュ支店の支配人トマソ・ポルティナリが発注した。絵の中では、大天使聖ミカエルが最後の審判を行っており、魂の重さを測る秤を携え、地獄へ落とす者を決めている。ポルティナリはリスクの大きい融資をしてメディチ銀行破綻の一因を作り、自身も無一文になって恥辱にまみれた。彼の人生は、まさにこの絵の通りになったのである。

ある。監査がきちんと行われていれば、こうした不良債権は直ちに発見され、損失引当金を積み増すなど、何らかの処理が行われていたはずである。だがサセッティが監査のために支配人を呼び寄せたことは一度もなかったし、自ら監査に出向くこともなく、監査人が巡回するシステムも整っていなかった。かつては繁栄していたリヨン支店とサセッティ自身の「おそろしく怠慢な管理不行き届き」のせいで、当時六八歳になっていたサセッティは自らフランスに赴く羽目に陥る(30)。

かつてギルランダイオは、メディチ銀行でもフィレンツェの文化的生活でも中心的な存在だったサセッティを描いたが、今度は別れの肖像画を描くことになる。これもまたギルランダイオの傑作とされる『フランチェスコ・サセッティと息子テオドロ』(一四八八年)がそれで、現在はニューヨーク・メトロポリタン美術館に飾られている。トスカーナの田園を背景にしたおだやかな肖像画で、美術館の説明書きには「サセッティはメディチ銀行帝国で総支配人を務めた」とある。絵の中のサセッティは、六〇代後半にしては若いが、さまざまな状況証拠からして、ギルランダイオはサセッティ不在中にこの絵を描いたのだと推定される。サセッティは一四八八年までフィレンツェを離れ、リヨン支店にかかりきりだった。二度とフィレンツェに戻って来られないのではないかと恐れたサセッティは、遺言状のほかにこの絵を最後の遺産として残すことになる。

ようやくリヨンから戻って来たとき、サセッティは全財産を失っていた。メディチ銀行にはもはやかつての力はない。アダム・スミスが指摘したとおり、個人的な栄光を健全な事業運営より優先する王侯貴族は、よき銀行家にはなれないのである。こうしてロレンツォは銀行の資

ドメニコ・ギルランダイオ
『フランチェスコ・サセッティと息子テオドロ』(1488年)
メトロポリタン美術館蔵、ニューヨーク、アメリカ

この肖像画は、本人と似ていない点が注目に値する。じつはこの作品は、リヨン支店の不始末の責任をとるためにリヨンへ発った後に描かれているのである。かつては有能で尊敬される会計士だったサセッティは、メディチ銀行を破綻へと追いやり、自身も零落してフィレンツェに戻ってきた。結局この肖像画は、形見として息子に残されることになった。

産の大半を失ったが、それでも公金を流用してメディチ家のさまざまな文化的プロジェクトの資金手当を続けた。そのロレンツォが一四九二年に四三歳の若さで亡くなると、跡を継いだ長男ピエロの無能により、メディチ家は一四九四年にフィレンツェ追放の憂き目に遭う。フィレンツェは共和制を取り戻し、マキアヴェッリが重用された（彼は複式簿記をちゃんと知っていた）。その後メディチ家はフィレンツェ帰還を果たし、一族から教皇を輩出したほか、ロレンツォの曾孫に当たるコジモ一世が名君としてトスカーナ大公国を統治する。しかしロレンツォの放漫経営の果てに銀行はほとんど存在しないも同然になっていたし、フィレンツェ自体も昔日の面影はなくなっていた。メディチ家の驕りがフィレンツェにとってどれほど高いものについたかを教えてくれるのは、古文書館に保管された帳簿だけである。

老コジモは、自分の富の一部を使って新プラトン主義哲学を後援すると同時に、自身の世俗的な栄光を追求した。メディチ家の栄光と名声に関する限り、老コジモは成功したと言えよう。一族からは教皇も、トスカーナ大公も、フランス王の妃も輩出した。しかしメディチ家と不運な支配人たちの顚末は、フィレンツェの簿記・会計ほど深く根付いた伝統でさえ、あっという間に消滅してしまうことを雄弁に物語っている。当代一流の銀行家だった老コジモは、新プラトン主義への傾倒がその後数百年にわたって会計と責任の文化を損なうことになろうとは、想像もできなかったにちがいない。だが実際には、彼が残した遺産の中で、この影響は最も強く最もしぶとかったのである。

第4章

「太陽の沈まぬ国」が沈むとき

一六世紀になっても会計への偏見は根強かった。だが、スペインは赤字続きの植民地を前に、遂に会計改革に乗り出す。重責を担ったフェリペ二世だったが、オランダの反乱・無敵艦隊の敗北など、更なる悪夢が彼を襲う。

いま理解できないことやこれまでずっと理解できなかったことを理解しようとして、頭を悩ませたくはない。

――スペイン王フェリペ二世（一五七四年）

なぜ世界初の複式簿記の教科書は無視されたのか

複式簿記についての世界最初の教科書というべき『算術、幾何、比及び比例全書』（全書を意味する『スムマ』と略称される）が印刷された一四九四年という年は、皮肉にも、ヨーロッパにおけるイタリアの力が衰退し始めた時期だった。この年はイタリア戦争の発端となった年であり、イタリアは歴史上初めてフランス、続いてスペインの侵攻を受けている。『スムマ』を書いたのはフランチェスコ会修道士にして人文主義者、数学者のルカ・パチョーリ（一四四五〜一五一七年）で、同書の第一部第九編「記録および計算について」で簿記が取り上げられている。複式簿記はこれより二〇〇年前からすでに存在していたが、その実際的な方法論が、印刷技術の普及と相俟って比較的入手しやすい形で世に出たのは、初めてのことである。しかしこの世界初の会計の入門書は、その後一〇〇年にわたって商人からも思想家からも無視された。一六世紀に入ると、多くの国が騎士道精神を掲げる絶対君主を戴くようになり、会計は身分の低い商人の技術であるとして次第にさげすまれるようになっていったためである。こうした背景から、強国の王でさえ、国家の財政を任せられる有能な会計専門家をなかなか見つけられなくなった。会計に対するこのような偏見が、スペイン帝国の度重なる破綻の一因だったと考えられる。

パチョーリは「会計の父」と呼ばれ、『スムマ』は今日でも会計学の基礎とされている。ルネサンス期から現代にいたるまで、ありとあらゆる簿記書は、少なくとも部分的には『スムマ』に基づいていると言ってさしつかえない。会計の歴史において、パチョーリはヒーローなのである。とはいえ、第二章で紹介したフランチェスコ・ダティーニがすでに一四世紀末に複式簿記を実践していたことからもあきらかなように、『スムマ』は遅れてきた名著であり、その頃には会計文化はかつての輝きを失っていた。人文主義全盛のルネサンス期には、同書はさほど評価されなかった。一六世紀初頭に同書の存在を知っていた学者や思想家はごくわずかであり、政治指導者になるともっとすくなく、これを財政運営に活用した者となるとほとんどいない。

パチョーリはトスカーナ生まれで、幾何学と代数学に精通し、かつ新プラトン主義に親しんでいた。この点では老コジモと同じ世界に生きたと言えよう。すでに述べたように、コジモは会計のエキスパートであると同時に人文主義に傾倒した。そして事業の発展と古典学習の奨励と芸術の後援によって、フィレンツェの商業、学問、芸術、建築をみごとに開花させた。修道士にして数学者のパチョーリは、こうした好ましい成果をもたらしたのは神の言葉である数学だと考えた。複式簿記は現世のことではあるが、神の言葉である数学の派生物であり、日々の金銭的取引を統《す》べる哲学にほかならない、と。[1]

レオナルド・ダ・ヴィンチとも親交があったパチョーリ

パチョーリの一生は、まさに道を究めた人の生涯である。トスカーナのアレッツォに近い小さな村で生まれ、算盤の学校で商業教育を受けたパチョーリは、同郷の名高い画家にして数学者のピエロ・デッラ・フランチェスカの工房で働き、数学の教えを受けた。デッラ・フランチェスカはユークリッド幾何学の再評価に貢献し、遠近法絵画に幾何学を駆使した画家である。『鞭打たれるキリスト』（一四五五年頃）などの作品には、未完成ながら遠近法や比例が美しく活用されている。けっして創造的ではないが頭脳明晰で分析的だったパチョーリは、人に好かれるたちだったようだ。デッラ・フランチェスカはパチョーリをかわいがり、ミラノへ連れて行ってレオン・バティスタ・アルベルティに紹介する。アルベルティは当時の高名な人文学者にして技師、建築家でもある多才な人物で、実践的な知識と哲学を結びつけ、『家庭について』という家庭の哲学と家計の本も書いたほどである。同書では会計と家計の重要性が強調されている。パチョーリはアルベルティの紹介を得てヴェネツィアの大商人の家で家庭教師を六年間務めたのち、ローマのアルベルティ邸に迎えられるが、アルベルティ急逝後は修道会に入り、大学で講義をするようになる。当時、数学は神学の一部と考えられていた。各地で教えるうちに、ジェンティーレ・ベッリーニ、ジョヴァンニ・ベッリーニ、ボッティチェリ、ギルランダイオ、ピエトロ・ペルジーノ、ルカ・シニョレッリ、そしておそらくはアルブレヒト・デューラーといった当代一流の芸術家と知り合っている。(2)

ヤーコポ・デ・バルバリが一四九五年に描いたルカ・パチョーリの肖像画は、会計学者を描いた現存する最も有名な作品である。法衣と頭巾をまとい、幾何学の図版を指しているが、左手の下には元帳らしきものが描かれている。画面右側にいるのは、庇護者のウルビーノ公グイドバルド・ダ・モンテフェルトロで、パチョーリは一四七四年にウルビーノ公の子息の家庭教師になっていた。これはきわめて名誉ある地位であり、一修道士にとっては望みうる最高の地位と言ってよい。ウルビーノの宮廷は当時のイタリアで最も洗練されており、しかも中世の商人文化も尊重し、すぐれた職人や市井の教養人を貴族と結びつける役割を果たしていた。実際、ウルビーノ公自身がパチョーリに会計を教えることを奨励している。ウルビーノのようなイタリアの小国にとって、繁栄は商業に依存することを公はよくわきまえていたのだった。

特筆すべきは、パチョーリがレオナルド・ダ・ヴィンチと親交があったことである。パチョーリは「人間の中の王」だとダ・ヴィンチを評している。ダ・ヴィンチは、比例や幾何学の勉強のために、一二面体（左頁のバルバリによる肖像画にも描かれている）やプラトンの五種類の正多面体をよくスケッチしていた。そして三次元の表現についてパチョーリと何度も話し合っており、『最後の晩餐』（一四九五〜九八年）を描く際には、透視図法と比例についてパチョーリの助言を受けたと言われる。(3)

会計の基本は五〇〇年以上前から変わっていない

パチョーリに幸運にも、会計の価値を認めてくれる人文主義者や政治指導者に恵まれていた。パチョーリは『スムマ』の中でウェルギリウス、聖パウロ、マタイ、ダンテなどを引用し、会計をまじめに励行する几帳面で慈悲心の篤い勤勉な者を神は認めてくださると説いている。きちんと帳簿をつけることは善の行いであり、勤勉、会計、利益は徳であるとの世界観である。商業、産業、利益は健全な国家と財政運営の土台だとパチョーリは示唆するが、こうした考え方はのちの政治経済学の発展に寄与したと思われる。中世からルネサンス期にかけてのイタリアの技術を伝える『スムマ』には、現代にも通じるものが備わっている。(4)

ヤーコポ・デ・バルバリ『ルカ・パチョーリの肖像』（1495年）
カポディモンテ美術館蔵、ナポリ、イタリア
（Alfredo Dagli Orti/The Art Archive at Art Resource, New York）

中央に描かれているのは、会計学者のパチョーリである。数学者でもあるパチョーリは『算術、幾何、比及び比例全書』（通称『スムマ』）を著した。同書は世界で初めて複式簿記の理論体系を紹介した印刷文献である。パチョーリは数学と会計の教師として前面に描かれ、生徒であり庇護者でもあるウルビーノ公グイドバルド・ダ・モンテフェルトロは後ろに立っている。会計士が貴族の上位者として描かれたのは初めてのことであり、その後もこのような絵は描かれていない。

会計の基本は、五〇〇年以上前にパチョーリが『スムマ』を執筆して以来、さほど変わっていない。『スムマ』には何か新しいことが書かれているわけではないが、それまで存在しなかった「秩序正しく計算し記録する」ための体系的な指針が明確に説明されている。会計は領主の臣民がよりよい商人になるのに役立つとパチョーリは考え、本を書いて正しい会計のやり方を普及させれば、商業がさかんになるとウルビーノ公に約束した。取引が誠実に行われれば、それは商人にとって好ましいだけでなく、神に対してもよいことである。なぜなら、彼らは「公正で信頼に値する」ようになるからだ。信頼を勝ち得るためには、数学の明晰さを活用してデータを正しく記録することが欠かせない。パチョーリは複式簿記を「ヴェネツィア式簿記」と呼び、借方と貸方の差額から損益を計算する方法を教えた。こうして、言わば神の秩序を人間の世界に持ち込んだのである。(5)

メディチ家が破ってしまったルール

『スムマ』には資産と負債をつねに把握するための方法が説明されているが、これは現代の資本主義においても欠かせない知識である。商人は会計の第一歩として資産の棚卸《たなおろ》しを行い、財産目録（bilancio）を作成しなければならない。家屋敷、土地から、宝石類、現金、家具、銀器、リネン類、毛皮類から香辛料その他の商品にいたるまで、すべて書き出す。これが財産目録である。あとは、支出と収入を毎日帳簿につけていけばよい。帳簿は財産目録のほかに、日記帳（memoriale）、仕訳帳（giornale）、そして元帳（quaderno）が必要とされた。(6)

日記帳には、毎日の取引をすべて時系列で記帳するか、領収書を貼付する。日記帳には、データをリアルタイムで記入することのほかに、種類が異なり通貨もちがう取引をとりあえず全部記録しておけるというメリットがあった。これらはあとで単一通貨に換算する。一日の終わりには、金額や取引内容などの記入事項を、手順に従って仕訳帳の借方・貸方に転記する。[7]仕訳帳は、あらゆる取引を二面的に把握して（商品を売って・現金が入ってきた、というふうに）借方と貸方に記帳する。日付のほか、代理人、商品名、通貨建てなどの関連情報も記入する。記帳した事項は、最後に元帳に転記する。元帳に転記する際には、その取引が対応する帳簿のどこに書かれているかを示す照合用の文字も書き添える。貸方を転記したら赤線を一本引き、対応する借方を書き入れたらもう一本赤線を引くようにする。元帳の勘定は商品ごとに（たとえば「胡椒勘定」のように）、あるいは事業や航海ごとに立て、その勘定に体系的に記帳していく。[8]

『スムマ』の簿記論の部分では、帳簿の構成から各種会計、決算というふうに簿記の基本的な手順が説明されている。取引のタイプごとに具体例も豊富に挙げており、読者にとってはまことにありがたい教科書だと言える。たとえば組合方式の事業はどう記帳するか、支店の勘定はどうするか、銀行は、官庁は、商用旅行の費用は、番頭や見習いの給金は……といった具合である。さらに、記帳をまちがえたらどのように訂正するか、といった説明もある。現実の会社から例をとりながら、パチョーリはメディチ家が破ってしまったルールを繰り返し強調した。すなわち、経営者は支配人の監査をしなければならない、ということである。

あらゆる取引はイエスの名の下に

会計が社会に貢献することをパチョーリは願っており、『スムマ』の第一章では商人の心得を説いている。「共和国を支えるのは商人である」とし、「法学博士を育てるよりよき商人をつくるほうがむずかしい」と戒めた。共和国の浮沈を握っているのは商人だとパチョーリは考えていた。商人には金銭感覚と計算能力があり、繁栄を利する術《すべ》も、戦争、飢饉、疫病を乗り切る術も知っている。共和国に必要なのは、教育水準が高く、己を律することができ、高い職業倫理を備えた商人である、そうした商人は事業経営においても政府においても役に立つ——これがパチョーリの持論だった。とはいえ、会計に向き不向きがあることは、パチョーリも認めていた。怠慢でいい加減な人間は災厄を引き起こしかねない。(9)

会計の規律は、共和国市民としての責任を果たすうえで欠かすことができない。よき商人はきちんとした帳簿を維持し、つねに市当局による監査に応じられなければならない、とパチョーリは力説する。不正疑惑の入り込む余地のない帳簿を維持するのが、よき商人、よき会計係の務めである。すべての筆跡はその特徴によって識別することが必要で、そのために当人が監査人の元に出頭するか、筆跡見本を提出しなければならない。パチョーリは徴税官対策も説明する一方で、役人どもは会計のやり方を学んでおらず、帳簿の見分けもつかないと嘆いている。「読者があの連中と関わらねばならないとしたら、まったく気の毒なことだ」。実業家はつねに自分の事業のことを考え、クリーンな帳簿をつけていれば、税金も監査も恐るるに足らない。そして徴税官のほうも会計に精通する責任がある、とパチョーリは指摘する。この点でヴェネツィアはすばらしい。ヴェネツィアでは、不正をする徴税官はもちろん、きちんと記録を取らない徴税官も罰される、とパチョーリは称讃した。[10]

とはいえ、商人の中には帳簿つけに向かない者もいる。何よりも大切なのは規律であり、何一つ記入漏れがあってはならない。商談の内容も帳簿の欄外にメモしておくべきであり、「商人は克明すぎるということはない」とパチョーリは常々言っていた。まして不正は大問題である。商人にとって、帳簿を二組つけることはかんたんなことだ。「残念ながら、帳簿を二組用意して、片方を買主に、もう一方を売主に見せる商人が大勢いる。さらにひどいのは、帳簿が正しいと神に誓いながら、嘘を記入することだ」。会計担当者でさえ、ひんぱんに、それどころか組織的に、秘密帳簿をつけ、徴税官の目から実態を隠した。ダティーニもコジモもそうしていた。パチョーリは、帳簿をつける者はイエスの名を思い出すように、と忠告する。「あらゆる取引はイエスの名の下に行うべき」であり、そのために帳簿には十字の印を入れておくとよいという。もっともダティーニもコジモも秘密帳簿に十字を書き入れていたのだが。ダティーニのモットー「神と利益の名において」は、そもそも公明正大とごまかしの両方に与《くみ》していると言わざるを得ない。パチョーリは、若いときから健全な信仰心をもって専門的な教育を受ければ、秩序正しく高潔な会計を実践できるようになると期待した。[11]

こうして『スムマ』によって初めて、ダティーニやコジモが実践していたやり方が誰にもわかるように、それもラテン語ではなくイタリア語で説明され、しかも印刷され、手に入りやすくなったのである。これは商人の手本となるだけでなく、政府の会計と倫理規範まで指南してくれる書物だった。実際的なイタリア人なら、これこそが共和国の繁栄を導く完璧な教科書だと感じて当然だろう。イタリアでは当たり前のように行われていながら、個人の頭の中にとどまっていた会計の知識が、事実上すべての人に開かれたのである。会計実務の秘訣をあきらかにしたこの本は、欧州大陸の各都市にもあっという間に広まるだろう。どの都市も、どの統治者も、パチョーリの本さえあれば会計の学校を設立し、パチョーリのメソッドに従って会計や行政のエリートを養成できるはずだ……。

商業と会計を語る立派な本が出現し、論拠や証拠が提供されたことは、ローマの弁論家キケロが人気を博していた当時にあっては重要な意味があった。キケロは、巧みに論理を展開し論拠を掲げる説得力や修辞法は市民の重要な徳だと主張した。よき市民は公の場で自分を表現し、公衆を説得しなければならない、それが市民として果たすべき義務であるという。そして帳簿は、まさにその論拠に相当する。帳簿にはデータが正確に記帳され、集計され、最後の結果は成功か失敗かを如実に表す。途中の計算は複雑であっても、最後の欄の数字は動かぬ証拠となり、法の前でも有効である。しかも『スムマ』はもともと数学書であり、これを使って幾何学や比例を教えることもできる。パチョーリは本の成功に高い望みをかけていた。(12)

イタリアは共和制から騎士道の時代へ

だが残念ながら、パチョーリの望みは叶わなかった。ルネサンス期の基準から見て、『スムマ』がとりわけよく売れたとは言いがたい。初版の一四九四年版はきわめて少部数だったため、第二版が一五二四年に印刷されたが、これもごくわずかだった。当時の貴族や上流階級はまだ商人文化はなやかなりし頃をよく知っていたが、わざわざ会計の本を買う必要は感じなかったのだろう。メディチ家の銀行家たちの孫は、もはや銀行家ではなくなり、教皇になった者もいた。

ローマのキージ家などの名家はまだ商人だったが、同時に人文主義者でもあり、聖職者も輩出していた。彼らにとっては、算術も幾何学も富や芸術や教養の追求に役立つはずだから、パチョーリの本は価値があったはずである。だがイタリアの商人や富裕な地主の間では、会計は現場で実地に身につけるか、あるいは会計専門の学校で教わるものとされていた。(13)

とはいえ、イタリアで、いわば国産の会計入門書が容易に入手可能になったことは事実である。さまざまな資料から、『スムマ』の会計に関する部分だけが抜き出され、ヴェネツィア式複式簿記の指南書として出回ったらしいことがわかっている。これが、『スムマ』がイタリアであまり売れなかった理由かもしれない。『スムマ』は他の簿記書の参考文献に使われ、しかもその断り書きもパチョーリへの謝辞もないことがほとんどだった。『スムマ』の簿記編を最初に利用した人物は、ドメニコ・マンツォーニである。マンツォーニはヴェネツィアの算盤学校の教師で、『複式簿記と仕訳帳』（一五四〇年）と題する著書にパチョーリから大量に引用した。このほか、借方と貸方をどのように仕訳するか、生き物の価値をどう評価するか（これは今日でも厄介な問題である）といった問題に答えるとともに、三〇〇種類もの記帳例を挙げて、帳簿のつけ方を図解している。おかげで商人は、マンツォーニの本を見ながら巧みに仕訳ができるようになった。(14)

『スムマ』が出版されてから五〇年間の増刷部数がきわめてすくないことには、驚きを禁じ得ない。会計の知識を供給していたのはヴェネツィアが中心だったが、それがどのような形をとっていたのかははっきりしない。それでも、両替、市場、潮汐《ちようせき》、港湾、各種書式、税金など、事業経営に役立つ知識を教える本が広く出回っていたことはたしかである。イタリアには商人のための実務書に長い伝統があり、それらは船や馬車で運ばれて、会計士や両替商の事務机に必ず載っていたものである。自分の帳簿とそろえて装幀する商人も多かった。(15)

『スムマ』が期待したほど売れなかったのは、パチョーリの落ち度ではない。出版された時期が悪かった。一四九四年はフランスがイタリア遠征を行った年で、これにスペインが続き、六〇年以上にわたりイタリアの最もゆたかな地方が血なまぐさい戦場になってしまったのである。このときを境にイタリアの共和制の時代は去り、騎士道の時代になったと言われる。この移行は荒々しく、軍事力を前に市民の人文主義文化は駆逐され、武力に恃《たの》む帝国主義的な理想が支配的になった。王国や帝国が上昇機運にあるこの新時代には、共和国の健全な運営とよき商人のあり方を説くパチョーリの古くさい主張は、あまり共感を得られなかったのである。商売や銀行の職業倫理や帳簿のつけ方は、イタリアの商人には役立ったとしても、君主や兵士や宮廷人にはさして必要がなかった。

商人文化を切り捨てる貴族精神の流行

先ほど触れたように、パチョーリの肖像画の中で上品なポーズをとっているのはウルビーノ公である。しかしこれが数学者兼会計学者の肖像画であって、公の肖像画でないことは意味深長だ。ウルビーノ公は洗練された人文主義者ではあったが、不運な支配者で、病気がちで武運にも恵まれなかった。ウルビーノ公は、教皇アレクサンデル六世を父に持つあの悪名高きチェーザレ・ボルジアに宮廷を追われてしまう。それでもチェーザレ失脚後の一五〇四年に復帰を果たすが、このとき彼に仕えた一人がマントヴァの若き兵士バルダッサーレ・カスティリオーネだった。今日カスティリオーネはルネサンス期の代表的な作家として知られ、その著書『宮廷人』（一五二八年）は、長らくヨーロッパ上流階級の模範とされてきた。しかし同書は、理想的な貴族はお金の管理なぞに関わるべきでないとして、会計の価値を貶《おとし》める役割も果たしたのである。(16)

カスティリオーネは『宮廷人』の中で、「何一つ短所がない」完璧な宮廷人の像を描いている。それは敬虔で謙虚なキリスト教的人間像ではなく、新プラトン主義的な騎士道精神を備えた人間像である。カスティリオーネが理想としたのは、自分に厳しく、克己心に富み、教皇、フランス王、神聖ローマ帝国皇帝の宮廷で必要とされるあらゆる知識を身につけた貴族だった。宮廷人たるものは信心深くなければならないとしても、同時に、いかに君主や女性に仕えるか、またいかに会話し、歌い、踊り、愛し、戦うか、いかに短詩を書くかを知っていなければならない。スペインの伝説的な騎士ガリアのアマディスに倣って、宮廷人は礼儀正しく教養高く徳の騎士をめざさなければならない。そして何より、思慮深くなければならない。思慮は、アリストテレス、セネカ、タキトゥス、プラトン、キケロなど古代の哲学者すべてが重視した徳である。宮廷人は思慮深く自分の感情と動機を隠し、意見を述べる前に熟考し、追従と権力の世界を巧みに渡っていかなければならない。さらに『宮廷人』で特徴的なのは、ノンシャランスを提唱したことである。これは無頓着、無関心、投げやりというほどの意味で、何も努力せずとも何でもできてしまうという貴族的な幻想の表れと言ってよい。このような幻想は、几帳面な日々の簿記・会計に必要とされる職業倫理や、計算や監査に要する経験の蓄積と真っ向から対立する。数字を確かめては記録する終わりのない作業のどこにも、ノンシャランスの入り込む余地はない。[17]

カスティリオーネは宮廷人に必要なものとして、コジモが実践しパチョーリが解説したような実務的な専門知識はいっさい挙げなかった。財産の管理には一言も触れておらず、まして会計や簿記など言うまでもない。だが財政運営は、政治に携わる者にとっても必須の知識である。このように商人文化を切り捨てた『宮廷人』が、貴族はもちろん、商人の間でさえ大人気になったのだった。貴族階級に属するカスティリオーネは、はじめは本の出版を躊躇し、手書きの原稿が回し読みされた。だが読みたいという声があまりに強かったために、ついにヴェネツィアのアルド印刷所（商業印刷の父と呼ばれるアルドゥス・マヌティウスが設立した）に出版が依頼される。そして一五二八年に初版一〇三〇部が発行されると、一六世紀の間に約五〇版まで版を重ね、当時としては大ベストセラーとなった。パチョーリの本が二版で終わったのとは対照的な大成功である。『宮廷人』は、なんと神聖ローマ皇帝カール五世（在位一五一九～五六年）その人も読んだという記録が残っている。カール五世と言えば、神聖ローマ皇帝にしてスペイン、オーストリア＝ハンガリー帝国ハプスブルク領、ネーデルラント、ブルゴーニュ、南イタリアから新大陸にいたる広大な領土の統治者であり、まさに「太陽の沈まぬ国」を支配していた人物である。カスティリオーネが一五二九年に死んだとき、カール五世は「真の紳士の一人を失った」と述べたという。世界の半分を掌中におさめた帝王からの最高の弔辞だった。[18]

イエズス会でもタブーとされた会計

新プラトン主義が会計を軽んじたのは、カスティリオーネの著書のせいだけではない。有力な人文学者たちも、事業や金儲けに対する偏見を煽《あお》った。高名な新プラトン主義哲学者のピコ・デラ・ミランドラが商人の知識を軽蔑していたことはすでに述べたとおりだが、ヨーロッパのエリートたちの支持を得たのは、彼が指導する貴族趣味的な人文主義者たちだったのである。一五世紀後半から一六世紀前半にかけて活躍したデジデリウス・エラスムスやイエズス会の創始者イグナチオ・デ・ロヨラらは、人文主義教育において規律を重んじ、メモを取り記録を残すことを指導したが、これはもちろん金儲けのためではなかった。エラスムスの『キリスト教君主教育論』（一五一六年）には、財務や会計のことなど一言も触れられていない。一五三四年に設立されたイエズス会は、数学教育を重視したが、これも商売のためではない。とはいえイエズス会士自身は、ちゃんと帳簿をつけていた。彼らはイエズス会を規律正しく運営するために会計を学び、膨大な事業を切り回す術を学んだ。彼らはまた「心の会計」システムも整え、心の帳簿に罪や善行を刻みつけた。イエズス会は応用幾何学、航海術、天文学から軍事工学まで教えたことで有名だが、それでも会計は教えなかった。イエズス会はのちに王族の教育にも携わるようになるけれども、これでは王様が王国の決算をできなかったのも無理はない。当時、商業会計はまるでタブーのように避けられていた[19]。

中世のスコラ哲学者は、長らく金貸しを悪行と見なしてきた。一二世紀の偉大な法学者ヨハンネス・グラティアヌスは、神学者ヒエロニムスを引用して、次のように断言した。「商人には神を喜ばせることはできない」。こうした中世の見方はルネサンスにもしぶとく残っており、フランソワ・ラブレーは「真の貴族は一スーたりとも持たない」し、「倹約は悪だ」と言い切った。モンテーニュでさえ『随想録』の中で、一人の利益がどれほど他人の損になるかを説いている。貴族は戦い、祈り、贅沢に暮らし、事業を経営してもよいが、けっして金を数えることはなかった[20]。

会計を風刺した最初の絵画

会計は、すくなくとも不正な会計は、強欲と罪を伴う。フランドルの画家クエンティン・マサイスによる『金貸しとその妻』と、その後に描かれた類似のモチーフの絵を比べてみると、金勘定に対する軽蔑が深まっていったことがよくわかる。マサイスの絵は一五一四年に描かれ、現在はルーヴル美術館にある。金貸しが硬貨の重さを測っており、机の上には他の硬貨が無造作に置かれている。横にいる妻は、カトリックの時禱書を手にしている。美術史家のエルヴィン・パノフスキーは、ルネサンス期の実務家の写実的な肖像画の中に、マサイスが巧みに宗教や信仰心を盛り込んだ点に注目する。マサイスは金を扱う職業を軽蔑するのではなく、商人の注意深さや真剣さ、妻の信心深さを描き出そうとしているのだ。さらに当時は絵の額に、旧約聖書レビ記一九章三六節「正しい天秤、正しい重り、正しい升《ます》……を用いなさい」という言葉が刻まれていたという[21]。

この絵から刺激を受けたのだろう、オランダの画家マリヌス・ファン・レイメルスワーレがよく似たモチーフで八枚の連作を描いている。しかし、妻は時禱書ではなく、帳簿を手にしているのだ。この点は重要である。もはや肖像画の中には、聖母と幼子の挿絵のある時禱書は存在せず、ただ数字の並んだ帳簿が置かれているだけだ。宗教を表す要素がなくなってしまったために、この場面は純粋に商売の場面となり、物質的な誘惑があるばかりで、信仰も慈愛も感じられない。レイメルスワーレの連作は、この手の職業にはモラルなどないと警告しているようにも見える。[22]

ルーヴェン大学に通ったこともある教養高いカトリック教徒のレイメルスワーレは、さらに踏み込んだ絵も描いている。二人の両替商を描いたマサイスの別の絵から題材を得て、『二人の収税人』（一五四〇年）を描いたのだ。この絵は現在ロンドンのナショナル・ギャラリーに飾られており、おそらくは会計を風刺した最初の絵画と言えるだろう。レイメルスワーレは、公式の収税人の強欲ぶりのみならず、会計のごまかしも槍玉に挙げようとしたらしい。絵の中には帳簿、領収書、伝票、書類箱など、題材としてはきわめてめずらしい品物が配置されている。収税人は重々しい顔つきで、立派に装幀された帳簿に何やら記入中だ。助手とおぼしきもう一人は、妙な具合に顔を歪め、何か訴えたそうな表情をしている。どうやらこの助手は、絵の中央にある帳簿を指差して薄ら笑いを浮かべているらしい。たぶん、帳簿に記入されている取引は不正だと言いたいのだろう。両替商にせよ、収税人にせよ、画家が会計や簿記を不道徳やごまかしや不信心と結びつけていることはまちがいない。こうした批判的な見方がパチョーリの本の売れ行きを損なったと考えられる。[23]

とはいえ、各国の君主にとって悩ましいのは、銀行家や商人にせっせと稼いでもらわないと、自分の軍隊や宮殿や宮廷を維持できないことだった。会計が汚らわしい仕事だとしても、国家運営の面からは、会計はますます必要になっていた。ところがどれほど必要でも、王も貴族も必要な知識を持ち合わせていなかったし、商業立国だったイタリアの共和国にあれほどたくさんいた有能な専門家も、いまや見つけることはできなかった。会計文化の喪失は、多くの国の

クエンティン・マサイス『金貸しとその妻』(1514年)
ルーヴル美術館蔵、パリ、フランス
(© RMN-Grand Palais/Art Resource, New York)

この作品では、敬虔なキリスト教徒であると同時に賢く金儲けをする商人の姿が描かれている。商人の妻が、聖母マリアの肖像が描かれたカトリックの時禱書を手にしている点に注意されたい。一方、帳簿や手形類は背景の棚に収められている。

マリヌス・ファン・レイメルスワーレ『両替商とその妻』（1539年）
プラド美術館蔵、マドリード、スペイン
（© Museo Nachional del Prado/Art Resource, New York）

マサイスから刺激を受けて描いたと思われるこの作品では、祈りを捧げるための時禱書が帳簿に置き換えられ、宗教的な要素が排除されている。よってここでは、単にオランダ商人のすぐれた会計技術と管財能力だけが讃えられている。

マリヌス・ファン・レイメルスワーレ『二人の両替商』(1540年)
ビルバオ美術館蔵、スペイン
(Alfredo Dagli Orti/The Art Archive at Art Resource, New York)

1540年代になると、画家は会計を詐欺まがいの不正な行為として描くようになる。マサイスもレイメルスワーレもこの種のモチーフを何枚も描いており、おそらくはユダヤ人の信用ならない両替商や徴税人のイメージを表現している。

マリヌス・ファン・レイメルスワーレ『二人の収税人』(1540年)
ナショナル・ギャラリー蔵、ロンドン、イギリス
(© National Gallery, London/Art Resource, New York)

帳簿をつける収税人を描いたこの作品では、台帳、手形、封印、書類箱などの道具類が精密に描写されている。とはいえ、歪んだ表情や仰々しい鬘などは、彼らの強欲ぶりや金儲けの野望を暗示しているようだ。このタイプの絵は、会計や商業を讃えている印象はなく、計算や金勘定をあまり信用するなと警告しているように見える。

財政運営を困難にした。太陽の沈まないスペイン帝国も例外ではない。

スペイン帝国の杜撰な植民地経営

一五三〇年代後半には、神聖ローマ皇帝カール五世は、世界最強の帝王と言っても誇張ではないような偉大な存在になっていた。スペインとハプスブルク帝国の統治者であることは言うまでもなく、フランスを破り、教皇庁も思うがままにし、ナポリ王国を介してイタリア全土を支配し、アメリカにも、さらにハプスブルク家を通じて南アメリカにも利権を持つ、という具合である。現在のボリビアにあるポトシ銀山からもたらされる途方もない富は、いまやカール五世のものだった。しかも祖父母に当たるフェルナンドとイザベルはイスラム教国だったグラナダ王国を制圧し、宝石のようなアンダルシアをスペインのものにしておいてくれた。そのうえカール五世には、アルハンブラ宮殿よりもポトシ銀山よりも輝く宝石があった——それは、ベルギーとオランダである。スペイン王ではあったけれども、カール五世はベルギーに生まれ、これらの低地諸国に親しんでいた。そこでは国際貿易がさかんであり、一〇〇万人にも満たない勤勉な中産階級が、数千万の人口を抱えるスペイン帝国の税収の四〇%を納めていたのである。(24)

カール五世には、よき宮廷人だけでなく、すぐれた会計専門家も必要だった。それはわかっていたが、具体的にどうすればよいのかがわからない。スペイン帝国が抱える問題は、想像もつかないほどの富を保有していながら、きちんと計算してみると、往々にして稼ぐ以上にコストがかかっていると判明することだった。領土、港湾、地球上のあちこちにある植民地を維持するにはカネがかかる。これがカール五世の悩みであり、彼の打ち立てた偉大な帝国が代々受け継ぐ負の遺産となった。スペインの支配者は、あまりに多くの領土を征服し統治する立場になってみて初めて、莫大な収入と途方もない支出をちゃんと扱える優秀な財務官が必要だと気づいたのである。皇帝は、あらゆる収入から自分の取り分を確保しなければならない。よき統治者であるためには、しっかりした法制度を整えて、すべての取引を把握し、アルカバラと呼ばれる五～一四％の売上税がきちんと皇帝に納められるようにすることが肝心だった。

スペインでは、銀行家も不足していた。このためカール五世は国内の銀行以外にドイツ、イタリア、オランダの銀行にも頼らなければならなかった。こうした状況で、皇帝はなんとかしようと手を尽くす。とはいえ、イタリアとオランダを配下に持ち、ジェノヴァとアウクスブルクに銀行があり、金、銀、香辛料、珍種の植物、インディオの奴隷労働から上がる利益、砂糖、タバコをスペインに運んでくる大量の船舶を抱える帝国には、当然ながら多数の帳簿が各地に散在していた。古い帝国の騎士たちは、それを活用する術を何も知らなかったのである。[25]

莫大な負債を残して退位したカール五世

会計と監査の概念がスペインから完全に消え去ってしまったわけではない。行政府の一部や商人の共同体には残っていた。とくにセビリアには根付いていたと言ってよい。同地には一五〇三年に通商院が設置され、新大陸との貿易を一手に管理していた。通商院を運営したのはセビリアの商人たちで、彼らは全世界を股にかけて貿易を行い、イタリア商人とも取引があったから、複式簿記もおおむね理解していたのである。基本的な帳簿である借方・貸方帳は複式で記帳されていた。通商院の規則によれば、インドへ向から商品およびインドから持ち込まれる商品は必ず通商院を通過しなければならない。つまりここは、税関の役割も果たしていた。通商院には、物流、出納、会計の三部門に主任監督官が置かれ、出納主任が受け取った金額や支払った金額は、会計主任の手で克明に記録された。ジェノヴァと同じく通商院にも、不正を防ぐためのシステムが整っていた。あらゆる業務処理は主要簿に記帳しなければならず、記帳に際しては三人の主任が署名しなければならない(26)。

一六世紀の帝国と植民地経営はじつに複雑であったが、少なくとも建前上は、健全に管理されていた。たとえば新大陸で死んだ者の遺品は金庫に入れて通商院に移送される。会計係は内容を記録し（多くは貴金属や宝石だった）、遺族からの申し立てがなければ収入として計上する。実際、こうした収入は王家にとって貴重だった。このように出入りの多い財産を記録するには、複式簿記はじつに有効だった。死者の遺品一つとっても、申し立てがあればそっくり遺族に引き渡さなければならないし、そうでなければ国庫収入となり、給料や王家の支出に充当されることになる(27)。

カール五世は通商院の財務管理をスペイン王家の直轄にしようと試みたが、これはそう簡単ではなかった。一五二三年にカール五世は行政と徴税を中央に集中させた。また一五五二年には勅令を出して、官民を問わずあらゆる帳簿は複式簿記とすることを定める。少なくとも入金と出金を別々に記帳しなければならないとした。さらに一五五六年には、帝国全体の会計管理を行う主計官を任命した(28)。

とはいえカール五世は会計にくわしかったわけでもなければ、この方面の実行能力に長けていたわけでもない。王国の財務会計をきちんとしたいとは思っていても、そのための改革をやり遂げることはできなかったし、じつはその気もなかった。ヨーロッパの君主のつねとして、途方もない債務に見合う収入があるかどうかだけが問題で、帳簿にはまったく興味が持てなかったのである。カール五世は一五五六年に退位するが、この時点で帝国の負債は三六〇〇万ダカットに達していた。在位期間中にほぼ毎年一〇〇万ダカットの赤字を出した計算である。そして収入の六八％は外国の銀行から受けた融資の利払いに充てられていた。(29)

「書類王」フェリペ二世の死角

カール五世退位後は、息子のフェリペが跡を継ぎ、スペイン、ポルトガルの王、そしてスペイン帝国の支配者となった。フェリペ二世はスペイン最盛期の偉大な王であり、史上初の実務的・官僚的な支配者でもあった。そのフェリペ二世にしても、会計を自ら手がけようとはしなかった。フェリペ二世は各地に副王を配置し、その情報システムはきわめて広範囲に蜘蛛の巣のように張り巡らされており、ヴェネツィア大使でさえスペインの伝送システムを使って本国に報告を送ったと言われる。この時期はまさにスペインが太陽の沈まぬ帝国だったときだが、フェリペ二世はその広大な領土に遠征することはほとんどなく、エル・エスコリアル宮殿に閉じこもって政務に精を出した。その執務室には膨大な量の書類や報告が運び込まれ、フェリペ二世は「書類王」と呼ばれたほどである。王は世界中から送られてくる報告書を読み、返事を書こうと努めたものの、書類の数は年間一〇万通以上におよび、とても人間業《わざ》で処理できる量ではなかった。フェリペ二世は膨大な公文書を主にシマンカス城に、急拡大中の貿易と産業関係の文書はセビリアの通商院に保管した。彼の情報システムは、帝国の運営と同じく複雑怪奇で、フィリピンからの書状に答えるのに七年かかったこともある。スペインの植民地経営を調べてみると、あまりに些細なことまで一人でやろうとしてあちこちで不満が噴出したことがわかる。それでもフェリペ二世はどうにか帝国全体を統治してはいたが、目の届かない問題や分野はたくさんあり、会計もその一つだった。[30]

これほど情報にこだわる支配者なら、会計に興味を持っても当然だと思いたくもなる。実際、信心深いパチョーリの会計方式なら、フェリペ二世の心をとらえたかもしれない。父カール五世と同じく、フェリペ二世も金の心配が頭から離れなかった。彼は謹厳な商人や僧侶のように黒い服を好み、利益を上げることよりもむしろ、トマス・アクィナスの「公正価格」を理解しようと努めた。しかし僧侶のような格好をしていても、じつは父よりもはるかに実務に長けた統治者だったと言える。それでもフェリペ二世は自分が財政に無知であることを認めていたし、会計についても「よい帳簿と不正な帳簿を見分けることは私にはできない。いま理解できないことやこれまでずっと理解できなかったことを理解しようとして、頭を悩ませたくはない」と言い放った。フェリペ二世は財務というものに嫌悪と苛立ちしか感じなかったようである。じつにこまごまとした政務に携わりながら、帝国の帳簿をすこしでも理解しようとした形跡は見受けられない。この大切な仕事をとにかく誰かに押し付けたかったらしい。[31]

フェリペ二世は、キリスト教同盟軍の資金負担をしなければならなかった。これは一五七一年のレパントの海戦でオスマントルコ海軍を撃破した、スペイン・ローマ教皇・ヴェネツィアの連合艦隊である。カトリックの盟主たるフェリペ二世にとってこの勝利はじつに輝かしいものではあったが、しかし目の玉が飛び出るほど高くついた。海戦の後でさえ、艦隊を維持するのに三年間で七〇〇万エスクードが投じられている。しかも同時にスペインはネーデルラントの反乱軍とも戦っており、そのせいで帝国の税収のおよそ半分が危うくなったうえ、一般市民にまで残虐行為を働く軍隊を維持するのに、一五七二〜七五年に一一〇〇万ダカットかかった。これに対して新大陸とカスティーリャ王国からの上がりは五、六〇〇万ダカットにすぎない。帝国の将来に暗雲がたれ込めているのは明白であり、破綻を避けるためにフェリペ二世は早急に手を打つ必要があった[32]。

バランスシートで明らかになった驚愕の債務総額

一五七三年に、フェリペ二世はホアン・デ・オヴァンド（一五一五〜七五年）を新たな財務長官に任命し、帝国の破綻を防ぐべく、国家の会計改革を命じる。オヴァンドはスペイン国王の諮問機関であるカスティーリャ枢機会議とインディアス枢機会議の有力メンバーであり、後者の議長も務めていた人物である。また、異端審問官の経験もあった。異端審問官はじつはきわめて有能な官吏で、キリスト教の教義のほかに法律や財務にも精通している。オヴァンドは、国家財政の立て直しが容易な仕事でないことをよく承知しており、「財政は政府の人間にとって恐怖の的である。なぜなら、その実態を把握している者はほとんどいないからだ」と述べている[33]。

オヴァンドは国家の財務資料と監査報告をチェックし、財政に関わる三つの行政機関が基本的な情報を共有していないことを突き止めた。この三つとは、日々の財政運営と徴税を担当する財務庁、文字通り監査を担当する監査院、王家の収入を増やすことを目的として財政政策を立案する財務顧問院である。三つの官庁に横の連絡がないため、業務が無駄に重複し、オヴァンド曰く「いくつもの頭を持つ怪獣」のような状態になっていた。しかも数字はまったくいい加減である。「それぞれの官庁の責任者はみな忙しすぎて……誰も会計を自分の仕事だと思っていない」とオヴァンドは嘆いた。(34)

オヴァンド自身は複式簿記ができなかったが、さまざまな会計情報を元帳で一元管理し、借方と貸方を対《つい》にするという概念は理解していた。フェリペ二世の命令を遂行するには、この仕事に専念する優秀な官僚チームを編成し、財務庁のあらゆる決定を下す財務会議に参加させる必要があった。このときオヴァンドの念頭にあったのは、ナポリ王国と同国の財務庁である。ナポリ王国の財務庁では、「全員があたかも自分の家計のことのように王国の財務会計を熟知していた」。ナポリには算盤と複式簿記の学校もあったし、パチョーリ自身がそこで教鞭をとったこともあった。イタリアの他の都市国家と同じく、ナポリでも、複式簿記は商人の間ではもちろん、支配者階級にとっても大切な知識だった。ナポリの副王ドン・ペドロ・デ・トレドは、ナポリの制度を通じて税を徴収することができた。このシステムはかなり混乱してはいたものの、国家の財務資料は少なくとも中央で集中管理されていたし、それを扱う官僚は会計の専門教育を受けていた。(35)

ところがスペインはと言えば、ナポリにはほど遠い状況だった。財務庁に必要なのは「聖職者や弁護士」ではなく、専門知識を備え監査もできる「事務官や会計官」であるとオヴァンドは主張した。そうなって初めて、スペインは完璧な帳簿を作ることができる。なにしろある内部資料によると、国外での徴税と資金調達を担当する官僚が、専門知識を備えていないため、ジェノヴァやドイツの銀行家との交渉でいいようにしてやられたという。こうした中、オヴァンドは当時としては革命的な要求をする。自分のチームは国王直属でなければならない。国王のみが最終監査を行う。そうでなければ、国家の財務会計を整備するというオヴァンドの構想は十分な権威の裏付けを得られない。[36]

紆余《うよ》曲折の末に、一五七四年四月一一日、オヴァンドは国家の巨大なバランスシートを作成してのけた。まちがいだらけの財務報告としごく原始的な会計に基づくものではあったが、それでも注目すべき成果である——そして、その数字を見て誰もが愕然とした。国王の推定収入は、五六四万二三〇四ダカット。これに対して債務総額は七三九〇万八一七一ダカットである。年間の基本支出はおよそ三〇〇万ダカットであるが、これも含めて支出をいっさいしなくても、債務を完済するのに一五年はかかる勘定だ。[37]

抵抗勢力の出現とオランダの反乱

金融危機を食い止める重責が、国王とオヴァンドの両肩にのしかかったのである。ネーデルラントでは反乱が起き、帝国のそこかしこで資金を必要としている。この状況では増税が必要だとオヴァンドは感じたが、税収を増やしたら増やしたで、財政運営をするのに優秀な会計官が大量に必要になる。いまこそフェリペ二世は、スペイン政府の近代化と中央集権化を図るべきだった。すでにオヴァンドは財政運営に必要であるとして会計の中央管理を提案していたが、国王自身が気づいていたとおり、複式簿記は脅威にもなりうる。国王の資産内容を完璧に把握する者は、ある意味で国王以上の力を持つことになるのだ。オヴァンドはある手紙の中で、「陛下は私を信用していない」と不満を漏らしている。結局、フェリペ二世は高位の閣僚から成る少人数の秘密会議で国家財政の決定を下したが、オヴァンドに言わせれば、彼らは財政にまったく無知だった。[38]

オヴァンドに地位を脅かされたと感じたこれらの大臣は、反撃に出た。フェリペ二世の顧問の一人であるアントニオ・デ・パディーリャ・イ・メネセスは、すでに高齢のオヴァンドに財政を取り仕切ることができるのか、と疑義を提出した。彼だって専門教育は受けていないではないか、というわけである。年をとってから財務や会計を一から学ぶのはむずかしい、会計士は高度に専門的な職業であり、例えて言えば医者や弁護士になるようなものだ。もちろんパディーリャ自身も会計はできないが、オヴァンドだってたいして変わるまい。会計の専門家になるには、若い頃から教育を受け、さらに複雑な帳簿をつける経験を積まなければならない。だが国王はそうした専門家の養成に熱心ではなかった。[39]

オヴァンドが提案した改革をフェリペ二世が全面的には実行しなかったために、国家財政は一段と悪化した。これは、あらゆることを我が手で管理したいという強迫観念が一因だったと考えられる。国家の会計の抜本的改革を行う代わりに、フェリペ二世は財政悪化の犯人探しに狂奔した。そして一五七五年には政権内部の取り調べを開始し、財政破綻を防ぐためにオヴァンドが人員を必要とするまさにそのときに、政府は機能不全に陥ってしまう。フェリペ二世は書類仕事を偏愛していたが、そこには多分に覗き見趣味的な面があった。密告者からの秘密のメモを好んだことや、大臣が公金横領しているというオヴァンドの告発に過剰反応したことなどは、その表れと言えよう。しかしこうしたことにかまけていては、本質を見失うだけである。いまや国王は収入の確保にますます苦労するようになっていた。なにしろ帝国の中でもきわめて裕福なオランダが反乱によって失われようとしていた時期である。スペイン帝国の危機は、会計責任の危機の様相を帯びてきた。[40]

無敵艦隊の敗北という悪夢

フェリペ二世は、いろいろと欠点はあったものの、財務長官をクビにしたところで問題がなくなるわけではないことはちゃんとわきまえていた。それに、パディーリャが正しいことにも気づいていた。いま必要なのは、専門教育を受け、国家の財務会計を安心して任せられるような優秀な会計顧問なのである。フェリペ二世は思い出した――王国の運営を支えていたのは、ほかでもない商人たちであり、その多くはセビリア出身だった。セビリアは経験豊富な商人の供給源であり、通商院で働いたことのある者なら優秀な官吏になれるだろう。というわけで、フェリペ二世はペドロ・ルイス・デ・トレグロサ（一五二二～一六〇七年）に白羽の矢を立てる。トレグロサは、オヴァンドが持ち合わせていない商人としての実務経験を積んでおり、しかも用心深い国王を脅かすほど攻撃的ではなかった。

トレグロサは、一五五九年から三年ほど通商院で働いたことがあった。スペイン国内で複式簿記が実践されている数少ない役所である。ここで新大陸から持ち込まれる貴金属の検査と徴税を担当したトレグロサは、国王のために結構な利益を上げたと言える。一五七三年からは売上税の管理を担当するようになり、フェリペ二世の信頼を得て国家の監査官の地位に就き、王立造幣局の運営も手伝うことになった。一五八〇年になる頃には、フェリペ二世はオヴァンドの勧告に従うべきだということをはっきりと理解する。そしてトレグロサに、複式簿記で国家の財務会計を行うよう命じた。そのためには、すべての官庁が帳簿をトレグロサに提出しなければならない。これには激しい抵抗が巻き起こり、「国家の帳簿作成に反対する者ども」について国王自身が苦々しく不満を表明している。[41]

だがこのときもまた、フェリペ二世の野心と愚行が会計改革の意欲を上回った。一五八八年にスペインは、ヨーロッパ最大の悲惨な海戦に乗り出してしまう――アルマダの海戦である。ちなみに海戦には会計がついて回るもので、艦船の建造、艦隊の維持、兵站《へいたん》の確保には会計の専門知識が欠かせないし、会計艦も艦隊に同行する。この海戦でスペインの「無敵艦隊」が大敗北を喫した理由はよく知られている。まず、艦隊の総司令官に海戦の経験がなかった。天候や波の荒い海域もスペインに不利だった。イングランドの小型艦船は機動性にまさった、等々である。アルマダの海戦はスペインの財政にとっても悪夢であり、フェリペ二世は罪滅ぼしのためにもなんとかしなければならなくなった。スペインの惨状は神から与えられた罰だと考えたのだろう、国王はついに真剣に会計改革に取り組むことを決意する。

帳簿で社会と政治を変えるために

この苦境を乗り切るためには健全な会計システムが必要だということをトレグロサはよく理解していた。とはいえ、オヴァンドが強く推奨した未来の会計士を育てるためにも、既存の会計官に複式簿記のやり方を説明するためにも、スペイン語で書かれた複式簿記の教科書が必要である。トレグロサは孫のバルトロメ・サルヴァドール・デ・ソロルサノの助けを借りることにした。ソロルサノはセビリア出身の商人で、貿易に従事しており、複式簿記に関する論文をスペイン語で初めて書いた人物でもある。彼はセビリア市民となったイタリア商人ジョヴァンニ・アントニオ・コルゾ・ヴィンセンテッロ・デ・レカと親しく、レカから複式簿記を教わっていた。こうしてパチョーリの『スムマ』から九七年後、帝国の三度にわたる破綻を経てようやく、ソロルサノによるスペイン語の教科書が出版される。題して『商人および他の人々のための帳簿と会計手引書』である。(42)

同書にはパチョーリの影響が顕著に表れているが、トレグロサにはこの本を活用して社会と政治を変えようという壮大な構想があった。フェリペ二世への献辞の中で、複式簿記は商人だけでなく「王族や諸侯」など国政に携わる人々にとっても必須であるとトレグロサは述べている。だからこの本は、正義による統治を望む王にこそふさわしいと誇らかに宣言した。当時としてはまことに先見的で注目すべき直言と言えよう。トレグロサからすれば、王家は商売や利益や財政に決定的影響をおよぼす存在なのだから、彼らには会計と監査をぜひとも理解してもらわねばならなかった。同書では、不正会計を防ぐために元帳をどう綴じればよいか、どのようにに通し番号を振るか、といったことまで説明されている。(43)トレグロサは、こまかいことにこだわるフェリペ二世の気質をよく呑み込んでいたのだろう。

いよいよ一五八〇年代に、トレグロサは構想を実行に移し始める。フェリペ二世は元帳作成用の会計執務室を開設することを許可し、トレグロサはそこに籠《こも》って国家のあらゆる収入と支出を、通常の支出も臨時支出もすべて、多数の仕訳帳と四冊の大型の帳簿に複式簿記で記帳した。元帳を作成するためには、各官庁から提出された十数冊に上る帳簿を統合しなければならない。トレグロサは元帳用に専用の用紙を用意した。用紙を綴じるための穴がすでに開けられており、ちがう紙を外から挿入することはできないようになっている。一六〇〇年に入る頃には、王国の決算をすべて記載した元帳が二冊目に入っていた。(44)

改革の失敗とスペイン帝国の没落

このようにひとまず成功を収めたトレグロサだったが、抵抗は相変わらず激しかった。中世以来の組織である財務裁判所の判事たちは二五項目におよぶ抗議文書を国王に送りつけたし、各官庁の帳簿担当者はトレグロサに監査されることを露骨にいやがった。商人たちでさえ、トレグロサが辣腕《らつわん》を振るうことを不快に感じ、どんな儲けも不当と見なされるのではないかと恐れた。そうこうするうちに、フェリペ二世は一五九八年に、トレグロサは一六〇七年に亡くなる。帝国の財政は相変わらず無秩序で、またしても破産宣言をしなければならなかった。一人の有能な会計顧問でどうにかなる状況ではなかったとも言える。跡を継いだフェリペ三世（在位一五九八～一六二一年）のお気に入りだったレルマ公が元帳を引き継ぐが、彼のやり方はひどくおそまつで、借方と貸方を対にすることが理解できていなかった。トレグロサの改革は頓挫してしまったのである。複式簿記のできる有能な会計専門家がそろっていなければ改革は遂行できないというのに、元帳を任せられる有能な会計士も、複式簿記の経験を積んだ官僚もほとんどいなかった。ついにスペイン帝国には、一度としてまともな会計システムは根付かずに終わる。

続くフェリペ四世が一六二一年に王座に就いたときも、スペインは赤字だった。しかもヨーロッパ全土を荒廃させた三〇年戦争に巻き込まれていた。国王が強い意志を持っていなければ、健全な会計は維持できない。トレグロサの執務室は機能を停止し、その年のうちに閉鎖された。セルバンテスを始めとするスペインの作家たちは、栄華を誇った祖国が衰退し精気を失っていくのを感じ取っていた。改革が放置される一方で、新大陸では金も銀も枯渇し始め、金塊を運ぶ船団は一六世紀半ばのピーク時と比べると五分の一に減ってしまう。

一六二八年には、オランダ海軍の提督ピート・ヘインとカリブ海を根城とするユダヤ系オランダ人海賊のモーゼス・コーエン・エンリケスが、キューバ沖でスペインの金塊輸送船を拿捕《だほ》するという事件が起きる。船には、一一〇〇万ギルダー相当の金と銀が積まれていた。オランダ海軍をゆうに八カ月は維持できる金額で、オランダ東インド会社の金庫も株主も大いに潤う。言うまでもなく、スペインにとっては大打撃だった。もはや収入を得る道はない。セルバンテスは『ドン・キホーテ』の中で、スペインの貴族、兵士、学生、都市の住人がどれほど貧しかったかを描いている。カスティーリャの荒れた大地からはさしたる収穫は期待できず、国家は破産して年金すら払えない。国は腐敗しきっており、富裕な貴族は国民を飢えさせておきながら国を借金漬けにしている体たらくだった。フェリペ二世の歴史的な会計改革はカスティーリャの地の塵芥《じんかい》の中に消え、歴史からも忘れられた。そもそも、専門知識を備えた官僚や会計士がほとんどおらず、会計に対する宗教的偏見のある文化の中で、改革がとにかくも始められたことさえ奇跡だったと言えよう。フェリペ二世は単に機会を逃したのではない。スペインのこの経緯《いきさつ》は、政治責任を伴う会計改革の実行が国王にとっていかにむずかしいかを雄弁に物語っている。こうしたわけで、パチョーリの『スムマ』はついに国王や皇帝から支持されることはなかった。『スムマ』の強力な支持者がようやく現れるのは、オランダにおいてである。『スムマ』の熱心な読者となったのは、絶対君主制を嫌う商業共和国の勤勉な市民だった。[45]

第5章　オランダ黄金時代を作った複式簿記

東インド会社を中心とした世界貿易で途方もない富を得たオランダ。その繁栄の秘密は、複式簿記にあった。国の統治者が史上初めて複式簿記を学び、それを政権運営に取り入れることができたのは、一体なぜなのか。

万事が不明瞭なままで、彼らは帳簿を提出する代わりに先送りと言い訳ばかりしている。肝心の帳簿は、ベーコンでもなすりつけて犬に食わせてしまったのではあるまいか。

――オランダ東インド会社株主からの苦情
（一六二二年）

オランダ黄金時代の教訓

一六世紀前半には、ネーデルラント（現在のベルギー、オランダ、ルクセンブルクに北フランスを加えた地域で、「低地地方」の意味がある）は北イタリアを凌駕する国際貿易の中心地として、スペイン＝ハプスブルク帝国で最もゆたかな地方となっていた。それまで栄華を誇っていたフィレンツェのある貿易商は、一五六七年に、アントワープの商人が並外れて裕福であること、店構えがじつに立派で贅沢な壁掛けが飾られていることなどを書き綴り、街には四二もの教会があり、株式取引所やハンザ同盟の商館もあると驚嘆している。この貿易商によれば、アントワープは世界で最もゆたかで最も美しい都市だという。香辛料を積んだポルトガルの船も、銀を満載したスペインの船も、ここに入港した。アントワープはまた、ヨーロッパの会計の中心にもなっていた。パチョーリの『スムマ』はようやくこの地で日の目を見、これを参考にオランダ語のすぐれた簿記書が多数書かれ、ヨーロッパ各地に普及して会計への関心が高まるようになったのである。とはいえ、オランダ人が会計に習熟し、定着させ、さらには国家運営に活用したとは言っても、それを維持するのは容易ではなかった。オランダ人にとっても、複式簿記を継続するための厳格な規則を守るのはむずかしかったし、財政と政治の両面で責任を果たすのは一段と困難だった。オランダ黄金時代の教訓は、こうだ——会計責任を果たそうと思う者は、会計を習得することにまず苦労し、次にはその正当性を実証することに苦労する、ということである。たしかにオランダは、責任ある政府と財政を実現した。しかし同国の歴史は、それを維持することのむずかしさを物語っている。(1)

スペイン帝国から課された重税

一五六七年当時のネーデルラントはきわめてゆたかではあったが、独立国ではなく、スペインのフェリペ二世がハプスブルク家の領地として支配していた。フランドル（現在のベルギー）とオランダは国際的な銀行と貿易（および鯨油、水産品、チーズ）のおかげで繁栄してはいたものの、スペインから課される重税に喘《あえ》いでいた。万年破産状態のスペイン帝国は、強権にモノを言わせて、富裕なネーデルラントからなんとか搾《しぼ》り取ろうとしたからである。スペイン国王を満足させるために、オランダ人はさまざまな対策をひねり出した。その一つが、終身年金債を富裕層に強制的に買わせてその代金を国庫に入れることである（購入者は最終的には年金または死亡時の保険金として受け取ることができる）。この収入をスペインへの税金に充当した。(2)

利付き年金債はとくに目新しいものではなく、イタリアの都市国家やフランス、イギリスでも導入されたことがある。ただしネーデルラントの場合、地方に効率的な徴税システムが整備され、また財務省が信用できる点が他国とちがっていた。オランダ人は、国が利子を払うと信頼できたのである。ヨーロッパの金利（当時は四〜五％だった）がオランダ国債の利率に連動していたのは、同国の税収が信頼されていたからにほかならない。税収は複式簿記で記帳されることもあったが、それより重要なのは、公的監査が法律で義務づけられていたことである。

ヤン・ホッサールト『商人の肖像』（1530年）
ナショナル・ギャラリー蔵、ワシントンDC、アメリカ
（National Gallery of Art, Washington D.C.）

1500年代前半までには、アントワープとその周辺は、ヨーロッパにおける貿易と会計知識の中心地になっていた。この有名な肖像画は、富裕なオランダ商人ヤン・スヌーク・ヤコブス（1510–85年）の富と、その成功の一助となった会計を讃えるために描かれたものである。

責任を問われる可能性があるということが、信頼をもたらした。もっとも、地方徴税官はじつにまじめに職務を果たしているように見えたから、誰も徴税官や中央政府の監査を要求したことはなかったが。[3]

オランダ経済が成長するにつれて、アントワープを中心に会計を教える学校も次々に誕生する。ハプスブルク家の領地がかつてブルゴーニュ公国の一部だったという歴史的背景から、オランダ税法はフランス語で書かれており、それもあって会計学校は「フレンチスクール」と呼ばれた。オランダ人はこの学校でフランス語と複式簿記を教わり、神聖ローマ皇帝を戴くスペインに税金を納めていたのである。

独立とアムステルダムの繁栄

しかし八〇年戦争（一五六八〜一六四八年）で、状況は一変する。この戦争はオランダ独立戦争とも呼ばれ、最終的にはホラント州を中心とするネーデルラント北部のプロテスタント七州が、一五八一年にネーデルラント連邦共和国を樹立して独立を宣言した（のちに一六四八年にウェストファリア条約により国際的に独立が承認された）。ネーデルラントからの潤沢な税収が途絶えたことはスペインにとって大きな損失だった。とはいえ戦争にいたった原因は、重税政策への反発のほかに、フェリペ二世がカトリック信仰を強要したことにもあった。フェリペ二世の考えでは、臣民は王と同じ宗教を信じなければならない。「この点で譲歩するぐらいなら、領土を全部失うほうがましだ」と言ったとされるが、王のこの発言は結果的にある程度まで実現したわけである。地中海でオスマントルコと対決している間にイタリアでは暴動が起きるという具合に、帝国運営のあちこちにほころびが出る状況では、オランダ人がおとなしく言うことを聞いているはずもなかった。人口一〇〇万にも満たないこの小さなプロテスタント連合は、土地の二〇%が海水面より低く、さらに四〇%がつねに洪水や氾濫の危険にさらされている。そんな彼らが、武力対決に勝利して巨大なスペイン帝国を打ち負かしたのだった。(4)

戦争の渦中の一五八五年にアントワープが陥落すると、プロテスタントの住民は北部に逃れた。一時は一〇万を数えたアントワープの人口は四万まで激減し、富裕な職人や商人はこぞってアムステルダムに向かう。おかげでアムステルダムはネーデルラント最大の都市となり、世界の貿易の中心地となった。(5)

これと並行して、アムステルダムは会計の中心地にもなる。ある詩人は、オランダの富の秘密は複式簿記にあるという詩を作ったほどである。

あの有名な賢い発明は、
ヴェネツィア、ジェノヴァ、フィレンツェを富ませた
富も土地も低かった低地諸国も、
いまやこの発明によって強いオランダに生まれ変わる

オランダ東インド会社が築いた一大貿易帝国

一六〇九年には、アムステルダム市条例のもとに為替銀行が設立される。これがアムステルダム銀行（Wisselbank）である。同行は市内でただ一つの両替商として、通貨制度の混乱を防

ぐ目的で、流通している悪貨や外国通貨を標準レートで換算して、預金としての受け入れや払い戻しを行った。こうして外国為替の決済が大幅に円滑化される。アダム・スミスはのちに、複式簿記を導入したことが同行の運営を効率化したと指摘している。またオランダは、株式取引所発祥の地でもある。さらにオランダの銀行は、商品先物に投資するための融資も行っていた。こうしてオランダ社会のすみずみにまで商取引が浸透するにつれ、複式簿記は当然身に付けるべき知識だという認識が広く行き渡る。貴族、大商人から行商人、娼婦にいたるまで、オランダ人は自分たちの小さな商いを切り回し、誤りを防ぐために、複式簿記をマスターしようとした。複雑な株取引が行われるようになった背景もあり、オランダの商人の金融知識は、先輩格のイタリア商人や隣国ドイツの商人を上回るようになる。[6]

　世界を股にかけたオランダの海洋貿易は、途方もない富をもたらす。中でもオランダ東インド会社は、貿易のみならず植民地経営も手がけ、一大貿易帝国を築いた。彼らの手によって、ブラジルの木材、アジアの植物、北極圏の鯨油などが続々とヨーロッパに持ち込まれる。その多くはスペイン帝国の海外領土の産物だが、こと金儲けに関しては、オランダ人はスペイン人よりもはるかに上手《うわて》だった。アムステルダムの市場は異国の産物であふれていた。世界各地の魚や果物、さまざまな種類の胡椒やナツメッグ、シナモンスティック、クローブから、硼砂《ほうしゃ》の結晶、さらにはルバーブやサトウキビの茎、火薬や硝石、蠟《ろう》、ゴム、ジンジャー……。そして安息香《あんそくこう》、樟《くす》、乳香樹《にゅうこうじゅ》、没薬《もつやく》の香りが訪れる人に異国情緒を満喫させ、この国の商業がどれほど成功しているかを否応なく感じさせるのだった。[7]

　世界各地からアムステルダムに集まってくるのは、商品だけではない。さまざまな報告書、帳簿、航海日誌、科学や歴史の本、政治批評、交易路の地図、商品相場の記録なども送られてきた。各国に配置されたオランダ領事は、北極圏の鯨油工場、西インド諸島の農園、ヨーロッパ、ブラジル、スリナム、マンハッタン、アデンの商館の詳細な現状報告を送った。オランダ商館は世界の主立った都市すべてに設けられていたと言っても誇張ではない。憎むべき隣国フランスも例外ではなく、ナントやラ・ロシェルに商館が設置されていた。(8)

一六世紀に急増した会計学校

こうした中、オランダの教育では会計が重視されるようになっていく。同国のエリートは密接に結びついた小さな集団を形成しており、彼らにとって教養と金融知識はどちらも欠かせないものだった。聖書を読めることが神との関係において必須であるのと同じく、会計のリテラシーも重視されており、この点に関する限り、プロテスタントとカトリックの認識は一致していたようである。こうして一七世紀に入る頃には、オランダはヨーロッパで最も識字率が高く、かつ会計の理解度も高い国になっていた。(9)

オランダの会計学校は一六世紀に入って急増し、多くはラテン語学校の横に建てられた。そこでは哲学者にして数学者のイサク・ベークマンのような高名な学者も、会計の知識を身につけたという。一五〇三年にはブリュージュ出身のヤコブ・ファン・スコーンホーフェンが「望む者には誰にでも」読み書き算術とフランス語を教える許可をアムステルダム市長から得る。こうしてファン・スコーンホーフェンは、計量法から両替にいたるまで「商人にとって役立つ知識」を教えるようになった。アムステルダムに複式簿記を教える「フレンチスクール」がお目見えしたのは、一五〇九年初めのことだった。市民は市当局が学校に資金援助することを要求し、一五世紀後半以降、ライデン、デルフト、ゴーダ、ロッテルダム、ミデルブルフ、デーフェンテル、ナイメーヘン、ユトレヒト、ベルヘン・オプ・ゾームに次々に商業学校が設置された。[10]

会計の手引書も続々と刊行されている。ヤン・インピン・クリストッフェル（一四八五〜一五四〇年）は、パチョーリの『スムマ』をもとに、初めてオランダ語の簿記書を書いた。インピンはアントワープ出身の織物商で、広く世界を旅しており、一〇年以上フィレンツェに居を構えたこともある。インピンの簿記書は、死後に妻の手によって『新しい手引き』として一五四三年にアントワープで出版された。完全な帳簿の実例をいくつも含むほか、為替手形の見本や記帳の例なども豊富である。パチョーリの『スムマ』と決定的に異なるのは、「帳簿締め切り手続き」の章で売れ残り商品を明確に認識している点である。これは、一定期間を区切って損益を計算する「期間損益計算」の先駆けであり、のちの年次決算につながる画期的な考え方だった。『新しい手引き』はフランス語、続いて英語に翻訳され、オランダのほか、イギリス、フランス、ドイツでも広く読まれた。[11]

また、数学者のヴァレンティン・メナーやクラウス・ペトリも、パチョーリに倣って正規の数学教育とともに商業簿記を教えた。オランダではこれがよい教育の仕上げと見なされるようになる。メナーはバイエルンからアントワープにやって来て一五四九年に同市の市民となり、数学と複式簿記の教育で高く評価されて、ギルドのトップに上り詰めた。彼は数学書のほか簿記書も数冊出版しており、どんな大きな事業でもすべての支店の監査を定期的に同じ日に行って、利益を計算することを推奨している。またペトリは、一五七〇年代から一六〇六年に亡くなるまでアムステルダムで算術を教えたほか、一五七六年にはイタリア式簿記の教科書を二冊出版し、この方法は「あらゆる商人にとって有益である」と強調した。[12] 二冊のうち一冊は、『知識への小径』というタイトルで英語版が一五九六年に出ている。

破滅を示唆する木版画

オランダが世界の貿易の中心であって、それを支えるのは複式簿記の技術だという認識を示す有名な木版画がある。『商業の寓意』（初版一五八五年）という作品で、ドイツの版画家にして会計教師の大ヨハン・ノイドルファーとスイスの版画家ヨースト・アマンの手になるものだ。驚くほど細密なこの版画作品は、複式簿記がいかに重視されていたかを示していて興味深い。しかも、帳簿のつけ方まで描かれている。画面は三つの部分に分割されており、上三分の一の部分に見えるのは商売の神ヘルメスだ。右手に秤を持っており、その二つの皿にはそれぞれ帳簿が載せられ、一方には「借方」、もう一方には「貸方」と記されている。秤の下には運命の女神フォルトゥナが「仕訳帳」と記された大きな帳簿とともに立っている。どんな商売も運次第ではあるが、節度と慎重は報われるのであり、それを可能にするのは会計であることをこの場面は暗示している。[13]

下三分の二に描かれているのは、現世である。中央部分には世界の商業の中心地としてアントワープが描かれており、スヘルデ川を船が行き交っている。そう、ヴェネツィアでもフィレンツェでもなく、アントワープなのである。いちばん下の三分の一になると、メッセージは一段と明確になる。店や事務所にいる商人が描かれているのだが、彼らはみな複式簿記で帳簿をつけているのだ。しかも壁をくりぬいた棚には「秘密帳簿」と記された帳簿が隠されている。その下には、帳簿のつけ方を表す三つの場面が描かれる。まず、日記帳。次に、仕訳帳である。仕訳帳をつける会計係の横には、「私は毎日仕訳帳をつけます」と書かれている。そして最後に、元帳である。元帳の横には、「借方を左に、貸方を右に」と書かれている。『商業の寓意』のメッセージはあきらかだ。商売では複式簿記が必須だ、ということである。それでも人間の技術には限界があり、破滅は起こりうることをこの作品ははっきりと示している。版画の中に描かれた骸骨と煙を出す花瓶は、人生と商売が移ろいやすいものであることを象徴する。その横には「謙虚であれ、神を恐れよ、悔い改めよ」とある。

八〇年戦争とオラニエ公ウィレム一世の暗殺

オランダ人は敬虔だったが、リスクをとることを恐れない冒険家でもあった。彼らは果敢にリスクをとり、株に投資し、船を仕立てて大洋に乗り出し、莫大な富を築いた。周囲の国に比べると宗教に対して寛容で、社会も比較的平等という好ましい環境もさいわいしたことはまちがいない。農民は土地所有が認められていたし、チーズを作って富を蓄え株を買うこともできた。つまりオランダは、近代の初期段階にあったと言えよう。しかしそれはそれとして、その国土はたびたび血なまぐさい戦争に襲われた。八〇年戦争の間にはスペイン兵に蹂躙《じゅうりん》され、赤ん坊が槍で突き殺され、農民は木から吊るされた。一五八四年には、ネーデルラント連邦共和国の事実上の初代君主であるオラニエ公ウィレム一世が、フェリペ二世を支持するカトリック教徒に暗殺されるという事件も起きている。ウィレム一世は、デルフトの居館で食事をとるために階下に降りようとしたところを暗殺者の銃弾に倒れた。いまわの際には、「神よ、わが魂と民にお慈悲を」と祈ったという。デルフトの住民は君主ほど慈悲深くはなく、暗殺者の両手首を切断し、死体を四つ裂きにした。

ウィレム一世の息子マウリッツ（一五六七〜一六二五年）が跡を継いでオランダ総督となる。マウリッツはハイデルベルクとライデンの大学で古典、数学、工学を学んでおり、当時のヨーロッパでは最も教養高い統治者だった。彼は学んだ知識を活かしてスペイン相手に戦いを有利に進めていく。しかもマウリッツは、複式簿記も学んでいたし、のちにそれを活用もした。

そのような教養人ではあったが、国内の宗教論争でホラント州法律顧問のヨーハン・ファン・オルデンバルネフェルト（一五四七〜一六一九年）と対立すると、彼を捕えて処刑してしまう。オルデンバルネフェルトはかつての盟友であり、対スペイン同盟を指導してオランダ北部州の独立を導いた功労者である。そのオルデンバルネフェルトの首を広場で刎《は》ねた——「はやく済ませてくれ」という要望に応じはしたが。オランダと言えば一七世紀の静謐《せいひつ》な静物画を思い出すが、しかしこの国も、政治的危機と流血と死に満ちていたのだった。

マウリッツが成し遂げた史上初の改革

政治的混迷と戦いの渦中にあっても、オランダの商業的成功は続いており、信心深く規律正しいオランダ人は几帳面に帳簿をつけていた。マウリッツはライデン大学の学生だったとき、教鞭をとっていたシモン・ステヴィン（一五四八〜一六二〇年）と運命的な邂逅《かいこう》を果たす。ステヴィンはすぐれた数学者、物理学者であり、また会計学にもくわしく、アルベルティとパチョーリの実務的伝統を重んじていた。彼は商業を軽視した新プラトン主義者のピコ・デラ・ミランドラとは正反対の人物で、高い教養を商業技術に結びつけることを厭《いと》わなかった。君主の息子とこのように身分の低い者（ステヴィンは庶子だった）が大学で出会い師弟関係を超えて友情を結ぶこと自体、当時のヨーロッパにあってはすでに奇跡である。そのステヴィンが君主の息子に複式簿記を教えたことは、もう一つの奇跡だった[14]。

ステヴィンは天文学、遠近法、代数、航海術にも通じており、風車の改良や小数の理論の開発でも知られる。その知識は実務にも遺憾なく発揮され、とくに運河、水門、堤防など河川管理に長けていたことから、オランダにとってとりわけ重要な堤防工事の監督官の仕事も引き受けている。また会計と複式簿記についても緻密な研究を重ねており、パチョーリを上回る成果を上げた。のちにマウリッツに請《こ》われて、亡くなるまでオランダ陸軍主計総監を務めている[15]。

ステヴィンは数学を統治に活かすことに心を砕き、一六〇五年に『数学の伝統』を出版した。この中に「皇子のための会計」と題する章が含まれており、この部分は一六〇四年にオランダ語で印刷されたと言われる。同書は年次期間損益計算を提唱し、損益計算書と貸借対照表の原型を考案した点で、簿記の歴史においてきわめて重要とされている。数の世界を信頼していたステヴィンは、神には言及していない。記述は純粋に科学的であり、バランスシートのことは「証拠書類」と呼んでいた。「皇子のための会計」は、タイトルにふさわしく、国家の財政管理に複式簿記を推奨した点が特徴的だ。ステヴィンは、商人だけでなく統治者にも会計知識が必要だと説き、そんなものは不要だと主張する輩《やから》を一蹴《いっしゅう》した。政府が負債を抱え財政が混乱する一方で、役人が裕福になっていくのはどうしたわけか、とステヴィンは手厳しく問いかけている。そして、無責任な財政運営が国を破綻させるのだ、と断じた。複式簿記を知っている統治者なら、財務官任せにせず帳簿を自分で読むことができる。商人のほうが、いま当局が雇っている役人や徴税人より国富を増やすことができるだろう……。オランダ総督となっていたオラニエ公マウリッツは、ステヴィンの指摘に衝撃を受ける。そして、簿記を理解するのはむずかしいが、自分はもっと勉強する、と誓った。マウリッツは自分の財産を管理する私設秘書に複式簿記で帳簿をつけさせただけでなく、オランダの国家財政にも複式簿記を活用した。かくしてオランダは、スペインが最後までできなかったことをやり遂げる。共和国とはいえ、統治者が複式簿記を学び、それを政権運営に導入したのは歴史上初めてのことだった(16)。

マリー・ド・メディシスのアムステルダム訪問

一六三八年九月一日、フランス王ルイ一三世の母にして元摂政のマリー・ド・メディシスがアムステルダムを訪問し盛大な歓迎を受ける。フェリペ二世がネーデルラントに圧政を行った時代から五五年が過ぎる間に、多くのことが変わっていた。無敵艦隊の愚挙はスペイン帝国の衰退を決定づける一方で、オランダの黄金時代の始まりを告げた。フランス王の母は、ただオランダに物見遊山《ゆさん》に来たわけではない。この国の富を稼ぎ出す偉大なオランダ東インド会社（正式名称は連合東インド会社、略称ＶＯＣ）を見学しに来たのである。一七世紀の初めにはＶＯＣの取扱量はイギリス東インド会社の二倍に、投下資本は一〇倍に達し、莫大な利益を上げていた。バタビア（現在のジャカルタ）に本拠を置き、中国からインド、ペルシャにいたるまで、国際的に取引される商品の値段はＶＯＣの思惑一つで決まったのである。民間会社ながら軍隊を持ち、要塞を築き、植民地での立法権、徴税権から交戦権まで認められていたＶＯＣは、オランダ政府の外交を一手に担っていたと言っても過言ではなく、ほぼ一〇〇年にわたり、世界各地の貿易拠点にリトル・オランダを出現させた。

枢機卿リシュリューによってフランスを追放された身とはいえ、メディチ家出身の王妃がゆたかな商業都市アムステルダムを訪れたのは象徴的な出来事と言える。そこにはかつてのフィレンツェのように繁栄する市場があり、宗教に寛容で、政治的自由が比較的保障され、運河にはあふれんばかりの積み荷を積んだ船が忙しく行き交い、銀行と株式取引所は商人でごったがえしている。いや、いまにして見れば、マリー・ド・メディシスは未来を訪れたと言えよう。なにしろこの訪問から一カ月後には、最初のオランダ人入植者がニューヨークのブロンクスに定住するのである。アムステルダムはまさしく奇跡の街だった。ここへ来れば、ヨーロッパの人々が見たこともない世界の新奇な品物を目にすることができた。

オランダの人文学者にして詩人のカスパル・バルラエスは、王妃のオランダ訪問について、君主制を代表する人物が産業と貿易を代表する人物と対面した、と描写している。たしかにメディチ家の女（といっても、フィレンツェ建国の父コジモとは家系図の反対側に属するのだが）を出迎えたのは、国際貿易都市アムステルダムの市長だった。市長はマリー・ド・メディシスに活況を呈する市内各所を、そしてお目当てのオランダ東インド会社の本社を案内した。君主制を支えるのが軍事力だとすれば、スペイン帝国を破壊したのは商業という新しい力だった。「この偉大な会社は王家のようなもの」だとバルラエスは謳《うた》う。軍隊を編成し、世界の反対側で戦うこともできれば、スペイン帝国を倒すこともできる。商売だけでなく政治もする。「われわれの共和国は、日の輝くところどこまでも続く」とバルラエスが誇らかに語ったのは、「太陽の沈まぬ帝国」を意識してのことにちがいない。君主国と匹敵するまでになった商業・勤勉・産業の国。それを支えるのがよき会計であることを、オランダ人なら誰でも知っていた。[17]

オランダ東インド会社を支えた治水の伝統

オランダ東インド会社を構想したのは、のちにマウリッツに処刑されることになる、あのヨーハン・ファン・オルデンバルネフェルトである。一六〇二年のことだった。オルデンバルネフェルトはオランダ人同士で過当競争になれば他国に対して不利になると考え、国内のすべての地域を代表する企業連合を考案した――これが、連合東インド会社という正式名の由来である。会社の定款《ていかん》には、資本構成は民間資本と国家資本の混成にすることが定められている。共和国にとってはこれが最善のやり方だとオルデンバルネフェルトは考えていた。同社には貿易の独占権が与えられる一方で、共和国の国益を守ることが義務づけられた。[18]

定款にはまた、オランダ市民は会社の株を買えること、「積み荷が現金化されたら、その正味利益の五％を配当としてすみやかに株主に支払う」ことが定められている。オランダ東インド会社を動かすのは、一七人会と呼ばれる重役会と、役員に相当する大口出資者六〇名である。株はアムステルダム取引所で取引され、ＶＯＣは史上初の株式会社として資本主義の歴史に永久に名を残すことになった。オランダの市民は、株を買うか売るかすれば、簡単に同社に出資したり出資を打ち切ったりでき、直接投資の煩わしさはいっさいない。会社に対する信頼を支えていたのが会計であったことは、改めて言うまでもあるまい。定款には、会社は専門の簿記係を雇うこと、重役会は定期的にすべての商船と倉庫の棚卸しを行うことが定められていた。オランダ流の「開かれた経営」の精神に則り、原則六年ごとに公的監査の結果を公表することも義務づけられた。会計報告を怠った管理職は懲罰の対象となることも定款に明記されている[19]。

オランダ人が会計を重視するのは、商人の職業倫理からだが、それだけではない。オランダの古い伝統である治水も深い影響を与えていた。低地のオランダでは、堤防が決壊して浸水したら国土がなくなってしまう。したがってよき水管理、それを支えるよき自治組織は、生死にかかわる問題だった。オランダの人々が会計と責任をあれほど真剣に受け止めたのは、ここに一つの原因がある。オランダという国は、堤防、排水システムと運河、水門が機能しなかったら存続できないのであり、これを管理するのが各地の地方自治組織である水管理委員会だった。VOCが世界各地に展開する拠点同様、水管理委員会の委員長は地元民に直接的な責任を負う。この責任は重い。水管理委員会の資金が適切に運用されず、工事が適切に行われなかったら、その地域は水浸しになり、多くの人が命を失うのである。

オランダでは古くから「水の被害を受ける者が水を止める」と言われる。これはつまり、堤防に守られている者が堤防の手入れをしなければならない、という意味である。ことほどさように治水は重要であり、すぐれた水利技術者で会計学者だったステヴィンがオランダ陸軍主計総監を務めたのも当然の成り行きだったと言えよう。また、地方都市の会計が適切に行われ透明性が比較的高かったのも、このためと考えられる。住民の間では、会計監査は市の財政運営と乾いた土地を確保するために必要であるとのコンセンサスが醸成されていた[20]。

空売りによる株価暴落

このように市民生活の根幹の部分で財政運営がつねに適切に行われていたことが、オランダ人が安心して株を買い、世界初の株式会社を成立させることができた大きな要因と言えるだろう。だがこの信頼は、ほどなく大きな試練を受けることになった。一人の株主が反乱を起こしたのだ。この株主の名は、アイザック・ルメール（一五五八～一六二四年）。フランドル出身の商人で、アムステルダムにやって来ると、商品の売買から手形、海上保険、商船を仕立ててての貿易と、手広く商売を手がけていた。ルメールの商売はかなり強引で荒っぽい冒険的なもので、会計も相当にいい加減だったようだ。オルデンバルネフェルトがオランダのすべての貿易会社を招集してＶＯＣを結成した一六〇二年に、ルメールは八万五〇〇〇ギルダー相当の株を買い、一躍大株主となる。そして自分自身は半ば詐欺師だったにもかかわらず、会社に財務情報の開示をしきりに要求した。つまり、もの言わぬ株主ではなかったわけである。配当を増やせと強硬に主張し、それが叶わないとみると、投機を仕掛ける会社を密かに設立してＶＯＣ株を空売りした。ＶＯＣの経営陣から詐欺だと糾弾され訴えられると、報復を画策する（しかし失敗に終わった）一方で、同社の会計主任を買収するという暴挙におよび、自分の投機に有利になるように、虚偽の株を帳簿に記帳させた。さらにオルデンバルネフェルトに公開監査を要求する手紙を書いた。この騒ぎが続いた一六〇七年から一六〇九年にかけて、ＶＯＣの株価は半値以下に暴落している。[21]

結局、一六一〇年に空売りが禁止され、ＶＯＣ株は再び上昇して、ルメールは大損を被る。

とはいえ、多くの株主が不信感を抱いたのは事実だった。これを払拭すべく、一七人会は配当を増やすと発表した。ただし公開監査は行わない、そんなことをするのはスペインの思うつぼであり、国益を損ねるという。VOCはネーデルラント連邦共和国の軍隊の役割も担っており、敵に塩を贈るようなまねはできない、という言い分だった。財務情報の開示は利害関係者全員にとってリスクになるというわけだ。一七人会はこの主張を押し通して株主と世間を説き伏せ、驚いたことにかなりの長期にわたって公的監査を実質的に受けずに済ませた。VOCが監査しやすい複式簿記で元帳を記帳しなかった理由は、おそらくこのためだろう。

情報開示を求めた株主たち

結局一六二〇年になっても、外部監査は行われていない。そうこうするうちに、VOCは不正取引を行っていると批判されるようになる。社内の馴れ合い売買で株価をつり上げ、利益を上げているというのである。また、株式資本をバランスシートに計上せず、資産を実際以上に大きく見せかけているとの指摘もあった。VOCの収益率は、過去の平均一八%から六・四%まで落ち込んでいた。世論はかまびすしくなり、一七人会と他の役員に対する目はきびしくなった。VOCの株は、いまや財務データではなく、市場の憶測で売買されるようになる。秘密主義が、世界初の株式会社の評判を損ねていた。[22]

そして一六二二年には、苛立ちをつのらせた株主が「開示せよ」と題するパンフレットを発行し、一七人会と役員たちを糾弾する事態となる。彼らは国家の安全保障を口実とする秘密主義の論理に反発し、企業経営は透明性を維持すべきだと主張した。監査がまったく行われていないこと、帳簿すら作られているのか疑わしいことにも不満を表明し、不正な利益を隠すために帳簿に「ベーコンでもなすりつけて犬に食わせてしまったのではあるまいか」と追及している。さらに、役員たちは全員が死に絶えるまで監査をしないつもりなのだろう、と皮肉った。役員連中のふるまいが誠実な商人らしからぬことも、槍玉に挙げられている。(23)

株主はしかるべき決算を行って監査をせよと要求し、具体的に不正の例を挙げて迫った。インディゴ染料を市価以下で売って自分の懐に入れた、株価を操作して不正に儲けた、大規模取引のありとあらゆる段階でピンハネした、等々である。盗みは日常茶飯事だったようだ。たとえば船の積み荷の検査係は、あるとき金の十字架を見つけて自分のポケットに入れた。しかし大きくて重すぎたため、ズボンが半ばずり落ち、しかもポケットを突き破ってしまう。そこへ別の検査係が通りかかり、「泥棒は罪の重さに耐えられない」と言って十字架を抜き取り、しゃあしゃあと持ち帰ったとか。じつに、あるまじきことだった。(24)

こうした事態を受けて、ついにオランダ総督のマウリッツ自らが解決に乗り出す。ステヴィンの薫陶を受けて政権に複式簿記を活用していたマウリッツではあったが、ここでは会計上の責任を却下し、国としての立場を優先させた。そして決算の公開はしないが、国が非公開で監査を行うというきわめてオランダ的な方法で事態の収拾を図った。

このようにオランダは会計や政治責任に関してヨーロッパの模範となる国だったが、それでも政権運営と財務の透明性を維持するのはつねに困難な課題だった。のちにVOCの支配人となったヨハネス・フッデ（一六二八〜一七〇四年）が調べたところでは、オランダ東インド会社の総資産を計算した書類は存在しなかったという。フッデはライデン大学で数学を学んだ数学者にして、アムステルダム市長を務めた人物であり、一六七二年にＶＯＣの一七人会の会長に就任した。彼はよい意味でのエリートの典型であり、数学と簿記に精通していただけでなく、それを組織運営や内部監査に活かすことに意欲的だった。フッデの水位管理システムはいまだに有名である。市内各所に夏季の最高潮位を示す目印として、フッデ・ストーンを配置したのだ。またデカルトを崇拝し、スピノザ、ホイヘンス、ニュートンと手紙をやり取りしたほか、ライプニッツとともに微積分学を研究して二つの等式の和に関する公式を開発したというのだから、ＶＯＣの帳簿を任せるにはうってつけの人物だったと言えよう。[25]

ライプニッツと数学を研究した支配人フッデ

フッデはＶＯＣのバランスシートを作成しようとして、それまでのやり方ではうまくいかないことに気づく。理由の一つは、負債がきちんと計上されていないことだった。フッデはまず資産と負債の厳密な分離を行わなければならなかった。ＶＯＣの場合、資産としては現金、海上輸送中の商品、船舶、商館、要塞、軍隊の装備品・武器弾薬および食料、不動産などがある。負債を計上するにあたって、フッデは有利子負債と無利子負債、未払給与、株式資本（時価で計算された）を分けるとともに、輸送中の貨物の損失や海難事故といったリスクも見込んだ。船を一隻失うことは貿易会社にとって大打撃であり、リスク管理が重要だったことは言うまでもない。さらにフッデは、貿易で使用されるさまざまな通貨の換算や、偶発的危険による商品価値の毀損の推定も試み、一〇年分の統計をとろうと努力する。商業会計に通じた数学者でなければとてもできないし、やろうともしない仕事と言えよう。これはまさに、確率統計が商業会計に活用された画期的な瞬間だった。こうした分析を行った結果、商品の過剰在庫を維持するコストが商品自体の価値を往々にして上回っていることが判明する。関税と輸送費を差し引いたら赤字になってしまうような香辛料の在庫は、廃棄処分にするほうがよい。大事なのは在庫を積み増すことではなく、需要を喚起して売り上げを伸ばすことである。フッデはコスト管理と物価統計に基づいて利益志向経営の提言を行ったのだった。[26]

自分の狙いをはっきりさせるために、フッデは基本方針と例題をVOCの役員たちに送りつけた。コスト管理の基本を教えるための例題である。「ある商人が一〇〇ポンドの胡椒の在庫を持っているとしよう。年間の販売量は五〇ポンド、年間生産量は五〇ポンドだとしたら、倉庫に保管されている一〇〇ポンドの胡椒の価値はどれほどか？」。答は「ゼロ、それどころか保管料その他の経費を考えたらマイナス」だとフッデは言う。単に帳簿をつけるだけでなく、利益を上げるためには、このようにつねに価値を意識することが重要だと彼は強調した。そしていかなる取引も、必ず借方・貸方を同時に記帳し、利益と損失を認識するよう指導した。またフッデは、利益予想をできる限り正確に行おうと試みた。これは、現代の企業も苦戦している課題である。数千マイルも離れたところにあって数年先でないと売れないような商品の利益予想を正確に行うには、過去二五年間の統計に基づくのが最善の方法だとフッデは述べている。[27]

フッデが実際にVOCのきちんとしたバランスシートを作成したのかどうかは、資料が乏しくはっきりしない。一七人会のトップとアムステルダム市長の両方を兼務していたのだから、おそろしく多忙だったにちがいない。それでもフッデは、自分が整理した元帳を引き続き管理する会計主任をちゃんと指名していた。最初の主任が海難事故で死亡すると、すぐにダニエル・ブラームスを後任に指名し、ブラームスが財務報告の作成に着手したことがわかっている。ところがそのブラームスも、最初の下書きを書いた直後に亡くなってしまった。やむなく一七人会は別の人間を指名したが、結局この人間も任務を完遂できなかったようである。だから完全な財務報告は作成されずじまいだった可能性はある。それでも、役員や会計担当者はフッデの指導を理解していたし、利益や費用を慎重に予想してもいる。したがって、よい会計が完全には実行されなかったとしても、少なくともその精神はＶＯＣの経営に息づいていたと言ってよいだろう(28)。

こうしたわけで、オランダ東インド会社から学べる教訓はいささか微妙である。一七世紀に誕生した世界初の株式会社では、組織的な複式簿記はついに根付かなかった。会計慣行の重要性を十分認識し、専門家がたくさんいたにもかかわらず、である。それでも会計の精神は社内に根付いており、内部監査は試みられた。会計計算や利益・損失の予想、評価に細心の注意を払った形跡もある。だから、ステヴィンの教えは無駄にはならなかったとも言える。

自由と責任を重んじたオランダ

一七世紀後半までは、フッデのような人物、すなわち人文主義の教育を受け、科学や商業に精通した人物がオランダを支え、国家経営に貢献していた。一六六二年には、自由競争を信奉する経済学者ピーテル・デラクール（一六一八〜八五年）が代表作『オランダ共和国の真の利益と政治にまつわる箴言』を発表する。同書は君主制をあからさまに批判する一方で、会計と自由市場に基づく経済運営がいかにオランダに繁栄をもたらしたかを詳細に論じている。政治・経済政策を効果的に運用するためには、政治学、倫理学、歴史、数学、会計、商業・貿易の知識が必要だとデラクールは力説した。

デラクールによれば、自由と責任を身上とするオランダの政治体制は、専制政治の対極に位置づけられる。「オランダの市民は、君主や封建領主に支配されるという災難をけっして被ることがない」と彼は述べ、この伝統はイタリアの共和制にルーツがあると指摘した。ジョン・ロックが『統治二論』を書く前にすでに、デラクールは、産業、商業、自由貿易、政治的自由は君主制にまさると主張したのである。スペインとフランスに侵攻されながらも共和制を守り抜いた歴史を背景に、デラクールの著作は君主に対する商人の勝利を高らかに謳い上げる凱歌《がいか》だったと言えよう。産業と商業の発展は政治的・経済的自由と責任および宗教への寛容なしには実現しないとの彼の指摘は、抑圧的な絶対君主制に対する挑戦状にほかならなかった。[29]

そのデラクールは、ホラント州法律顧問ヨハン・デ・ウィットの庇護を得ている。ホラント州法律顧問は、無総督時代のオランダにおける事実上の最高指導者である。彼はデラクールの著作の出版費用を払っただけでなく、自分の名前を共著者として加えることも許可した。デ・ウィットはライデン大学で数学と法律学を修めており、数学の知識を活かして海軍増強を行う一方で、共和制の理念を掲げて行政にも手腕を発揮した。当時は彼らのような教養と実務に長けたエリートが国を主導していたのであり、一六五二年から七二年まで法律顧問を務めたデ・ウィットは、オランダの黄金時代を見守った人物だったと言えよう。ヨーロッパの大国が虎視眈々とこの小国を狙ってはいたが、それでもオランダは国際貿易の中心地であり、芸術、科学、哲学、神学がさかんだっただけでなく、印刷や国際交流も活発に行われていた。[30]

デ・ウィットの学問的な功績を紹介しておくと、一六七一年に終身年金に関する論文を発表した。これは、確率論を経済学に応用したごく初期の例の一つである。また、デカルトの幾何学を発展させて直線と曲線の計算に関する著書も一六五九年に執筆した。この計算式は、物理学のみならず、弾道計算にも応用された。[31]

イギリス・フランスとの戦争で何が失われたのか

一七世紀オランダのこうした商業的成功と文化と自由は世界から称讃され、恐れられてもいたが、しかし平和は長続きしなかった。マウリッツの跡を継いだオラニエ公ウィレム二世が一六五〇年に亡くなってから二〇年以上にわたってヨハン・デ・ウィットがオランダを率いる間、この国が繁栄するにつれて周辺国の羨望も強まっていった。一七世紀後半には貿易・海運や植民地を巡って三回にわたる英蘭戦争を戦わねばならず、一六六四年にはニューアムステルダム（現在のニューヨーク市）を含む北米植民地ニューネーデルラント（現在のニューヨーク州）をイングランドに明け渡す羽目に陥る。さらに一六七二年には、英蘭戦争中のオランダにルイ一四世の軍勢が迫った。いかに富み栄えていても、一〇〇万人で敵意に燃えるフランス人二三〇〇万人に抵抗するのはむずかしい。オラニエ＝ナッサウ家伝来の政治力と軍事指導力を備えたオラニエ公ウィレム三世は、デ・ウィットを排除しオランダ総督として返り咲く好機が到来したことを嗅ぎつける。あるいは彼が煽ったのかもしれないが、戦争に疲弊し現政権に不満をつのらせていた民衆はウィレム三世の総督就任と共和制の打倒を叫び、デ・ウィット兄弟を惨殺した。宗教的寛容も、政治的自由も、自由貿易も、怒り狂った民衆の暴力を鎮める役には立

ヤン・デ・バエン『デ・ウィット兄弟の私刑』（1672–75年）
アムステルダム国立美術館蔵、オランダ（Rijksmuseum）

ヨハン・デ・ウィットは、財政と会計の高度な知識を持ち、オランダの共和制モデルの維持に尽力した近代的政治家の手本とも言える人物だった。だが彼を邪魔者と見なしたオラニエ公ウィレム三世の煽動により、1672年にヨハンと兄のコルネリスは民衆に惨殺された。

たなかったのである。

以上のように、一七世紀のオランダで会計は発達し、とりわけ簿記の分野ではインピンとステヴィンが登場して期間損益計算が確立された。しかし適切な会計と複式簿記が広く定着するにはいたらなかった。マウリッツやフッデを始め多くの人が複式簿記の威力を認めていたし、デラクールのように公明正大な会計が絶対君主を脅かすことを理解していた学者もいた。これから後の時代では、国家の会計は奨励され称讃されもするが、同時に恐れられるようになる。デ・ウィット兄弟の悲惨な最期は、会計責任と政治との長い闘争を予告するものだったと言えよう。

第6章

ブルボン朝最盛期を築いた冷酷な会計顧問

ヴェルサイユ宮殿を建設したルイ一四世を支えたのは、会計顧問のコルベールだった。財政再建に奮闘したその手腕はアダム・スミスにも称讃されたが、同時に彼は会計の力で政敵を容赦なく破滅へと追い込んだ。

私ははやくも、自ら国家財政に取り組むことに喜びを感じ始めています……
これが続かないだろうなどとお疑いにならないように。
——ルイ一四世から母アンヌ・ドートリッシュに宛てた書簡
（一六六一年）

ルイ一四世を支えた会計顧問・コルベール

一六六一年三月、太陽王ルイ一四世（在位一六四三～一七一五年）はいよいよ親政を開始し、ヨーロッパ最大の王国を我が手に収め、おそらくは世界最大の富豪にもなった。その頃のフランスは希望に満ちていた。戦争や反乱や暴動が一世紀近く続いたあとで、ついに才気あふれる若き王を戴いたのである。文化を解し、偉大な芸術家たちと親しく交わり、色恋沙汰に浮き名を流す……。ブルボン朝の最盛期を築いたルイ一四世は、麗々しい立派な鬘《かつら》をつけ、バレエを踊り、花火やモリエールの芝居に興じる王として人々に記憶されている。曾祖父フェリペ二世と同じく、ルイ一四世も自分の絶対権力は神から授かったと信じて疑わず、自分が責任を果たすべきは神に対してだけであると心の中で信じていた。それでもルイ一四世には奇妙な矛盾があった。プロテスタントの国オランダの自信や富を憎む一方で、それを支える手段としての会計には魅せられていたのである。もっともルイ一四世は、政権運営における会計の有用性を認めたものの、のちには責任を問う手段としての脅威にも気づいてしまうのだが。

ヴェルサイユ宮殿を建設し、多くの芸術家の強力なパトロンとなり、ヨーロッパ全土で戦争を仕掛けることになるこの王の治世は、意外にもすぐれた会計専門家の注意深い監視の下で始まった。名付け親にして事実上の宰相を務めていた老獪な枢機卿ジュール・マザラン（一六〇二～六一年）が死の床にあったとき、その莫大な遺産（天文学的な価値の巨大なマザラン・ダイヤモンドを含む）とともに、財産形成を助言した私設の会計顧問を若き王に推薦したのである。それが、ジャン＝バティスト・コルベール（一六一九〜八三年）だった。老宰相は成人したばかりのルイ一四世に、王国広しといえども、これほど役に立つ男はほかにいないと保証した。君主制を支えたのは、複式簿記に通じた最高の会計顧問だったと言っても誇張ではあるまい。こうしたわけでルイ一四世の物語は、始まったときからフランスの会計の歴史と密接に結びついている。太陽王は芸術や文化を重んじ、それをプロパガンダに使う明敏さとともに、優秀な会計士の必要性を認識する聡明さも持ち合わせていた。しかも、莫大な財産が適切に運用・管理され、適正な監査が行われるようにするためには、自らが会計知識を備えなければならないことも理解していた。

ルイ一四世がわずか五歳で即位したとき、フランスの財政は逼迫していた。そのうえ宰相マザランの王権強化に反発した貴族がフロンドの乱（一六四八〜五三年）を起こし、摂政を務める母アンヌ・ドートリッシュ（あのフェリペ二世の孫に当たる）とマザランの地位は危うくなる。それどころか、国王自身の運命もまさに風前の灯だった。一六五三年にようやく反乱軍が鎮圧されると、マザランは王国の財政を一手に掌握する。ルイ一四世も、この宰相の辣腕《らつわん》に頼りきりだった。

そのマザランが死んでしまうと、ルイ一四世はさっそくコルベールに、会計の秘訣を伝授してほしいと頼む。フロンドの乱の間にコルベールが効果的な財政運営で王国を支えていたことに、若き国王は気づいていた。のちにルイ一四世は、コルベールとともに行った会計改革のことを息子に話して聞かせたという。王国を経営するうえで会計が重要な役割を果たしたことを、国王は忘れなかった。コルベールに国家の財政を委《ゆだ》ねたのは、勤勉で信頼できるからであるのはもちろん、彼ならきちんと会計を実行できるからだと書き残している。[1]

コルベールは何を学んでいたのか

マザランがコルベールを見出したことは、ルイ一四世にとってじつに幸運だった。コルベールは、もしもルネサンス期のフィレンツェに生まれていたら、メディチ家の当主として政治指導者になれたような人物だった。ランスの富裕な商人・銀行家一族の出身で、イタリアの銀行家に劣らぬ商業・金融の知識を備えていた。言うまでもなく一七世紀のフランスはルネサンス期のイタリアではないから、いかに名家の出であろうと、商人が一国の支配者になることはない。フェリペ二世の血筋を受け継ぐ絶対君主と富裕な貴族に支配される社会では、野心的な銀行家や商人にとって出世の早道は、直接王家に仕えるか、有力貴族に仕えることだった。とりわけフロンドの乱が失敗に終わったあとでは、前者が最善の方法になっていた。[2]

コルベールの父はありふれた織物商人などにはならず、国際的な卸商と金融業で身を起こした人物である。だから、イタリアとも少なからぬ縁があった。さらにコルベール家は、イタリア出身の有力な銀行家一族パルティチェッリ家と姻戚関係にあった。コルベールの姉が嫁いでいたためである。[3]コルベールはランスのイエズス会の学校に通い、文法、修辞学、人文科学を学んだ。イエズス会の教育方針として、神学や古典とは別に商人のための特別なカリキュラムが用意されており、コルベールは地理学や自然科学、そしておそらくは工学も教わったほか、メモを取るコツ、ノートの書き方、ファイルの仕方といったものまで教え込まれた。[4]一〇代のときに会計の修業もしている。フランスにはイタリアやオランダのような会計学校がなかったため、実家の伝手《つて》を利用してまずはイタリアのマスカラーニ家が経営する銀行のリヨン支店で働き、国際銀行業務と会計・両替の基本を身につけるとともに、ある程度のイタリア語を習得した。次にパリの公証人シャペランのもとで書記として働き、その後法律家ビテルヌの事務所で金融関連の法律と運用の基礎を学んだ。[5]

　商業と会計実務を通じて、コルベールは経営というものを身につけると同時に、記録の重要性を身にしみて知ったようである。実際に商売をするとなったら、織物なり、金属なり、香辛料なり、商品知識に精通することはもちろん、その市場価値を適切に評価することが重要になる。中世以来、商人たちは値付けのための参考資料を持ち歩き、さらに個人用の詳細な心覚えを記したノートをつねに身につけていた。そこには為替レート、関税率と通関書類の書式、ヨーロッパの主要言語の金融用語から、潮汐表に日の出・日の入り時刻、地図、航海情報、主要都市の案内などまでがびっしり書き込まれていたものである。コルベールは書類作成、法的手続き、貿易実務、記録保管といった方面にとりわけすぐれており、また会計の知識と経験も実践を通じて身につけていった。現代風に言えば、就職して能力を発揮する準備は完璧に整っていたのである。[6]

マザランの財産運用で頭角を現す

　彼はフランス陸軍で最初の仕事を得る。陸軍大臣の補佐官として事務や会計に携わるとともに、国内各地を視察し、兵員、装備、予算管理などの実態を調査・報告した。会計の重要性が認識されていない時代だったら、コルベールは一官僚として一生を終えていたかもしれない。だが会計に精通し明晰な報告書を書く能力を備えていた彼は、たちまち上司から注目され、すぐにマザラン枢機卿その人の個人財務顧問に登用される。(7)

コルベールとマザランの出会いは、互いに補い合う二人の人間を結びつける貴重なものとなった。マザランは王家をも上回る莫大な富を築いていたが、それを運用する術を知らなかった。一方のコルベールは、若い頃に資産運用の経験を積んでいたが、肝心の資産を持っていなかった。そのコルベールが、フランス最大の富豪に遭遇したのである。枢機卿の地下室は、美術品、骨董品、宝石と、文字通り宝物でいっぱいだった。だがマザランのほんとうの富は、封建制度の下での土地の賃貸契約や所有する産業・設備の使用料契約、あやしげな資産運用契約といった山積みの書類の中に眠っていた。マザランは、どれだけ財産があるのか自分でもわからないし、どれだけ増やせるのかもわからない、と率直に言った。しかしフロンドの乱が始まっており、軍隊の給料を払うためにもすぐに手元資金が入用になることははっきりしている。だからマザランは、財産をきちんと整理してくれるだけでなく、手っ取り早く現金をひねり出してくれる有能な会計顧問を喉から手が出るほど欲しがっていた。(8)

コルベールは持ち前の粘り強さで困難な任務に取り組んだ。まずはフランスの事実上の支配者である枢機卿に取り入り、信頼を勝ち得、自分なしでは財産管理はできないことをわからせる。そのうえでマザランの山のような秘密書類や契約書と格闘し、請求するのを忘れていた収入や、取り立てるのを怠《おこた》っていた債務を洗い出した。またマザランが保有していた広大な教会領地の活用と並行して、所有する事業などさまざまな収入源の管理も行っている。一六五〇年から五三年にかけて二人の間で取り交わされた書簡を読むと、コルベールがどれほど信頼され、マザランの個人的な財産管理をいかに任されていたかがよくわかる。一六五一年九月三一日には、コルベールは「書類はすべて入手した」ので、枢機卿の資産を秩序正しく整理する「困難な仕事ももうすぐ終わる」と書いている。しかし五二年になってもまだ片はついておらず、マザランのさまざまな冒険的事業を清算すべく躍起になっていた。コルベールは監査官よろしくありとあらゆる契約書を読み、誤りを正し、取りこぼしていた収入源を発見して取り立てるべきものを取り立てた。マザランが大いに喜んだことは言うまでもない。「私が大きな誤りを犯していないことは、信じていただいてよいと思います」とコルベールは控えめに書き送っている。(9)

アダム・スミスも賞賛した能力

マザランは当初コルベールのことを厚かましい下品な男だと感じたようだが、一年と経たないうちに「この男なしではやっていけない」と公言するようになる。コルベールの努力は実を結んだわけである。そして実際に現金が流れ込んでくるようになれば、会計顧問の性格的な短所など容易に見逃されるものだ。フロンドの乱終結から五年後の一六五八年の時点で、マザランが所有していた現金は八〇〇万リーヴルだった。それが、亡くなる一六六一年には三五〇〇万リーヴルに達していたのである。その大部分がルイ一四世に遺産として残された。(10)

コルベールはマザランの財産管理と運用で大成功を収めたとは言っても、あくまでもマザラン家の一使用人にすぎなかった。宰相の個人的財務顧問として王国の中枢近くにはいたが、その一員ではなかった。そもそもフランスでは、会計の専門家が出世するなど、前代未聞の出来事だったのである。だがコルベールはあまりに役に立つ男だったし、その助言はじつに有用だったうえ、マザランが死の床で彼を推薦し、ルイ一四世が聡明にもその遺言に従ったおかげで、ついに王の側近にとりたてられることになる。マザランの死を契機にルイ一四世が親政を始めたとき、コルベールはすでに国王の会計顧問として仕事を始めていた。[11]

コルベールは、重商主義の理論で知られる。これはフランスの立場から言うと、世界には限られた富しかない、したがってフランスは産業を興し、富がオランダとイギリスに向かわずフランスに流れ込むようにしなければならない、というものである。そのためにコルベールは国が出資する独占企業を発足させ、新世界にフランスの小帝国を築こうとした（その帝国はルイジアナ州の河口地帯にあり、当時ミシシッピ川はコルベール川と呼ばれていた）。コルベールの産業振興計画が果たして成功したと言えるかどうかは、大いに議論の余地がある。しかし、コルベールが財務総監としてきわめて革新的であったことについては、ほとんど議論の余地はない。国家の介入に反対の立場をとっていたアダム・スミスでさえ、コルベールの財務、徴税、会計の能力に賛辞を呈している。スミスは、コルベールが産業と国家会計に精通し、「徴税と歳出・歳入管理に方法論と秩序を持ち込んだ」ことが成功につながったと評価した。[12]

敵を屈服させる鍵は帳簿にある

会計は、よき財政運営に必要なだけでなく、権力と圧政の手段にもなった。コルベールは国家の財務総監に就任すると、ただちに歳入を増やす策を講じる一方で、王の政敵の調査に乗り出す。とくに彼自身の宿敵であるニコラ・フーケ（一六一五〜八〇年）には神経を尖らせた。フーケは若くして頭角を現し、マザランに重用され大蔵卿に就任していた。才気煥発で自信に満ち、しかし強欲で金に汚いともっぱらの評判の男である。当時の政情を愛娘宛の手紙に書き綴った書簡作家のセヴィニエ侯爵夫人は、フーケはコルベールの野心とルイ一四世の独裁志向の犠牲になったとのちに同情している。だがフーケが無遠慮で自信過剰なタイプだったことに疑いの余地はない。彼は自分こそがルイ一四世の宰相になり、若き王に政治を教えてやれると確信し、しかもその野望を隠そうともしなかった。(13)

マザランが死去し、ルイ一四世が親政を始めて間もない一六六一年八月、フーケはヴォー＝ル＝ヴィコントの居城でパーティーを開く。若き王は、フーケの洗練された趣味、途方もない贅沢を目の当たりにして、手ひどく屈辱感を味わった。なにしろヴォーの城は、ルイ一四世が所有するどの居城よりも大きく豪華で美しかったのである。じつはフーケは王国の金を自分の懐に入れていた。もっともこれは大蔵卿の役得として大目に見られていたのだが、フーケが犯した誤りは、フロンドの乱で乏しくなった王家の金をくすねただけでなく、王以上に自分を飾り立てるために使ったことである。とはいえフーケが横領した金を美術品やパーティーに注ぎ込んだだけなら、ルイ一四世も彼を破滅に追いやろうとまでは思わなかっただろう。パーティーの後、ルイ一四世はコルベールに命じて密偵を放つ。漁師に変装した密偵は、フーケがブルターニュ南部に所有するベル島を探索し、島の地図とともに、フーケが抱える一五〇〇人の人夫、島に常駐する二〇〇人の私兵、島に据え付けられた四〇〇門の大砲、六〇〇〇人分の武器弾薬や装備品、食糧についてくわしく報告した。フーケは偉大な建築家セバスティアン・ド・

ヴォーバンに依頼して島を要塞化しており、さらにカリブ海に浮かぶマルティニーク島を買って、産物を送らせる計画もあるという。一言で言えば、フーケはミニチュア王国の建設をもくろんでいるのだった。自分の領地を所有する富裕な貴族が王の権威のおよばない自前の軍隊と要塞を持つとなれば、これはもう脅威以外の何物でもない。[14]

はやくも九月には、ルイ一四世とコルベールはフーケを逮捕し家族と友人を国外追放する肚《はら》を固める。逮捕のこまかい計画を立てて指示したのはコルベールだった。国家の法務官がフーケの執務室を封印し、家屋を差し押さえ、書類をすべて押収する。コルベールはフーケの極秘の計画や書状だけでなく、会計帳簿も入手したかった。背信行為を裏付ける最強の証拠になるからである。法務官は書類の封印に立ち会い、それをすぐに自分の元に届けるよう、コルベールは念を押した。書類を手に入れ監査を行えば、必ず敵のしっぽを押さえられると確信していたからである。綿密な計画の下、マスケット銃士隊長のダルタニャン、デュマの『三銃士』で不滅の名を残すことになるあのダルタニャンが、フーケの逮捕と家宅捜索の命を受ける。フーケの執務室では、戸棚の背後に大量の束ねた備忘録が発見された。それらはコルベールの指図で直ちに封印され、急使によってすみやかに彼の元に届けられた。ダルタニャンは命令に従い、フーケの側近も全員逮捕し、家宅捜索を行った。[15]

完全に裏をかかれまったく無防備だったフーケは、コルベールの奇襲になす術もなかった。家宅捜索では、愛人や密告者の女たちとやりとりした手紙も、さまざまな支払いとともに贈り物や賄賂を記録した会計帳簿も、代理人やスパイの名前を記した備忘録も、すべて押収されてしまう。そこには彼の金融取引やベル島の要塞建設に要した費用なども詳細に記載されていた。[16]

フーケは公金横領の罪で裁判にかけられる。世間はおおむね同情的で、後ろで糸を引いているのはコルベールだと察知し、蛇のような男だと噂したものである。実際、コルベール家の家紋には上る蛇が含まれている。この裁判では、国王の強権があきらかになった。フーケには国外追放の判決が下ったにもかかわらず、ルイ一四世は超法規的な行為におよび、終身刑に変更したのだ。

また、コルベールの本性もあきらかになった——会計を容赦なく政治的な武器に使う、ということである。敵を屈服させる鍵は帳簿にあると考えたコルベールはまことに正しく、帳簿からはフーケの横領も人脈も読み取ることができた。コルベールの果たした役割はメディチ家を彷彿とさせるが、懸かっているものははるかに大きい。野心家の大蔵卿をまんまと葬り去ったルイ一四世は、二三〇〇万の人口と世界最大規模の軍隊、そして優秀な会計顧問がいれば、ヨーロッパの王になることも夢ではないと考えた[17]。

会計の技術は「会社」から「国家」へ

コルベール自身もお世辞にも道徳的とは言えず、本性は冷酷な男であったが、それでも邪魔なフーケを排除して実権を握ってから、ルイ一四世の事実上の宰相として数々の画期的な試みをし、財政再建に奮闘したことは事実である。コルベールの残した『フランス財政に関する覚え書き』（一六六三年）には、会計を国政に組み込むにはどうすればよいかが説明されている。それによればコルベールはルイ一四世に「イタリア式会計」の基本を教え、それを毎日の政務にどのように活用するかを指導したようだ。『覚え書き』は直筆の原稿だけが残されており、未完成ながら、コルベールの書いたものとしては最も長く最もくわしい[18]。

王家の財政に限定されているところからして、この『覚え書き』はルイ一四世のために書かれたと考えられる。コルベールはこの中で、過去の国王が行った財政の前例も若き王に教えており、どの程度の税金をかけたか、どの程度の歳入を得たか、官僚はどのように資金を運用したかをくわしく説明している。そのうえで、従来の国王は財政政策を確認しただけで、監査は大臣がすべて行っていたことに注意を喚起している。彼らは自分で帳簿をチェックする能力がなかった、それが不正や汚職の蔓延を招いたのだ、と。会計をきちんと行えば、王家の財政も、税収も、製造業や貿易も、つねに最新のデータにしておける、とコルベールは力説した。そしてフーケ時代の財務書類を、大臣の不正と「濫費」を雄弁に物語る証拠として覚え書きに含めている[19]。

さらに重要なのは、財務顧問会議をどう取り仕切るかをコルベールが若き王に伝授し、コルベール自身の果たすべき役割や国家財政の帳簿のつけ方も明確に示したことである。コルベールが会計責任者であるとすれば、ルイ一四世は監査責任者でなければならない。コルベールは、「国家の支出については、どの年も必ずすべての領収書を保管し、きちんと確認しなければならない」と強調している[20]。

よき監査責任者になるためには、国王は簿記の基礎を学ぶ必要があるとコルベールは進言し、パチョーリの『スムマ』に基づく教科書を用意した。コルベールの教科書がパチョーリと異なる点は、「会社」が「国家」に置き換えられていることである。つまり複式簿記を国王のための技術に作り直すという画期的な試みをしたわけだった。さらに帳簿の分類・組織化も教えた。

「こうしておけば、国王自身で安全な場所に保管しておくことができ、簿記係に依存せずに済む」からだが、もちろんコルベールは例外である。彼は生涯ずっと国家の帳簿を保管していた。[21]

「何が最善かは貴下の決めることだ」

ルイ一四世は簿記を理解し、意外にも好きになった――すくなくとも単式簿記は。そして母堂に「私ははやくも、自ら国家財政に取り組むことに喜びを感じ始めています。ほんの少し注意を払うだけで、これまでほとんど気づかなかった重大なことが見えてくるのです。これが続かないだろうなどとお疑いにならないように」と書き送っている。一日二回、二時間以上かけて、ルイ一四世は大臣から送られてきた国政に関する報告書に目を通し、財務報告にはとくに注意を払った。メディチ家の老コジモのような水準には到達しなかったものの、コルベールの帳簿はちゃんと理解できたし、財政問題に関してコルベールとひんぱんに書簡を交わしている。コルベールからは、支出の許可を求める書簡も送られた。さらに週に二回、財務報告の概要を国王に提出する。中でも重要なのは金曜日の報告で、ここにはコルベールが収集した重要な情報と王家の会計報告が含まれている。コルベールは最後のページの下半分を空白にし、国王が所見を書き込めるようにした。始めの頃、ルイ一四世は数字を見ることを楽しみ、財政の話を聞くのは「たいへん愉快だ」と書き込んでいる。しかし後にはすっかり任せてしまい、「何が最善かは貴下の決めることだ」と書いた。[22]

仕事熱心なコルベールは膨大な量の情報を収集し、国王に手際よく提出するために工夫を凝《こ》らした。なにしろ彼は、国家の会計帳簿のほかに、テーマ別に一〇〇冊ものスクラップブックを管理していたのである。ルイ一四世はたまにコルベールの膨大な資料を見たがることもあったが、だいたいは最終報告で満足していた。コルベールはよき会計顧問として主任徴税官別、省庁別にスクラップブック、仕訳帳、元帳を含む記録システムを維持し、国家の元帳はいつでも国王自身が確認できるように準備した。帳簿や書類はすべて見やすく、わかりやすくなければならない。国王には不出来な書類を読み解く時間などないのだから、万事が明快であるようコルベールは心を砕き、きちんと帳簿をつけない会計係や不正確な書類を提出する官僚をがみがみと叱りつけた[23]。

当時のフランス政府は規模が大きいうえ、大半の事務処理が中世式に行われていたため、さしものコルベールも複式簿記を徹底することはできなかった。もちろんコルベール自身は複式簿記を完璧にマスターしていたが、官僚の大半は習得していなかったのである。それでもコルベールは、複式簿記の原則の多くを取り入れて高度な会計システムを作り上げた。財務顧問会議では、ルイ一四世、コルベールと大臣たちの立ち会いのもとで帳簿を締め切って署名をする。その後にコルベールが監査を行い、見やすい形にまとめて国王に報告する。国王のための財務情報の取り扱いとしては、まさに理想的と言えよう。コルベールは若き王に会計のわかる統治者になることをしきりに奨め、ルイ一四世もすくなくとも始めのうちは、この期待にある程度は応えていた。

フランス全土に広がった会計の精神

会計改革を定着させるため、コルベールはフランス王の教育に会計を導入することもやってのけた。一六六五年、コルベールは王位継承者である若い王子のために、国家財政の手ほどきを記した教本を書く。本の中でコルベールは、財務の基本を教えるとともに、帳簿をつける訓練を通じて国家の財務会計に精通する必要性を説く。国王になった暁には国家の財務報告書を毎年チェックし、自ら所見を書かなければならない。国王は帳簿の最終監査を行い、国家の歳出・歳入をしっかり把握しなければならない。さらに重要なのは、これを一度でも怠ってはならないことだ、とコルベールは強調した。国家の会計はきわめてデリケートなものであり、国王たる者、他人任せにしてはならない。王子のときに会計と在庫管理の基本を学ぶことが大切だ、というのがコルベールの持論だった。[24]

コルベールはごく早い段階から、ルイ一四世の統治に会計の精神を根付かせようと試みていた。ルイ一四世が親政を開始した一六六一年には早速書簡を送り、財務顧問会議の編成や進め方について助言するとともに、会議のメンバー全員に秘密保持の宣誓をさせること、これを守らなかった者は追放することを強く奨めている。この勧告には大臣や官僚に思慮分別を要求すると同時に、国家の財務情報を厳重に管理する狙いがあった。[25]

その一方で、公会計の指針の策定を熱心に推進し、経済学や会計学の研究を奨励するとともに、重商主義政策の一環として商法典の編纂も行った。この商法典は「一六七三年商事王令」と通称され、その起草の中心となったジャック・サヴァリの名をとって「サヴァリ法典」とも呼ばれる。商事王令には帳簿や財産目録、複式簿記に言及した条文があり、会計史上きわめて意義深い。たとえば商人には帳簿の作成と二年ごとの監査を義務づけている。さらにコルベールはサヴァリに命じて、商事王令の注釈書も書かせた。これが『完全な商人』（一六七五年）

である。同書では法の注釈だけでなく商業実務全般がくわしく説明されており、何度も版を重ね、各国語にも翻訳されて広く読まれた。こうして会計のルールは標準化され、法的根拠を獲得する。帳簿の維持を怠った商人は、監査を恐れなければならなくなった。いまや国王も会計の後援者であり、商人から国家にいたるまで、あらゆるレベルでの会計の実践を促した。

ルイ一四世が持ち歩いていた帳簿

コルベールは、国王のためにユニークな発明もしている。本書の冒頭で紹介した、ポケットに入れて持ち運べる帳簿がそれだ。コルベール自身が国家の会計帳簿から編集したもので、元帳の抜粋と簡単な会計の説明が記載されている。この携行用帳簿は、ルイ一四世が会計を統治のツールとして使いこなすためにどうしたらいいか、コルベールが心を砕いたことの表れと言えよう。

フランス国立図書館には、「ルイ一四世の帳簿」と題する二〇冊の小型の帳簿が収蔵されている。年度の途中または終わりに、さまざまな勘定を見やすく取りまとめ、その年度の最終収支を示した一冊または二冊の帳簿が国王のために作成された。赤のモロッコ革で装幀され、題字は金で印字されており、二つの金の留め金で閉じるようになっている。サイズは縦一五センチ、横六・五センチほどで、上着のポケットに入れて持ち運べる大きさだった。一六六一年の最初の帳簿は紙に手書きだった。しかしこれでは、太陽王の帳簿としてはいかにも貧弱である。そこでコルベールは著名な装幀家であるニコラ・ジャリの手を借り、装飾を施した高級羊皮紙の帳簿をあつらえた。一六六九年からは扉に豪華な口絵が挿入されるようになり、七〇年の帳簿では背表紙に王家の紋章である百合の花が刻まれている。七四年にジャリが死去してからも装飾は施され、金色やさまざまな色の花の飾りが描かれた。この帳簿をルイ一四世はポケットに入れて持ち運び、おそらくは顧問たちと会議をするときや公文書、報告書を読むときに取り出しては確認したのだと思われる。[26]

国王用の元帳は、単式簿記で支出と収入を記入したシンプルなもので、支出と収入の合計が一目でわかるようになっていた。このほか、各地の徴税官ごとの税収も記載され、年度別の比較ができるようになっている。たとえば一六八〇年の帳簿では、六一年から八〇年までの税収の推移を把握できる。各地方の会計担当官の氏名も記入されていた。[27]

人文主義者ならギリシャ古典か箴言《しんげん》集などを持ち歩くところだが、ルイ一四世は元帳を持ち歩いた。会計がこれほど王政の中枢に近づいたのは、初めてのことである。ルイ一四世は伝統的な人文主義的教育と、コルベールや学者たちから教えられた実務知識や法律知識の両方を身につけた。古典の教養が大切であることは言を俟《ま》たないが、一国を効率的に運営するとなれば、教養だけでは足りない。国王ルイ一四世と財務総監ジャン＝バティスト・コルベールによって会計と伝統的教育はみごとに融合され、巨大国家の統治に力を発揮したのだった。

コルベールの死後、崩壊した会計システム

精力的に仕事をこなしていたコルベールが激痛に襲われたのは、一六八三年八月二〇日のことである。高熱を発して起き上がれなくなり、九月六日にはあっけなく亡くなってしまう。このところ影響力が乏しくなってきたのを気に病んだことが病気の原因だろうとの噂も流れたが、

検視の結果、腎臓結石が原因だったと判明している。これほど突然の死は、誰にとっても予想外のことだった。ルイ一四世が、古きよき友人であり信頼できる右腕でもあった人物を不意に失って動転し嘆き悲しんだことはまちがいない。しかしじつのところ、悪いニュースばかり伝えてくる財務総監と、フランスの政治、財政、産業の現状をあまりにはっきりと示す帳簿に、国王は次第に苛立ってきてもいた。ほぼ二〇年にわたり、コルベールは国王に対し、宮殿建設に金がかかりすぎるとか、オランダとの戦争はさらに物入りで、せっかく膨らんだ国庫が空っぽになりそうだとか、不満を表明していたのだ。国王は口やかましい財務総監にいささか辟易《へきえき》し始めていた――そして、自分のポケットに収められた、単刀直入に赤字を示す帳簿にも。(28)

ルイ一四世はコルベールに代わる直々の顧問役を任命せず、携行用の帳簿も打ち切りになった。財務省と宮廷にあったコルベールの執務室も閉鎖される。この措置によって、手の施しようのない財政に関して国王に真の報告がなされる可能性は断たれたのである。「朕は国家なり」は文字通りの意味であり、マックス・ウェーバーが理想とした没人格的主権国家とはまさに対極的な国家観である。ルイ一四世は、よく組織された官僚制や記録文書が自分の絶対権力に歯向かうことを恐れた。十分な情報を知るよりも、自分がすべてを掌握し支配していると感じるほうを好んだ。コルベールの執務室を閉鎖し、情報を遮断した国王は、大臣同士を反目させ、思いのままに操れるようになった。

コルベールの死後、ルイ一四世の臣下がコルベールに匹敵する権力と情報を手にすることは二度となかった。しかもルイ一四世は、閣僚を輩出する有力なコルベール家とライバルのル・テリエ家が勢力争いをするように仕向け、彼らは自分たちが有利になるよう画策して互いに情報を隠すようになる。絶対王政の限界は、国王自身が作ったと言ってよい。ルイ一四世は後継者に秩序ある中央集権国家を残さず、互いが相争う混乱と紛争を残した。コルベールのシステムを壊してしまったときに、フランスは長期的な低迷を運命づけられたと言える。コルベールのように万事を掌握し、きちんと帳簿も維持できる人物が政権の中枢からいなくなると、もはや監査は行われなくなり、会計の中央管理さえあやしくなった。当のコルベール家の跡継ぎたちでさえ、保身のために私腹を肥やすことに熱中する。ルイ一四世の宮廷で回顧録作家として名高いサンシモン公爵によれば、コルベール家は敵対するル・テリエ家に国家の財務情報が渡らないように画策したという。コルベールの弟のエデュアール・フランソワ・コルベールは、快く応じるべき公的な財務情報の開示要求でさえ、頑として無視した。コルベールの死後に財務総監となったクロード・ル・ペルティエは、コルベールが秘密にしたまま死んでしまったため、国家の財政がどうなっているのかまったくわからないとルイ一四世に不満を述べている。ペルティエは「コルベールはすべてを自分の中に閉じ込めていた」と語ったが、たしかにそのとおりだった。そのうえコルベール家が情報開示を拒んだため、ペルティエには帳簿の集計さえままならなかった。[29]

財務情報が中央で集中管理されなくなったフランスは、中世式の国家運営を続けることになる。大臣たちは、自分の握っている情報を国家に帰属するものとはみなさず、保身のための武器に使った。一八世紀のフランスが際限なく繰り返す失態は、秘密主義、国王の専断、財務会計の混乱に加え、ルイ一四世が国家の機構を分断してしまったことにも原因がある。財務情報はもとより、あらゆる重要な情報を少数の大臣と有力家が握っていたことが、フランスを停滞させ、機能不全にいたらせたと言える。一七一五年にルイ一四世が死去すると、フランス国家は破綻した。そして効果的な会計システムのないまま、七五年におよぶ財政危機と最後の決算がフランスを待ち構えることになる。

第7章

英国首相ウォルポールの裏金工作

スペイン継承戦争の巨額債務や南海泡沫事件など、イギリスの財政危機を何度も救ったウォルポール。だが彼の権力と財産は、国家財政の秘密主義なくしては得られず、その長期政権も裏金工作によって支えられていた。

天体の軌道を計算することはできるが、民衆の狂気は計算できない。

——サー・アイザック・ニュートン

（一七二一年）

「国王の財産の調査は、議会が通常やることではない」

一七世紀のイギリスは、フランスと同じく、政府の会計改革に悪戦苦闘していた。イギリスは立憲君主制を採用し、議会が会計を監督することになっていた。そもそも立憲君主制とは、君主の権力が憲法に、ひいては議会に制限される政体であり、政治を行う君主には議会に対して政治および財政を報告する責任がある。にもかかわらず財務会計に関する責任の概念はいっこうに発達せず、議会による王家の財政の監視はしぶとい抵抗に遭い、定着するまでにじつに一五〇年の歳月を要した。(1)

国家の歳入を厳正に調査せよとの声が高まった一六四四年の時点で、イギリス議会は会計委員会を発足させている。委員長はウィリアム・プリンだった。プリンは議会派の攻撃的なリーダーで、王家の権力を批判するパンフレットを発行してチャールズ一世を怒らせ、一六三四年に耳そぎの刑に処されている。君主の責任が果たされていないことをプリンは深く憂慮していたが、しかしこの委員会は政治的な影響力を持つにはいたらなかった。王党派の有力政治家である初代クラレンドン伯爵が横やりを入れたためである。委員会による調査の結果、会計の専門知識も持たない議会が過激な決定を下すことを恐れたのだ。清教徒革命によりチャールズ一世は一六四九年に処刑され、大陸へ逃れていたチャールズ二世が一六六〇年に王位復帰を果たすという混乱の時代に、効果的な会計責任のシステムが確立されることはなかった。一六七五年には、王家の歳入・歳出に関する詳細を開示せよとの議会の要求に対し、チャールズ二世はこう答えている。「国王の財産の調査は、議会が通常やることではない」[2]。

国内に優秀な会計士がいないことは、議会派にとっても王党派にとっても悩みの種だった。海軍本部首席秘書官だったサミュエル・ピープス（一六三三〜一七〇三年）は会計専門家の不足を嘆き、その有名な『日記』の中で、国家の財政や雇い主であるモンタギュー家の資産状況にたびたび言及し、寝る前に合計を計算しようとすると「じつに厄介なことになる」などと書いている。ピープスは、上司である海軍総督エドワード・モンタギュー（サンドイッチ伯爵）も、国王も、会計のイロハも知らないことに不安を覚えていた。そのうえ海軍主計長官のサー・ジョージ・カートレットは、ピープスの見るところ、会計のやり方をまったくわかっていない大馬鹿者であり、要するに海軍には、船の舵取りはできても会計の舵取りのできる人間が一人もいないという[3]。

チャールズ二世は、国家の会計改革は自分にとって有利になると考え、一六六七年に大蔵省に主計局を設置する。ピープスはそんなものが役に立つのかと甚だ懐疑的だったが、同局は有能な官僚を採用し、帳簿がきちんと整備されるようになった。すると今度は議会側が疑心暗鬼になった。大蔵省が適切な会計慣行を維持し、健全な財務管理によって国王の収入が増えたら、国王の権力がますます強くなってしまうのではないか、というわけである。このように君主も議会も、自分たちの政治的優位を確立するために会計を利用しようともくろんだ[4]。

激論の対象となった財政問題

一六八八年、イギリス議会の要請を受けたオランダ総督オラニエ公ウィレム三世（英語読みではオレンジ公ウィリアム三世）が、妻のメアリー二世とともに同格の君主となる。チャールズ二世の後継者であるジェームズ二世らはフランスに追放されたが、このとき一人の死者も出さずに政権交代が行われたため、名誉革命と呼ばれることはご存知のとおりである。外国からやって来た新しい君主を支持したのは、都市出身の商人の多いホイッグ党（のちの自由党）だった。君主のほうも、ステュアート朝への思い入れの強い地主階級主体のトーリー党（のちの保守党）に対抗するために、この都市部出身のエリートたちに頼った。

一六八九年に制定された権利章典（正式名称は「臣民の権利および自由を宣言し、王位継承を定める法律」）には、国王は議会の承認なしに課税を行ってはならないと明記され、また法律の適用・廃止など重要な決定はすべて議会の承認を得なければならないことなども定められている。この章典は、ウィリアム三世とメアリー二世の統治の条件として議会が起草した。こうして市民の権利が定められるのと並行して、ジョン・ロックの自由主義政治哲学の影響もあって検閲が廃止され、出版が比較的自由に行えるようになる。また当時のイギリスは宗教にも比較的寛容で、プロテスタントにも信仰の自由を認めていた。こうして市民の自由という面で政治は大きく進歩したが、財政に関する政府の責任のほうはいっこうに進歩していない。トーリー党出身の議員で経済評論家・収税官でもあるチャールズ・ダヴェナント（一六五六〜一七一四年）は、一六九八年に政府の税収を計算しようと試みた。しかし「歳入に関する演説」によれば、ダヴェナントは「歳入に関する帳簿の閲覧を請求して非常な困難と反対に遭遇した」という。国家の帳簿は彼の前に開かれることはなく、あえなく調査は頓挫する。ダヴェナントは、国家の財務会計の公開は市民社会の運営に必要不可欠である、秘密の決算は信用に値しないし、統治への信頼を損ねる、と主張した。(5)

一七〇二年にウィリアム三世が死去してアン女王が即位する頃には、イギリスには政党政治がすっかり定着し、自由主義を標榜し都市を基盤とするホイッグ党と保守的で農村部を基盤とするトーリー党は、さかんにパンフレットを発行して議論を戦わすようになっていた。とりわけ激論の対象になったのは、公的債務、フランスとの貿易収支、スコットランドとの連合に伴う資金調達などである。トーリー党系の貿易専門誌「ザ・マーケター」は、論拠を裏付けるためにも「帳簿を探せ」とさかんに煽った。会計知識に精通した辣腕政治家にとって、国家財政に対する世間の不満を利用して政権に切り込む機は熟したのである。(6)

スペイン継承戦争による膨大な債務

まさにこの辣腕政治家が、ロバート・ウォルポール（一六七六〜一七四五年）だった。ウォルポールは第一大蔵卿、さらにはイギリスの初代首相に上り詰め、二一年の長期政権を築いた人物である。彼は統治における会計の力をよく知っており、それを十二分に活用した。とはいえウォルポールもルイ一四世同様、よき会計には報告責任といううれしくない副産物を伴うことに気づくのであるが。

ウォルポールはノーフォークの地主階級出身で、父親がホイッグ党の下院（庶民院）議員という、いかにもイギリス的な環境で育った。ちょうど財政と会計が政治の場で論じられるようになる時期である。この時代の精神に多大な影響を与えた哲学者の一人が、フランシス・ベーコン（一五六一〜一六二六年）だった。経験主義哲学の開祖とされ、科学的思考の伝統を築くとともに、政治運営に商人のやり方を導入したことでも知られる。ベーコンは、自然のしもべである人間は、自然の営みを観察して得た知識を商業に活かすべきであるとした。さらに重要なのは、ベーコンも、ほぼ同時代のトマス・ホッブズも、会計は商業のみならず政治運営においても重要なツールだと考えていたことである。ホッブズは『リヴァイアサン』（一六五一年）の中で、論理的推論が生まれたのは会計のおかげだと述べている。さらに、会計を知らなかったら、政治において論理的に正しく行動することもできないという。会計、倫理、政治をこれほど直接的に結びつけた人物はほかに見当たらない(7)。

こうした思想が広まっていく中で、ウォルポールは教育を受けた。彼自身の倫理観は大いにあやしいものだったが、財政や会計の優秀な専門家だったことはまちがいない。ケンブリッジを卒業し、さらに不動産管理を自ら手がけていた父親（ベーコン哲学の信奉者だった）から実地に学んで、会計を習得した。ウォルポールは、財務会計や応用数学に精通している新しいタイプの政治家の代表と言えよう。その意味ではオランダのデ・ウィットに近い。ただし、彼の挙げる数字がつねに正確だったとは言いがたい。政治的発言においては、監査の結果と称される代物は、往々にして事実とかけ離れていた。

ウォルポールは一七一〇年に海軍主計長官になるが、翌年トーリー党のロバート・ハーレーが大蔵卿になると、総司令官マールバラ公の軍事費着服疑惑に巻き込まれ、罷免《ひめん》の憂き目に遭う。このときウォルポールは「海軍の公的債務に関する友人への書簡」と題するパンフレットを発行して、マールバラ公を擁護した。このパンフレットでは海軍の支出と政府債務を比較対

照し、スペイン継承戦争で戦費がかさんだにもかかわらず、さほど軍の赤字は増えていないと主張している。(8)

件《くだん》のスペイン継承戦争は、神聖ローマ皇帝ヨーゼフ一世の突然の死を受けて、一七一一年半ばから膠着《こうちゃく》状態に陥ってしまう。戦費調達のためにイギリスとフランスが背負い込んだ債務は膨大な額である。イギリスの債務は五〇〇〇万ポンドに上り、国民所得の六〇％に達していた。当然ながら、いったい返済できるのかという懸念が強まる。これでは国の威信が傷つく、万一破綻ということになったら目も当てられない、と多くの市民が考えたのである。そして、議会に手を打つよう求める声が高まっていく。

「ノーフォークのペテン師」と呼ばれたウォルポール

閣僚の支出監査を担当する監査官エドマンド・ハーレーは、この巨額の債務の責任はウォルポールにあると糾弾した。債務のうち三〇〇〇万ポンドが海軍で占められていたからである。そこでウォルポールは、下院の委員会報告に三五〇〇万ポンドが記載されている状況について」と題するパンフレットを発行して釈明した。このパンフレットでウォルポールは国家の会計のしくみをくわしく解説し、会計報告から漏れているように見える金額は単に報告時期のずれが原因であると述べた。つまり簿記のプロセス自体がそうなっているのであって、借方・貸方を集計し勘定を締めて監査官が署名するまでは、会計報告はまだ正式のものとは認められないという。「トーリー党の田舎者に会計の常識さえあったら、ちゃんと理解できたはずだ」とウォルポールは述べている。これは、大物政治家が会計知識の欠如を理由に政敵を非難した、注目すべき瞬間だった。[9]

パンフレットでは国家の会計改革も提案されている。時代遅れの大蔵省のやり方を改め、管理体制を整えて会計専門家が効率よく帳簿をつけるべきだとウォルポールは主張した。しかし「目に余る不正」に対するトーリー党の追及はしつこく、同党が政権を奪取すると、先ほど述べたようにウォルポールは直ちに罷免され、ロンドン塔に七カ月放り込まれてしまう（マールバラ公は亡命した）。とはいえ、国家財政を熟知した狡猾なやり手政治家という評判はすでに揺るぎないものとなっていた。ウォルポールは、ロビンフッドならぬ「ノーフォークのロビン」とか、「ノーフォークの賭博師」、「ノーフォークのペテン師」、「ノーフォークのユダヤ人」[10]などとあだ名された。どれも悪口にはちがいないが、彼の能力と野心を認めた言葉でもある。

政府債務が議論の的になっている最中に、ウォルポールはカムバックを果たす。アン女王が死去し、ジョージ一世が即位してホイッグ党政権が誕生したためで、今度は押しも押されもせぬ第一大蔵卿としての復帰である。一七一五年一〇月、フランスにおけるルイ一四世の死からちょうど一カ月後のことだった。かくして国家債務の問題は彼の裁量に委ねられたわけである。ジョージ一世が即位した一四年八月一日の時点での債務残高は四〇〇〇万ポンドを上回り、年間の利払いが二〇〇万ポンドを超えていた。これはどう見ても国家を揺るがす大問題である。フランスに対抗しうる軍備を維持しつつ、いかにして債務を減らすか。ウォルポールはこの問題に取り組み、六％の金利を減らすための妙案を議会に提出すべく策を練った。[11]

一七一七年にウォルポールは、金利を五％に引き下げる法案を可決させる。これで浮いた分を減債基金に充当するという、なかなか高度な返済手法である。減債基金は、元本を段階的に返済することによって将来の利払いの膨張を防ぎ、金利の増大を食い止めるという発想に基づいており、利払いを続けると同時に、減債基金から元本の支払いを行う。金利をさらに引き下げられれば、基金に充当できる原資は増える。こうして金融の知識を活用したウォルポールは、巧みに債務残高を減らすことに成功した（完済したわけではない）。しかし同じホイッグ党内の内輪揉めの末、この年にウォルポールは大蔵卿を辞任する。[12]

巨額の債務を帳消しにした「南海計画」とは

やがて降って湧いたように、この債務危機を解決してくれそうなうまい話が舞い込んできた。南海株式会社である。これは、トーリー党政権で第一大蔵卿を務めていたロバート・ハーレーが、利益を国債償還に充てる目的で一七一一年に設立した会社である。当初この会社は奴隷貿易を手がけていたが、業績不振で手詰まり状態となっていた。そこで、希代の金融家にして詐欺師のジョン・ローがフランスではなばなしく打ち上げた「ミシシッピ計画」に倣って、南海会社株を時価で国債と交換する「南海計画」を考案するにいたる。これが一七二〇年のことだった。ドーバー海峡の向こうでは、北アメリカにフランスが持っていたミシシッピ川流域の植民地の開発と貿易を独占するミシシッピ会社が、株をフランス国債と交換で売り出していた。フランス国民は、いやヨーロッパ中の投資家がミシシッピ会社株に殺到し、株価の高騰でフランスは好景気に沸いていたのである。

そして海を隔てたイギリスでも、スペインが南アメリカでの自由貿易を許可するとか、新世界の金山、銀山から無尽蔵の富が流れ込んでくるといった噂がまことしやかに囁かれるようになり、庶民のみならず政治家までが浮き足立っていた。ハーレーの相棒は、代書人のジョン・ブラントである。南海会社の計画は、こうだ。国王はこの会社に、南米大陸のオリノコ川からティエラ・デル・フエゴにいたる東海岸と、西海岸全域の貿易独占権を与える。そしてこの前途有望な貿易会社は、株と引き換えに国債保有者から国債を引き取る。このすばらしくも独創的なアイデアのおかげで、政府の債務は南海会社の株に変身するのである。南海会社はイングランド銀行と競争の末に、国債三一〇〇万ポンドを引き受けることに成功する。国債の四％の利払いは政府が行い、さらに当座資金として同社に現金一〇〇万ポンドを渡した。順調に株が売れたら、特権の対価として七五〇万ポンドを政府に払うという約束である。政府の側からみれば、貿易独占権と引き換えに民間投資家を利用して巨額の債務を帳消しにできるという、まことにうまい話である。まるで魔法の杖のようなスキームだった[13]。

南海バブルの崩壊にどう対応したのか

だが、うまい話には裏がある。南海会社は思うような利益が上がらず、虚偽の会計報告を出すようになる。そしてあとから見れば詐欺としか言いようのない方法で株を発行し、見かけの利益を膨らませて株価をつり上げ、投機ブームを煽った。その結果、一七二〇年の初めに一二八ポンドだった株価は、四月には三六〇ポンドに、六月にはなんと一〇〇〇ポンドに高騰する。まさしくバブルである。人々は金利五％で借金をしてまで株を買った。しかし八月に入ると、利益を確定しようと売りに出る投資家が現れ、南海会社への信頼が揺らぎ始める。これを受けて資金の出し手は金利を引き上げたり融資を断ったりするようになり、同社の頼みの綱だった信用供給が枯渇し始めた。ピラミッドは崩壊し始めるとあっと言う間に崩れ落ちるもので、株価は暴落し、投資家（中には貴族や閣僚もいた）は巨額の損失を被った。思想家のジョン・トーランドは全財産を失い、晩年は医者に払う金もなかったという。この事件で金融市場はおろか、産業や商業も、政府も、つまり国家自体が信頼を失ってしまった。

フランスで一七二一年にミシシッピ会社が倒産したとき、フランス政府はなす術がなかった。会社を救済する手段も資金もなかったし、危機を食い止めることもできなかった。ジョン・ローを金融の魔術師と信じ込み、財務総監にまで任命し、愚かにも王立銀行と造幣局の設立さえ認めていたのである。ミシシッピ会社が破綻すると、金融知識を備えた閣僚がおらず、自前の銀行もないフランスは、途方もない高利でスイスから借り続けるほかなかった。国王も民衆も、信用や通貨や会計に対して、ひいては金融市場全体に対して、すっかり信頼を失ってしまう。財政が再建されず、近代的な税制が整備されないまま、フランスは一八世紀の大半を半ば破産状態で過ごすことになる。産業のイノベーションは生まれず、成長は長きにわたって停滞した。(14)

だがイギリスは、南海泡沫事件から立ち直った。それができたのは、当時他の国が持ち合わせていないものがイギリスにはあったからである。それは、オランダ以上に会計が発展していたこと、そして会計を重視する文化が政治にも浸透していたことである。こうした文化があったからこそ、政権に復帰したウォルポールは南海会社を救済し、イギリスの信用市場を立て直すプランを設計できたのだった。南海泡沫事件の後日譚は、財務会計の重要性と困難さを浮き彫りにするとともに、どれほど有能な人間でも投機の甘い誘惑に打ち克つのがいかにむずかしいかを雄弁に物語っている。

ニュートンさえも欲に目がくらんだ

トーリー党は南海会社を後押しし、イングランド銀行に拮抗する存在になることを大いに期待していた。彼らの目から見ると、イングランド銀行はよそものの国王とホイッグ党に過大に権力を与えていたからである（ジョージ一世はドイツのハノーファー選帝侯であるが、ステュアート朝の血を引いているため、アン女王の子供がことごとく夭折した結果、イギリス王位が転がり込んで来た）。このためホイッグ党のウォルポールは、当初は南海会社を快く思っていなかったし、国債引受計画を「荒唐無稽」だと考え、強硬に反対意見を述べている。しかし最終的には、同社の株を買おうとした。

ウォルポールともあろう者が南海バブルにまんまと乗ってしまうとは、ひどく意外に見えるかもしれない。しかし、あのアイザック・ニュートンでさえ大損を被ったことを忘れてはいけない。ニュートンは、南海株が最高値を付けた頃に二万ポンドを投じた。そして、「天体の軌道を計算することはできるが、民衆の狂気は計算できない」と弁解したとされる。ウォルポールは、同社の疑わしい財務データを知っていたにもかかわらず、最後は南海計画を信用した。ウォルポールにしてもニュートンに劣らず明敏だが、欲に目がくらんだと見える。

ウォルポールが南海会社の計画の支持に傾き、まさに自己資金を投じようとする頃に、金融にくわしい下院議員のアーチバルド・ハッチソンが、南海会社の適正株価の試算結果を発表した。イギリス議会は慢性的に汚職と党利の巣窟であったが、その中でハッチソンは高潔と見なされていた人物である。「公的債務と基金の現状」（一七一八年）といった論文を発表していることからもわかるように、公表された財務データを使って国家財政の現状を把握する高度な能力を持ち合わせている政治家で、まことに希有な存在だった。[15]

そのハッチソンは一七二〇年に「南海会社とイングランド銀行の提案に関するいくつかの計算結果」を発表する。これは会計の領域を超えて財務分析という新たな領域に踏み込むものだった。南海会社の株価には、当然ながら仮想の利益が織り込まれていた。南海計画では、ともかくも株価が高いほど国債との交換に必要な株数が減り、利益が多くなる仕組みになっている。ハッチソンは割引キャッシュフロー法と年金表を使って、現在の株価が適正であるために必要な利益を計算した。ハッチソンの見立てによると、新株発行により政府に債務が返済されれば、政府は儲かる。ブームの初期段階で安く株を買った投資家も、利益を得る。だが新たな投資家は大損を被る羽目に陥る。後発の投資家が儲けを手にするためには、現実にはあり得ないような巨額の利益を会社が上げなければならない。さもないと何十万もの投資家が「破滅」してしまうという。「私の計算が正しければ、南海会社が年間利益と称しているものには何の根拠もない」とハッチソンは断言した。同社が新規株主に払い出している配当は、端的に言って「あり得ない」額だという。[16]

「大きすぎて潰せない」南海会社の救済

ハッチソンの計算はひどく複雑で、政府への返済額、会社の利益、新株発行に伴う収入、保有資産の価値、予想利益等々を考慮し、金利で割り引いている。計算の詳細はともかく、結論は明快だった。発行時の三倍にも跳ね上がった株価を裏付けるには、年間五三〇万ポンドの利益を上げなければならない。これは、イギリスの軍事予算の一〇倍に相当する金額である。[17]

ハッチソンの計算結果は議会に提出され、議題にもなったので、ウォルポールは当然この数字を知っていた。実際、一部の議員からは、南海会社の事業計画を精査せよとの要求も出されていたのである。ハッチソンの計算は巷《ちまた》でも話題になり、さまざまな会社や個人が株価の適正水準を試算した。一七二〇年四月にはフライング・ポスト紙が、株価が四四〇ポンドの場合と八八〇ポンドの場合の分析結果を発表している。どの数字も人々を不安に陥れるようなものだったが、それでもウォルポールは南海会社に投資しようとした。出世のためにも、田舎に別邸を建てるためにも、金が必要だったのである。ウォルポールがハッチソンの計算結果を無視したのは、彼のしつこさを嫌ったせいかもしれない。ともあれ、厳正な数字も、欲と政治的思惑を相手にしたら勝ち目はなかった。[18]

一七二〇年八月に、ついにバブルは破裂する。株価は一週間足らずで一〇〇〇ポンドから四〇〇ポンド以下に暴落した。ウォルポールは恐慌を来す。彼はノーフォークの自宅で資産を運用し、不動産を買ったり、南海株を買おうとする人に小金を貸したりしていたのだ。いやそれどころか、ロンドンにいる懇意の銀行家ロバート・ジェイコームに、南海株を五〇〇〇ポンドほど買うように指図したばかりだった。株価暴落のニュースが伝えられると、ウォルポールは身の破滅を予想して蒼白になる。そして、躍起になってジェイコームと連絡を取ろうとした。ようやくロンドンから知らせが届く――なんと奇跡的にも、ジェイコームは株を買わなかったのだった。この聡明な銀行家は、経営者に会おうと南海会社のオフィスを訪れ、こいつはあやしいと直感する。不正のにおいを嗅ぎ付けてぞっとしたジェイコームは、まさにバブルが崩壊する直前に同社を見限り、投資を差し控えてウォルポールを救ったのだった。こうして、ウォルポールは大火傷をせずに済んだ。(19)

ハッチソンの計算結果を知った株主が激怒したのは、当然の成り行きである。高潔ではあっても政治的にリアリストでなかったハッチソンは、いんちきスキームで全財産を失った「ふつうの人々」を救うために、政府は七〇〇万ポンドを投じるべきだと主張する。今風に言えば、金融業界《ウォールストリート》ではなく実体経済《メインストリート》を救えと正論を吐いたわけだ。またジョン・トレンチャードを始めとする有力な政治評論家は、株価と公的債務について独自の分析結果を発表し、株主と投資家の利益を守るために、南海会社を始め、当時乱立したいかがわしい泡沫会社の公的監査を行うべきだと主張した。トレンチャードの言葉を借りるなら、配当を払い出す前に「財務状況を毎年報告し、会社の会計主任が大蔵省の係官の前で、報告に偽りがないことを宣誓する」ことを義務づけるべきだという。こうした公的監査が行われて初めて、投資家は健全な判断を下せるようになる、とトレンチャードは力説した。不透明な会計で潤うのは、会社の幹部と、賄賂をもらって私腹を肥やす大臣だけだ。その一方で、何も知らされない庶民はやみくもに「ギャンブル」をするしかない……。(20)

トレンチャードは、独立機関として財務監査局の設置を要求した。だが再び政権に復帰したウォルポールは、昔ながらの政治家気質から、公的監査に本能的に抵抗した。実際にも彼の権力と個人的財産は、国家財政の秘密主義に依存しているのである。ウォルポールには、政治責任も会計責任もうやむやにしたまま、市場を安定させる道を見つける自信があった。ウォルポールはかなりダーティーではあったが、政治手腕に長けていたことはまちがいない。権力と金を切望する一方で、イギリスの金融市場と産業を救うことが自分の責務であると心得てもいた。イギリス経済が破綻に瀕し、資金調達と債務返済の手段が限られている中、ウォルポールは国家の介入による南海会社の救済案をまとめあげる。南海会社にミシシッピ会社と同じ運命をたどらせるわけにはいかなかった。[21]

南海会社の出資者たちは、腕利きと評判の会計士チャールズ・スネルを雇って監査を行わせた（スネルは南海会社幹部の一人だったジャコブ・E・ソウルブリッジの経営する商会の帳簿を調査し、『ソウルブリッジ商会の帳簿にかんする所見』（一七二一年）という報告書にまとめた。これが世界で最初の会計監査報告とされる）。ウォルポールは、そのような監査を実施すれば、政府の要人にとって望ましくない結果が出かねないことをよく承知していた。手っ取り早く会社を再建して金融システムを安定させなければならない。今風に言えば、南海会社は「大きすぎて潰せない」規模に達していた。ウォルポールは「公的信用回復のための法案」を提出し、南海会社の存続と国債の償還を最優先するのと並行して、投資家と彼らに融資した銀行の救済をめざした。金融システム全体を破綻から救うために彼がまずやったのは、政府から南海会社に融資して倒産を防ぐことである。次にイングランド銀行を説得して、南海会社が政府に払うべき借金を肩代わりさせた。見返りに南海会社は銀の採掘権を造幣局に譲渡する。こうして市場と会社をなんとか存続させておいて、ウォルポールは投資家に救済案を提示した。一〇〇ポンドの投資に対して五二ポンドを払いましょう、というのである。[22]

「どんな人間も金で動く」

このように一般大衆の救済にも踏み込んだものの、あくまでウォルポールの優先目標は、市場と金融業の安定化および君主とホイッグ党の安全確保だった。ハッチソンを始めとする政治家や、ダニエル・デフォーなどの作家、政治評論家たちは、仲買人や賭博師や投機家といった連中を激しく非難し、議会も「株仲買の禁止による公的信用の回復法」を成立させるべく動き出す。これに対してウォルポールは、「どんな人間も金で動く」という有名な発言で応酬した。そしてイングランド銀行との人脈を最大限に活用し、南海会社、イングランド銀行、東インド会社を巧みに立ち直らせ、自慢の減債基金も守り抜いた。(23)

ウォルポールが発揮したのは、金融の能力というよりは交渉術だったと言えよう。彼のやり方に誰もが賛同したわけではなく、とくにハッチソンは議会で猛反対を唱えたが、しかし誰も現実的な代案は持ち合わせていなかった。ウォルポールの政治的駆け引きの手腕はたいしたものだった。信用市場を救い、傾きかけた企業や銀行にてこ入れしただけでなく、国家の公的監査を回避して政治の安定も実現した。こうしてウォルポールが政府の損害を最小限に食い止めようと奮戦する傍らで、議会は秘密委員会を発足させ(ハッチソンもメンバーの一人である)、南海会社を巡る汚職の全貌を暴こうと試みる。(24)

そして秘密委員会は、五七万四〇〇〇ポンドという巨額の賄賂が南海株の形で議員や政府関係者に配られていたことを突き止めた。会社の経営陣が数々の不正を働いていたのは言うまでもないが、議員、大臣、王族、さらには国王の愛人までもが、南海会社の事業計画に同意する見返りとして株を受け取っていたのである。これらすべての賄賂は、会社の帳簿に記載されていた。ところが、南海会社の会計主任ロバート・ナイトは、捜査の手が伸びる前に逐電《ちくでん》してしまう。しかも、すべての鍵を握る秘密の元帳「緑の帳簿」を携えて。そこには、重要な贈賄が残らず記帳されているはずだった。ナイトはオーストリア・ハプスブルク家支配下のブラバンド公国に逃れたが、そこはじつに都合のいいことに、犯罪者引渡協定がなかった。「きわめて地位の高いある人物」が同国に圧力をかけ、送還を差し止めたと言われる。ともかくも、会計主任の失踪の知らせに、ウォルポールもジョージ二世も胸を撫で下ろしたにちがいない。相当数の大物が汚職の疑いをかけられ、中には起訴された者もいたが、ともかくもこの場合に最も重要な人物、すなわち主要閣僚のスタンホープ伯とサンダーランド伯は、不名誉な罪をまんまと免れたのである。大臣数人と重要な銀行家を破産と起訴から救ったウォルポールは、司直の手から遮断する者という意味で、「スクリーン大将軍」などと揶揄《やゆ》された。(25)

ウォルポールのやり口は大衆の怒りを招き、トーマス・ゴードンとジョン・トレンチャードはロンドン・ジャーナルのコラム「カトーの書簡」で激しく攻撃した。彼らはかつてローマ共和国の美徳とされていたものを思い出せと訴え、政府の帳簿と大臣の資産の監査結果を公表して、透明性を維持し会計責任を果たすよう求めた。注目すべきは、政治の自由と道義は公明正大な会計にあるとゴードンが述べたことである。政府の要人が公的監査のために文字通り帳簿を開かない限り、自由はあり得ない、ただ政治の混迷と破壊があるだけだ、とゴードンは強調した。彼は透明性に対するいくらか道徳的な要求の裏付けとして、ペリクレスを引き合いに出している。ペリクレスは権力を維持するためにデロス同盟の資金を流用して派手に金をばらまき、しかも追及されるとごまかした。おまけに政治を混乱させ、自分の評判を保ち、監査を受けずに済ますために、戦争まで仕掛けた。アテネ崩壊の遠因は、この男が会計の開示を拒んだことにある、とまでゴードンは述べている。[26]

イギリス史上最長の政権を支えた裏金工作

これはまた、政府財政の秘密主義に対するなんともドラマチックな批判と言えよう。しかしウォルポールは、ペリクレスではない。彼は自分の手腕でイギリス経済を立ち直らせ、戦費のかさむ対外戦争も終結させたことを誇りに思っていた。いわゆる自由放任《レッセフェール》とは正反対の強硬な国家介入であり、相当にいかがわしいやり方ではあったが、政府への信用を取り戻し、減債基金を維持できたことは、すくなくとも当面の策としてはたしかに評価できる。一七二〇年代のイギリスは、債務残高が約四〇〇〇万ポンド、年間の利払いは約二〇〇万ポンドで推移していた。一七二一年に事実上の初代首相に上り詰めたウォルポールは、一七二七年に金利をさらに一%引き下げ、三七万七三八一ポンドを減債基金に組み入れた。この手法で市場の信頼を取り戻し、とりあえず債務はコントロールできているという印象を作り出したわけである。ウォルポールが首相を退任する一七四二年には、債務残高は一三〇〇万ポンドも減っていた。[27]

道徳哲学と自由市場経済について決定的な仕事をしたアダム・スミスは、代表作『国富論』（一七七六年）の中で、減債基金が債務削減の役に立つのかと疑義を提出している。そのような基金の存在は債務を忘れさせ、むしろ新たな債務を促すことになる、とスミスは考えたのだ。このときスミスの念頭にあったのはウォルポールだったと思われる。ウォルポールは金融の専門家ではあったが、しかし何よりもまず政治家だった。債務が削減されるにつれ、政権に対する財政規律の圧力は薄らぎ、債務返済手段としての減債基金の役割は小さくなっていく。そして、政治の裏金として使われるようになった。

ウォルポールが減債基金を初めて流用したのは、一七二二年のことである。当初は、大蔵省証券一〇〇万ポンドの担保として払い込んだ。一七二四年には一万五一四四ポンドが引き出され、金貨の減価に伴う大蔵省の損失補塡に充てられた。一七二七年になる頃には、減債基金はウォルポールの政策上の武器と化してしまう。彼は一〇万ポンドを取り崩して、王室費を八〇万ポンドに引き上げた（王室関係者の給料は国王が直接払っていた）。国王がこれに反対するはずがない。議員の一人が、ウォルポールは減債基金を台無しにしていると指摘したが、彼はこれを黙殺し、相変わらずこの基金を使って東インド会社の年金を払ったり、地租の引き下げに充当したりした。一七三四年には、政府支出に用立てるため、一二〇万ポンドを取り崩している。かつては債務を削減し政府財政を均衡させる手段だったものが、いまや議会の監視を受けずに政府支出を行うブラックボックスとなったのである[28]。

こうした財政操作のおかげもあって、ウォルポールの地位は安泰だった。一七三二年には、ジョージ二世からダウニング街一〇番地の邸宅を賜っている。ウォルポールはありがたくそこに住むことに同意したものの、賢明にも公共心を発揮し、首相官邸として政府に寄贈することを決めている。しかしイギリスの事実上の初代首相として長期政権を築いたウォルポールも、ついにその座を去るときが来た。一七三九年、カリブ海貿易を巡るスペインとのいざこざから、世論に押し切られる形でジェンキンスの耳戦争の勃発を容認（イギリス商船の船長ジェンキンスが、スペイン船に拿捕され耳を切り落とされたと主張したことがきっかけとなった）。さらに一七四一年の総選挙の結果も思わしくなく、議会での信任投票でも敗れたウォルポールは、一七四二年に辞任する。きわめて有能だがどうみても高潔とは言いがたい首相に、国民は飽きていたのだろう。とはいえ二一年におよんだ在任期間は、今日にいたるまで、イギリス史における首相の在任期間としては最長である。

富裕層において会計は無視されていた

一八世紀イギリス画壇を代表するウィリアム・ホガース（一六九七〜一七六四年）は、絵画の近代化を進め、痛烈な風刺精神で貴族や有力者を描いた画家として知られる。ホガースは、闇取引が横行する「ロビークラシー」のもとで、一般大衆からだまし取る都市の富裕な商人の姿を多数描いた。このほかにも、たとえば当世風結婚シリーズの『結婚してまだ日も浅いというのに』といった作品は興味深い。画面には、二日酔いで帰って来てだらしなく椅子に腰掛ける夫、夜遅くまでトランプ遊びに興じてようやく目覚める妻の横に、あきれた様子で立ち去る執事が描かれているのだが、この執事は領収書の束と帳簿を手にしているのである。この生き生きした風俗画は、イギリス富裕層における会計の位置づけをよく表している。会計は発達していたが、無視されていた。このツールは、繁栄を約束し破綻から救ってくれる手段として尊敬されていたが、人生が往々にしてそうであるように、浪費され、粗末に扱われていた。ウォルポールと国家の財務会計の物語は、南海泡沫事件からイギリスがいかに立ち直ったかを示すと同時に、蓄財や身びいきが大流行のイギリスでなぜ政治家の会計責任や政府会計の透明性が根付かなかったのか、その理由も説明してくれる。

ウィリアム・ホガース
『当世風結婚：結婚してまだ日も浅いというのに』（1743年）
ナショナル・ギャラリー蔵、ロンドン
（© National Gallery, London/Art Resource, New York）

この作品は、ウォルポール時代のイギリスにおけるエリート貴族と会計の関係性を生き生きと描いている。夫は二日酔いで帰って来てだらしなく椅子に腰掛け、妻は夜遅くまでトランプ遊びに興じてようやく目覚めたところだ。その傍らを、領収書の束と帳簿を手にした執事があきれた様子で立ち去る。あきらかに新婚の二人は家計の切り盛りや帳簿などに興味がない。

ウォルポールは、南海泡沫事件の後始末などに発揮された手腕よりも、カネに汚い政治家として記憶されているようだ。同時代の作家はこぞって彼を非難し、ウォルポールは「あの手の連中は引退した者に対してはじつに大胆になる」と不満を述べている。サミュエル・ジョンソンは「ロンドン」（一七三八年）と題する詩で、都市に蔓延する腐敗した金融文化を次のようにうたった。

秘密の策略を狡猾に練り
隙をうかがい、抜け道を探し、
まんまと信用を手にする
支配するも裏切るも思いのまま
うさんくさい数字には監査もなく、
どんな罪も安全至極、ただ憎むべきに貧困なり

『トム・ジョーンズ』で名高い小説家ヘンリー・フィールディングは、「美徳が報われない」イギリス社会を風刺し、サミュエル・リチャードソンが書いた小間使いの出世物語『パミラ』（一七四〇年）のパロディーとして、『シャミラ』（一七四一年）を発表する。これはリチャードソン批判であると同時に、ウォルポールが代表するイギリス社会に対する批判と言えるだろう。美徳のふりをして詐欺まがいのことが行われている社会同様、『シャミラ』の中でも、美しい小間使いは美徳の鑑《かがみ》どころか、金目当てに結婚して財産を頂戴しようという、とんだ食わ

せものである。「ほんの一シリングまで会計をきちんとしなければならないなんて、いやですわ。それじゃあまるで召使いのままじゃありませんか。そんなつもりであなたと結婚したわけではありませんことよ。それにあなた、おまえが財産の女主人だとおっしゃいませんでしたこと？」。セックスで相手を丸め込んだシャミラは、「もうこれで、私の支出にけちをつけられたり、調べられたりすることはないわ」とほくそ笑むのだった。[29]

ウォルポールが残した負債

当時のイギリスの政治は腐敗しており、ウォルポールがうさんくさいやり方で友人知人をひいきしたという疑いは、おそらく正しい。また、ウォルポールの政府が会計報告の責任を果たしていたとは、とうてい言えない。政府支出の監視を目的とする議会の会計委員会は、ついにアメリカ独立戦争の後まで招集されなかった。ウォルポールはたしかにイギリスを救ったが、政界入りした当初に公約した会計改革には手をつけようともしなかった。

彼は、じつは自分の財産についても、責任を果たしたとは言えない。南海泡沫事件を片付けた一七二二年から、ウォルポールは故郷のノーフォークでホートン・ホールの建設に着手する。パラディオ様式の立派な邸宅で、贅《ぜい》を凝らした内装はウィリアム・ケントの手になるものだ。ケントは大蔵省やホワイトホールのホース・ガーズを設計した当代一流の建築家である。この邸宅はウォルポールの権勢を象徴するもので、一七四二年に首相を退任したときには絵画のコレクションをここに運び込んだ。世界の名品ぞろいで、その数は四〇〇点にも達する。メディチ家の老コジモやフランスの宰相コルベールと同じく、ウォルポールは金融に精通した偉大な政治家であると同時に、芸術の偉大なパトロンでもあった。だが一七四五年にウォルポールが死んだとき、息子は驚愕する——なんと元首相は四万ポンドの負債を抱えていたのである。救済の発明者は、赤字のうちに世を去ったのだった。

第8章　名門ウェッジウッドを生んだ帳簿分析

イギリス史上最も成功した陶磁器メーカーの創立者・ウェッジウッド。彼は経営に確率の概念を取り込み、緻密な原価計算を行うことで会社を繁栄させた。この時代、富は信心と几帳面な会計の産物だとみなされていた。

一方であらゆる快楽の価値を、もう一方であらゆる苦痛の価値を合計する。

——ジェレミー・ベンサム

（一七八一年）

なぜイギリスで産業革命が起きたのか

一八世紀のイギリスは、南海泡沫事件の舞台となっただけではない。当時のイギリスは世界に冠たる大帝国になっていた。小さな島国でありながら強力な海軍を維持し、世界各地で植民地を経営した。そしてまた産業革命を生んだこの国は、世界最大の工業国であり、輸出・輸入大国でもあった。プロテスタント的な功利主義信奉と科学的探究心に、壮大な野心。他国に比べれば政治的に自由だったことも手伝って、技術革新が次々に生まれ、経済は飛躍的に拡大した。ちなみに一部の歴史家は、産業《インダストリアル》革命よりも勤勉《インダストリアス》革命のほうがふさわしいという。

たしかにイギリスには、勤勉な実業家が大勢いた。そうした実業家の一人が、あの有名なウェッジウッド陶器を開発したジョサイア・ウェッジウッド（一七三〇〜九五年）である。ウェッジウッドは、会計を活用して革新的な事業経営を行った点でも注目に値する。(1)

イギリスの産業を支えた要素の一つは会計であり、同国ではすでにオランダ以上に会計の文化と教育が浸透していた。中世以降、グラマースクール（伝統的な中等学校）では少年たちに会計を教えていた。かつてのイタリアとオランダの教育モデルに倣って、大学進学と就職の両方の準備をさせたのである。産業が拡大するにつれて会計専門家の需要が強まるという好循環が続き、やがて会計は、商業を重んじるエリート層にも必須の知識とみなされるようになる。

チャールズ・スネル（南海泡沫事件の際に監査を行った人物である）が一七一一年に出版し

た『地主のための会計——財産を管理するための簡単でわかりやすい方法』からは、地主や商人たちが土地や事業を管理するために会計の教科書を欲しがっていたことがうかがえる。また法律家のロジャー・ノースは著書『ジェントルマン会計士』（一七一四年）の中で「上流の人間が会計の知識を身につけ、自分の財産を管理し、貿易や国家運営に活かす」のはすばらしいことだと断言している。そして会計は高度に発達し、もはや科学の域に達したと述べ、「統治をする者は会計を学ばなければならない」と主張した。まことにもっともな指摘である。一六八八年の名誉革命以降、物品税の徴税官は複式簿記を採用するという具合に、政治でも行政でも簿記の知識が必要になっていた(2)。

女性にも必要とされた簿記

スコットランドでは、古典教育と商業教育が同時に行われた。たとえば一七二七年にはスコットランド南西部のエア・グラマースクールで、ジョン・メイヤーが算術と簿記などを教えている。メイヤーはのちに『組織的簿記』（一七三六年）を出版するが、同書は一七七二年までに九版を重ね、英語で書かれた簿記書としては今日にいたるまで最も影響力のあるものとされる。会計はグラマースクールで教えられただけでなく、会計の専門学校も全国に設置された。会計士は明晰な文章を書く必要があることから文書の書き方も教えていたため、「ライティング・アカデミー」と呼ばれ、ケンブリッジやオックスフォードをめざす生徒も通っていたという。将来海軍や政府で働くことになれば、すぐにでも会計が必要になるからだった。

会計学校が各地に次々に設立されたおかげで、一八世紀半ばまでには会計と複式簿記はイギリス社会にすっかり浸透する。一七四〇年の時点では一一校程度だったが、一八世紀末には二〇〇を超えていた。たとえばジョン・ルールの主宰するイズリントン・アカデミーの宣伝文句を見ると、「地主、学者、実業家も通っている」という。アカデミーの校長の多くは独学だったが、少なくとも九人は著名な科学者や王立アカデミーの会員だったことがわかっている。産業革命の背景として、こうした学校の存在を見落とすことはできない。これらの学校では科学的な教育と実践的な教育を並行して行い、複式簿記はもちろん、航海術、測量・検量から軍事まで教えていた。チャンスがそこここに転がっている発展中の社会では、教育にもスピードが求められる。イズリントン・アカデミーの一七六六年の広告には、事業を始めようとするジェントルマンに「短期間で」複式簿記をマスターさせられると請け合っている。[3]

産業や商業の発展が日々の暮らしにもおよぶようになれば、女性の教育を妨げることはむずかしくなる。むしろ未亡人や独身の女性は、あくどい金融業者にだまされないためにも、会計を学ぶべきだという意見もあった。そして会計の知識が階級を越えて拡がると、店主や実業家や地主の妻、さらには貴族階級の女性までもが簿記を勉強するようになる。たとえばある私立の女学校は、「読み書き、会計のための算術、絵、刺繍、ダンス、フランス語少々」を教えると宣伝した。もっとも、自分の娘に会計を教えるのは一部の啓蒙的な実業家に限られ、会計は男の仕事だという見方が一般的だったが。[4]

科学の力を信じていた非国教徒たち

多くのアカデミーを経営していたのは、ディセンターと呼ばれる非国教会信徒である。彼らは英国国教会の信仰箇条を受け入れない限り、清教徒と同じく教会から締め出され、公職に就けず、大学にも入学できなかった。非国教徒は幸福、自律、科学の進歩、救済を信奉し、マックス・ウェーバーが職業倫理の理想としたあの啓蒙時代のプロテスタンティズムを独自の流儀で体現していた。彼らが会計を重んじたのも、こうした信仰に由来する。非国教徒は、科学的合理主義や自然科学をキリスト教と結びつけるイギリスの伝統に従い、数学によって解き明かされた秩序、調和、進歩を信じた――これらはまさに、アイザック・ニュートンが理想としたものである。信心深く規律正しいこの人たちにとって、会計は勤勉さを表現し、神から与えられた繁栄を忠実に維持するために欠かせないツールだった。⑤

学校経営は、公職に就けない非国教徒にとって収入を確保する手段であるとともに、独自の科学的な商業教育を実践する場でもあった。プロテスタントのアウトサイダーとも言うべき人々、たとえば理神論を信奉する功利主義者、クエーカー教徒、長老派信徒なども、イギリス各地からこうしたアカデミーに押し寄せて来た。ランカシャーにあるウォリントン・アカデミーは非国教徒の子弟を教育する目的で設立され、商業と簿記にとくに力を入れた。ノッティンガムのスタンダード・ヒル・アカデミーは、非国教徒流の規律を教育方針に掲げている。若者が「産業や商業で成功する」には自己規律が大切だというわけだった。⑥

イギリスのプロテスタントには、実験や観察を通じて神の業《わざ》である自然を知ろうと努め、その知識を現世の富に活かすことによって神の意志の実現をめざす姿勢が、宗派を問わず認められる。こうした土壌があるため、国教会の一部でも商業的なカリキュラムは受け入れられていた。また一部のリベラルな国教徒は、ニュートンを始めとする科学的業績によってプロテスタントは他の宗派や無神論より優位に立ったとし、これが新しい信仰につながると考えていた。そして数学や利益追求を公に支持して非国教徒と清教徒を呼び戻そうとした。著名な古典学者にして神学者のリチャード・ベントレーは、一六九六年にケンブリッジで行った講演で、神は「自己の利益」を追求することによって「利益」と「快楽」を得るように人間をつくられた、と述べている。会計は、こうした世界観を強力に支えるものだった。[7]

富は信心と会計の産物とみなされていた

とはいえ清教徒と非国教徒には、帳簿をつけるもっと大切な理由があった。公職に就けず教会の建立も法律で禁じられた結果、彼らの間では社会的な上下関係が形成されず、階層化された英国国教会とは異なり、まさしく平等な信者集団となっていた。そして社会的に虐《しいた》げられたこの集団では、用心深さや思慮深さの文化が根付く。悪魔から身を守り、神の国に到達するためにも、注意深くなければならない。信心深い人々は日々社会と自らを見つめ、それを日記や「心の帳簿」に書き留めた。非国教徒、クエーカー教徒、カルバン主義者には自らの罪と善行を書き出す宗教的な義務があり、日記にそれを書くついでに、商売の成功・失敗も記録することが多かった。理由はおそらく、失敗の原因を探るためだったのだろう。あるいは、自分は救済に値するという証拠を残しておくためだったかもしれない。[8]

ジョナサン・スウィフトのような作家も帳簿をつけていたし、長老派教会に属するダニエル・デフォーも、代表作『ロビンソン・クルーソー』(一七一九年)の中に帳簿をつける場面を登場させている。なにしろデフォーは、専門的な会計書を書いたこともあれば、金融分野の批評を数多く手がけていたこともある人物である。だからロビンソン・クルーソーも、「借り主」と「貸し主」として人生のプラスとマイナスをバランスさせようと試み、最終的なプラスを合計しようとした。

リーズで成功を収めた仕立屋で非国教徒のジョゼフ・ライダーは、一七三九年の日記に、「人間を合理的な被造物としてくださった神の善」を称えるために日記や帳簿をつけるのだと書き記している。富は信心と几帳面な会計の産物とみなされた。心の会計を日記に、財務を帳簿につけるのは、カトリック教徒だった三五〇年前の北イタリアのダティーニと同じだが、ライダーがダティーニとちがうのは、金儲けに後ろめたさを感じていなかったことである。ライダーにとって、神の業である自然を理解し、その知識に基づいて科学を発展させ産業を興して富を得るのは、けっして罪ではなかった。科学も会計も、人間を神に、そして利益に近づけてくれる。会計がきちんと行われていれば、救済はいっそう確実になる。したがって会計は、高等教育を受けた正統的国教会教徒の貴族の次男坊にとっても、商人や地主や実業家や銀行家にとっても、さらにはごく平均的な人々や、そしてもちろん非国教徒にとっても、日々の生活で特別な地位を占めていた。イギリスのプロテスタント文化を複雑に絡まり合う織物に擬《なぞら》えるなら、会計はすべてをつなぎ合わせる一本の緯糸《よこいと》だったと言えよう。[9]

ウェッジウッドはなぜ成功者になれたのか

非国教徒の中でひときわ輝きを放っていたのが、ジョサイア・ウェッジウッドである。ウェッジウッドは勤勉な非国教徒の模範的成功者であり、製陶技術にさまざまな革新をもたらし、会計に、ひいては効率的経営に熱心に取り組んだ。ウェッジウッドは、イギリス史上最も成功した陶磁器メーカーにして最も革新的な企業を創設したと言えるだろう。同社の陶磁器は今日でも垂涎《すいぜん》の的であり、六人用のディナーセットは一〇〇〇ドル以上する。ウェッジウッドがこれだけの事業を成功させた大きな要因は、緻密な原価計算にある。彼は生産時間、賃金、原料費、機械設備費、販売費などを綿密に計算した。とはいえ、持ち前の勤勉さと几帳面な会計によって功成り名遂げたウェッジウッドも、心の会計の面では、経済的利益に見合うほどの満足は得られなかったようである。会計の励行が富につながるとしても、それが健康や幸福や自由や社会の調和を約束するわけではない……。

ウォルポールが強欲・豪腕の政治家で、豪勢な晩餐会や旺盛な食欲で有名だったのに対し、ウェッジウッドは几帳面な道徳家で、陶磁器工場を中庭の時計に従って運営するような人物である。ウォルポールと同じくウェッジウッドも富を築くのに会計の知識を活用したが、政治的駆け引きや策略は使っていない。彼がもっぱら頼ったのは信心と勤勉であり、そのほうが自分の良心にとっても工場労働者のためにもよいと信じていた(10)。

ウェッジウッドは、共同経営者であり生涯の友でもあったトーマス・ベントレーに、自分は事業を通じて「富と名声と公共の利益」を実現するのだと、たびたび誇らしげに書き送っている(もっとも、ときにはひどく率直に、製品がもっと売れれば「富と利益」は手に入ると漏らすこともあった)。初期の書簡では政治的自由や科学の重要性が熱く語られる一方で、ひんぱんに数字が出てくる。ウェッジウッドにとって、数えることは生活の一部だった。たとえばシャーロット王妃からの注文を心楽しく数える書簡が残っている。「ティーカップ&ソーサー一二組、クリーマー一個、シュガーディッシュとカバー、スタンド一組、ティーポットとスタンド一組、スプーントレイ一枚、コーヒーポット一個、コーヒーカップ一二個、キャンドルホルダー六個……」。また、リヴァプールと内陸を結ぶトレント&マーシー運河の建設にも尽力し、その費用を見積もった書簡もある。[11] よき会計は生産性と収益性を向上させるというのが、ウェッジウッドの信念だった。

会計技術は産業の発展に追いついていなかった

中世やルネサンス期には会計の負の面を強調する絵がひんぱんに描かれたが、一八世紀イギリスの絵画では、発展中の産業国家で繁栄を謳歌する自信が画面に満ちあふれている。業績が右肩上がりで利益がどんどん流れ込むとなれば、すくなくともウェッジウッドのように成功した実業家にとって、帳簿が満足の源になったことは想像に難くない。イギリスの実業家と銀行の間では、デスクの上の開いた帳簿を前に、にっこりと微笑みながらポーズをとって肖像画を描かせることが流行した。こうした肖像画は、近代的な会計技術に対する信頼の表れとも言えよう。たとえば世界最古の投資銀行を創設したベアリング兄弟は、肖像画の名手サー・トーマス・ローレンスに描かせているが、まるで征服者が地図を示すように誇らしげに帳簿を指し示している。またインド貿易で財を成した実業家のジョン・モウブレーは、帳簿の散らばった室内でデスクの前に足を組んで腰掛け、落ち着いて満足した様子で代理人の報告を聞いている。その姿からは、よき商人は会計に精通し商売を成功させるというメッセージが伝わってくるようだ。[12]

トーマス・ヒッキー『ジョン・モウブレーと代理人』（1790年）
大英図書館蔵（© British Library Board/Robana/Art Resource, New York）

18世紀半ばには、イギリスの実業家と植民地経営者は会計を駆使して大成功を収め、巨万の富を築いた。彼らは財務管理にたいそう自信を持っており、イギリスの富裕な商人の肖像画では、帳簿を前に微笑む姿が描かれることが多い。会計に対するこの幸福な自負は、1世紀後のディケンズの時代には消え失せるのだが。

だがイギリスの商人たちの自信ありげな様子とは裏腹に、会計技術の進歩は『スムマ』以降停滞し、産業の発展に追いついていなかった。事業家の多くは工場経営に必要な複雑な会計に辟易し、往々にして投げ出してしまう。工場生産に伴って固定資産が大きくなった製造業では、それに適した会計技術が必要だった。とりわけ事業家が頭を悩ませたのは、注文をいくらで引き受け製品をいくらで売るか、利益を増やすためにどうやって生産コストを抑制するか、あるいはどうやって生産性を高めるか、といった問題である。ウェッジウッドも例外ではなかった。こうして、より正確な原価計算の取り組みが始まる。ごく原始的な原価計算は中世の頃から存在したが、人件費や原材料費、機械設備費を評価する方法はまだ確立されていなかった。原価がわからない限り、また新しい機械がちゃんと働いていつ元をとれるのかがはっきりしない限り、投下した資本がどれだけ利益を生むのか、把握することはできない。(13)

こうして、事業を構成するさまざまな要素のコストを定期的に計算する必要が生じた。製造業や鉱山会社を効率的に運営するには、設備や生産プロセスのコストを把握し、どの工場あるいは鉱山が非効率かを見極め、効率のよいところは拡大し、不振続きのところは閉鎖することが望ましい。たとえば鉛の採掘・精錬を手がけていたクエーカー・リード社は、そうした効率的経営のお手本だった。この頃に出版された会計書に、数学者で会計学者のウォルドー・トンプソンによる『会計士の知恵』(一七七七年)がある。同書は複式簿記の産業への応用を取り上げた画期的な会計書の一つだ。この中でトンプソンは、製造業の損益計算はむずかしいと暗に認めながらも、会計なしには経営者は悪く言えば「当てずっぽう」、よく言っても「推測」しかできないと強調している。産業革命がはなばなしく進行する中、会計と経営は一五世紀からさしたる進歩がなく、今日ではあたりまえの原価計算さえ行われていなかった。定期的な決算の対象になるのは、原料、機械、賃金、現金、配当といった目につくものに限られており、監査はほとんど行われていなかった。[14]

ジェームズ・ワットのもう一つの大発明

それでも、正確な会計が事業を支える土台だと認識している事業家は少なからずいた。蒸気機関の発明者として名高いジェームズ・ワット（一七三六～一八一九年）もその一人である（彼もスコットランド長老派教会に属する非国教徒だった）。ワットは、会計の重要性を身に沁みて理解していた。徒弟時代に父親からお金を借り、借金を返すために、そして自分の財務状況を父親に知らせるために、毎日一二時間以上働いてから複式簿記で帳簿をつけていたのである。[15]

のちにボールトン・アンド・ワット商会の共同経営者となるマシュー・ボールトン（一七二八～一八〇九年）も会計を重視し、帳簿は設備の一部だと述べている。科学に欠かせない注意と正確性が会計にも必要だ、というのが彼の口癖だった。そこで同商会の会計主任は、生産サイクルごとに利益を把握する方法を考案した。工業が発展するにつれ、より多くの資本が必要となり、従って会計がより複雑化すると、ワットのような産業資本家は途方もなく大量の財務書類を作成し保管しなければならなくなる。そこでワットは、複写機も発明してしまった。浸透力の強いインクと、インクが裏まで染み込みやすい薄い特殊紙を使い、圧力をかけて別の紙に転写する装置である。これには会計係の不足を埋め合わせる狙いもあったというから、ワットは会計の重要性をじつによくわきまえていたと言えよう。さらに他の会社にスパイを送り込んで、どんなふうに帳簿をつけているかを調べさせたという。ワットは、会計が競争優位になりうることを理解していた最初の実業家の一人だった。[16]

「より少ないコストでより多く」がモットー

競争心旺盛な点では、ウェッジウッドもワットに負けていない。彼は名声と利益を求めるだけでなく、自分の発明した美しい陶磁器で「世界をあっと言わせたいのです。あなたもよくご存知のとおり、私はこのまま埋もれたくはないのですから」と手紙に書いている。この願いは、独立して六年後の一七六五年にはやくも成就する。イングランドのシャーロット王妃からフルセットの陶磁器の注文を受けたのだ。王妃は同社の製品をいたく気に入り、のちにクリーム色の陶器シリーズは「クイーンズウェア」と呼ばれるようになる。ウェッジウッドはうれしさで茫然となりつつも、この注文をきっかけに上流階級からの注文を増やし、陶磁器メーカーとしての評判を不動のものにしようと考える。そして共同経営者のベントレーに、貴族名鑑の中からこれはと思う有望客を探してほしいと頼んだ。こうした上質の客こそが、ウェッジウッドの「高級志向を確立する決め手」となるとの読みからである。やがてジョージ三世がクイーンズウェアに花の絵柄を施したディナーセットを注文し、世界中の王族や外交官がこれに追随する。一七七〇年にはイギリスの駐ロシア大使カスカート伯が、エカチェリーナ二世のためにフルセットのディナーセットを注文した。[17]

ところがクイーンズウェアの大成功にもかかわらず、一七六九年にはウェッジウッドは資金

ウェッジウッド、ジャック・ネッケルのジャスパーウェア製メダル
（1770–1800年）
メトロポリタン美術館蔵、ニューヨーク、アメリカ
（The Metropolitan Museum of Art, New York）

フランスの財務長官ジャック・ネッケルの肖像を刻んだこのメダルは、ジョサイア・ウェッジウッドが開発したジャスパーウェアのみごとな例である。ウェッジウッドのディセンターの友人たちはネッケルが掲げる理想の実現のために戦ったが、ウェッジウッド自身は実業家としての生涯を貫いた。

繰りに問題を抱えていた。会社の利益は少数の富裕客向けの高級品に頼っており、ときに支出が収入を上回っていたのである。ウェッジウッドは研究を重ねた末に古代ローマの装飾をモチーフにした新しい陶磁器のシリーズを開発し、生産しようと考えていたが、それが「利益と同じだけ損失を生む」のではないかと心配した。どうも作れば作るほど赤字になりかねない。「とにかく客を集めることだ」とウェッジウッドは、マーケティング担当のベントレーに書き送っている。「全力で集めてほしい」と。しかしその年の終わりには、ウェッジウッド社は一万二〇〇〇ポンド相当の陶磁器を製造する一方で、四〇〇〇ポンドの負債を抱えていた。[18]

太陽の沈まぬ帝国のフェリペ二世と同じく、この聡明な実業家にとっても、はじめ会計は苦痛だったようである。「先週はずっと、製品別の製造・販売費用を適切に計算する方法を見つけようとして頭が痛くなった」と書いている。ともかくもウェッジウッドは帳簿をつけようとしたが、その結果、仮に製造費用を正しく計算できたとしても、まだ営業費用の半分にしかならないことを知って、すっかり当惑した。彼はベントレーに、自分では何がまちがっているのかわからないから帳簿を見てくれと頼んでいる。[19]

やがてウェッジウッドは会計を習得し、一般管理費、販売費、金利といったものも正確に計算できるようになった。そして費用を職工・倉庫係・会計係の賃金から偶発事故、賃借料、損耗、臨時費など一四項目に分け、項目別にちがう色で記入・集計する方法を考案して、そのやり方をこまごまとベントレーに説明している。[20] ウェッジウッドのノートには、生産コスト、とりわけ賃金を抑えるためのアイデアがたくさん書き込まれていた。家内制手工業から工場制に移行すると、賃金は重要な要素となったからである。「より少ないコストでより多く」が彼のモットーだった。蒸気動力をいちはやく導入したのもウェッジウッドである。彼は帳簿の分析を通じて、一見複雑に見える生産コストも「時計のように」正確に一定サイクルで推移することに気づき、より正確にコスト計算ができるようになった。[21] こうしてウェッジウッドは、もはや「推測」に頼る必要はなくなったのである。

確率の概念を取り込んだ原価計算

のべつ酔っぱらっている「無価値な職工」についてたびたび愚痴をこぼしていたウェッジウッドは、労務管理の効率化にも熱心に取り組んだ。児童労働者と成年労働者の費用対効果を比較したほか、工程ごとに専門の職人を雇い、賃金は歩合制にしている。さらに革新的なのは、過去の販売実績に基づいて将来予想を立て、それに基づいて生産計画を準備したことである。また消費者の購買行動を観察し、消費者心理を分析した点も新しい。ウェッジウッドの見るところ、富裕層は多少値段が高くなっても気にしない。しかしほんのわずか値段を上げただけでも、中流層は買わなくなってしまう。したがって、富裕層向けと中流層向けの製品は別々に開発する必要がある、と結論づけている。[22]

それだけではない。会計知識を習得したウェッジウッドは、なんと会計主任が会社の金を盗んでいることも発見する。この一件で初めて、会社の最終監査役は自分であり、その自分が常時コストを把握し不正を防ぐには、リアルタイムで監査を行うことが唯一の方法だと気づく。そこで信頼している私設会計士のピーター・スウィフトを会社の会計課に送り込み、「会計担当者とともに帳簿を点検・確認し、毎週月曜日に私が見られるようにすること。これを永久運動のように継続してほしい」と依頼している。会計が機能するためには、こまめに集計し監査することが必要だった[23]。こうしてウェッジウッドは厳密な原価計算に基づいて生産コストを管理し、適切な価格設定ができるようになる。コストを分類し、順位を付け、発生しうるコストを予想する手法は、経営に確率の概念を取り込んだ初期の例として、注目に値しよう。

そして、これらの努力は実を結ぶ。一七〇〇年代後半にヨーロッパで物価が下落基調になり多くの消費財が影響を被ったときも、ウェッジウッドは製造原価の切り詰めにより戦略的な価格設定を行い、生産を拡大して国際市場でのシェアを伸ばしたのである。ウェッジウッド・ブランドが長寿を誇っている事実からも、同社が数々の不況を乗り越えたことはあきらかだ。そして会社の繁栄とともに、ウェッジウッド自身も資産家となった。一七九五年に亡くなったときの総資産額は五〇万ポンドに達している（今日の価値で言えば四五〇〇万ドルに相当する。ただし購買力で見たら、はるかに価値が大きかったことはまちがいない[24]）。

会計委員会を復活させた小ピット

ダティーニは神に、つまり修道院に資産を残したが、ウェッジウッドは家族に残した。そうすれば、陶磁器を通じて「世界の人々に美と満足」を提供し続けることができるだろうと考えたからである。謙虚な非国教徒らしくもなく美しい陶磁器と事業の繁栄を密かに誇っていたウェッジウッドだったが、それでも自分の成功の土台がぐらつき始めているのではないかという不安も捨てきれなかった。アメリカ独立戦争（一七七五〜八三年）がイギリス社会に暗い影を落としていたのである。イギリスは政治の腐敗を始め多くの問題を抱えており、財政や会計の改革も含め、さまざまな改革を必要としていた。もっとも、ウェッジウッド自身はもはや大きな変化を望まなかったようである。この頃には、彼だけでなく多くの非国教徒が社会で中心的な役割を果たすようになっていた。[25]

イギリスで財政改革がほとんど行われなかった理由の一つは、ウォルポール以降、公的債務がなんとか制御できていたからである。だがアメリカ独立戦争は、ヨーロッパを再び債務危機の瀬戸際に追いやっていた。植民地を失いかけているイギリスとフランスには、なんとしてでも戦費を調達する必要があったからだ。フランスより先に窮地に陥ったのはイギリスである――カトリック教徒に対する反感と賃金引き下げに対する怒りが重なって、一七八〇年にゴードンの暴動が起きた。この暴動で、教会や学校を始めカトリック教徒の邸宅などが次々に襲撃され、ロンドンの建物の五分の一が破壊されるという騒ぎになる。エリート層は震え上がり、もはや改革は避けられないように見えた。こうして現状維持派と改革派の対立が始まる。

ウィリアム・ピット（小ピット）やウィリアム・ウィンダム・グレンヴィルらの議員が改革を提唱する傍らで、ウェッジウッドの友人の道徳哲学者リチャード・プライスは政治活動に身を投じ、債務問題の解決策として減債基金を提案するパンフレットを発行する。プライスもやはり非国教徒だった。彼は一握りのエリートへの権力と富の集中を批判し、政府は市民の利益を考えなければならないと訴え、その意味でも政府債務の増大はきわめて危険だと強調した。

一七八三年に独立戦争が終結し、小ピットが首相に就任してからもなお債務は増え続け、一七八八年には税収の七〇％を債務返済に充てなければならない事態となる。債務残高は、ウォルポールが首相の時代に四〇〇〇万ポンド前後だったのが、一七八四年には二億五〇〇〇万ポンドという天文学的な数字に達していた。こうした中、かつては急進的とみなされていたプライスは、議会で「有能な計算機」と称讃されるようになる。「計算機」が褒め言葉になったのも、時代の流れと言えようか。プライスは財務会計の計算結果をまとめた数百ページに上る論文を書き、減債基金によって政府債務をいかに減らすかを説明した。債務削減問題に積極的に取り組んだ小ピットは、のちに実際に減債基金を設立している(26)。

さらに小ピットは、財政規律の回復が必要だと判断し、ずっと昔に設置されそのまま棚上げにされていた議会会計委員会の復活を決める。この委員会が国家の歳出を監視する目的で一七世紀前半に設置されたものの招集されなかったことは、前章で述べたとおりである。会計委員会は一七八五年七月一五日にダウニング街で復活第一回の会合を開くが、のちに大蔵省監査官の監督を行うためにホワイトホールのスコットランドヤードに移った。すべての官庁の支出をチェックし、予算報告にとりまとめることが新しい任務である。ありとあらゆる会計報告が点検され、所見を付けて送り返され、再審査を経たうえで大蔵大臣に提出されることになった(27)。

小ピットの秘書官を務めていたジョージ・ローズは、国家財政がこれだけ公明正大になったのはイギリス史上初めてのことだったと一八〇六年に回想している。ローズによれば、国家の歳入・歳出に複式簿記を導入し、さらにこれを公表することによって、市民の不安を鎮めることができたという。戦争、経済危機、債務の膨張、社会不安が重なった末に、ようやく財務会計の改革が実現したのである。もっともローズの主張とは裏腹に、多くの監査官は、国家財政の全貌をあきらかにすることは困難だと感じていた。会計委員会がほんとうの意味で改革を完了するのは、じつに五〇年後の一八三二年、第一回選挙法改正が行われて腐敗選挙区が一掃されるのを待たねばならない[28]。

ウェッジウッドの孫だったダーウィン

この頃、ウェッジウッドの関心は会計改革よりも奴隷制度のほうに向いていた。イギリスが奴隷制度を容認していることに我慢ならなかったのである。また、「頑迷な」指導者がアメリカと戦争を引き起こして「災厄」をもたらしたとも批判している[29]。ただし、熱心な奴隷制度反対論者ではあっても、政治に関わる意志はなかったようである。彼の手紙からは、成功者の安定志向がうかがわれる。何と言っても英国王室御用達のウェッジウッド社にとってヨーロッパの王室や貴族は大切な顧客であり、その事業は貴族や富裕層からの注文に依存していたのだから。フランス革命が一七八九年に始まってからも、フランスの財務長官ジャック・ネッケルやルイ一六世の従兄オルレアン公に特製の嗅ぎ煙草入れを納めている。その嗅ぎ煙草入れには、オルレアン公の頭部（のちに断頭台の露と消えた）が美しく装飾されていた。革命の時代は自分たちの時代でもあると非国教徒たちは勇んでいたが、ウェッジウッドはそうした動きには同調しなかった[30]。

その彼も、友人で非国教徒のジョゼフ・プリーストリーが襲撃されたときは、深く同情している。プリーストリーは政治哲学者、聖職者にして酸素の発見者としても名高い。彼は非国教徒を擁護し、その権利の回復と信教の自由のために活動しており、ウェッジウッドも当初は彼を応援していた。だがのちに、プリーストリーがフランス革命を支持する過激な小冊子を発行していたと知って、強い不快感を表明している。武力蜂起を奨めているように読める一節にはとくに反発し、もっと思慮分別が必要だと述べているが、これは当時のイギリスの一般的な見方だった。かつては過激だったジェームズ・ワットも例外ではなく、他国が革命の混沌の中にいるとき「イギリスが前例のない繁栄を謳歌していることは疑いの余地のない事実だ」とプリーストリーに指摘し、「よい政府を転覆させる」ような試みは馬鹿げていると述べた[31]。

プリーストリーが身の安全を図るためにフィラデルフィアに亡命すると（そこではベンジャミン・フランクリンを始め建国の父たちに革命的英雄として歓迎された）、ウェッジウッドも心が安らかになったようだ。旧友エラズマス・ダーウィンに宛てた書簡を見ると、もはや関心が運河の建設に移っていることがわかる。ちなみにエラズマス・ダーウィンの息子ロバートとウェッジウッドの長女スザンナが結婚してチャールズ・ダーウィンが生まれるので、ジョサイア・ウェッジウッドはダーウィンの祖父に当たる。たとえ世の中が騒然としていても、健全な事業経営や陶磁器の開発に熱心に取り組むウェッジウッドの姿勢が変わることはなかった。

だが繁栄するウェッジウッドの工場も、冷酷な現実に直面していたことを書き添えておかねばならない。産業公害の影が忍び寄っていたのである。当時は多くの工場労働者が、いや経営者の家族も、結核に冒《おか》された。プリーストリーの娘もジェームズ・ワットの娘も結核にかかっている。ウェッジウッドの工場で使用する鉛と石炭は、息子トーマスの肺も冒してしまった。科学はなぜもっと多くの改善をもたらすことができないのか、とウェッジウッドは苦悩し、晩年のワットは「いまとなっては何も残されていない。金は健康も幸福ももたらしはしない」と苦々しく書いている[32]。科学の信奉者だったウェッジウッドは、病気の治療法の研究に資金を投じた。ロマン派の詩人ウィリアム・ワーズワースは、産業はイギリスの「破滅の元凶」であり、

「丘や谷に」闇をもたらすと嘆いている。急発展するイギリスの産業は不可避的に副作用を伴った。製陶技術に数々の革新をもたらしたウェッジウッドも、それに責任なしとはしない。(33)

会計を幸福に応用したベンサムの功利主義

当時の経済学者や哲学者の多くは、会計が企業経営のみならず、より広く社会や文化を変え、進歩をもたらす手段になりうると見ていた。アダム・スミスは、自由市場の学説を構築する際に会計情報を活用している。スミス自身が「きわめて不完全」と呼んでいた古い帳簿に記入された数字から、市場の見えざる手が価格におよぼす影響を追跡調査したのである。そしてフランス、イギリス、スコットランドの食品価格のデータから、価格形成の仕組みを理解しようと試みた。(34)さらにこれを商業道徳や自由の学説にも結びつけている。

会計を利益追求の手段としてではなく、生産性や幸福に応用しようと試みた思想家もいた。その代表格が、功利主義の創始者として名高い哲学者で法学者のジェレミー・ベンサムである。ベンサムは「最大多数の最大幸福」の原則を提唱し、そこに「快楽計算」を組み合わせて幸福度を計測しようと試みた。この計算では、快楽を複式簿記方式で評価する。つまり「一方であらゆる快楽の価値を、もう一方であらゆる苦痛の価値を合計する」。両者の差がその人の幸福あるいは不幸の度合いを表すわけだ。それに基づいて改善の努力をすれば、死後の救済に頼らずとも現世の幸福を得られるとベンサムは考えた。(35)

かくして利益計算から始まった簿記の科学は、幸福や満足や個人の価値を考える手段に到達したわけである。ベンサムは、人生には快楽と苦痛があること、勤勉でさえ快楽だけでなく苦痛も生むことを示した。このことにウェッジウッドは気づいていなかったのかもしれない。ビジネスにおいてと同じく人生においても、快楽と苦痛の収支尻を合わせ、富のみならず幸福を増やすことは困難な課題である。残念ながら一八世紀末の時点では、商業の繁栄に個人の幸福は釣り合っていなかった。プリーストリーが主張したように、世界は不平等に満ちあふれていた。そして多くの人々が、革命という清算が自由と幸福をもたらすと期待したのだった。

第9章

フランス絶対王政を丸裸にした財務長官

ルイ一六世から財務長官に任命されたスイスの銀行家・ネッケルは、それまで秘密のベールに包まれていた国家財政を、国民へ開示した。そのあまりにも偏った予算配分に国民たちは怒り、フランス革命につながった。

陛下、……会計を公開したイギリスのまねをするのは……
国家に対する侮辱であります。
——ヴェルジェンヌ伯爵シャルル・グラヴィエ、
ルイ一六世治世下のフランス外務大臣
（一七八一年）

三%の貴族が九〇%の富を所有していたフランス

その後五〇年間、国家の会計を公明正大にしようというイギリスの試みに追随する国は現れなかった。会計が政治の場で論じられ、井戸端会議の話題になるのは、パリの民衆とフランス革命を待たねばならなかったのである。フランス王家の財政と政治責任を巡る議論が起きたとき、人々は桁外れの数字に驚愕する。民衆が正確な財務報告と責任を要求したことは、フランス革命勃発の一因と言ってよいだろう。その結果、近代の政治においては財務会計の慣行が定着することになる。[1]

英語の accounting や accountability という言葉は、後段で述べるとおり、じつはイギリス生まれでもオランダ生まれでもなく、フランスから輸入されたと言われる。すでに見て来たように、オランダでは政治指導者が会計知識を身につけており、比較的透明性の高い政権運営を実現していた。またイギリスでは議会政治と立憲政体が定着し、債務管理のために国立銀行が創設されて、独裁制のフランスにはとうてい望めない財務会計責任の制度が発足していた。にもかかわらずフランスの政治の場で「公会計」や「会計責任」といった言葉が使われるようになったのは、まさに国家の財務会計に透明性が欠如していたからだと推測される。[2]

アメリカ建国の父の一人であるジョン・アダムズは一七七八年にパリを訪れ、旧体制のフランスでは国王と特権階級の貴族が豪勢な暮らしをする一方で、庶民は貧困に苦しんでいると書き留めている。政府は歳出削減を行ったが、焼け石に水で、国債の利払いができなくなるとの懸念から国債価格は急落し、長期金利は急上昇していた。債務を減らし、インフレを抑制し、金利を押し下げるための唯一の手段は、広大な封土を保有する貴族への課税である。彼らは人口の三％にも満たないにもかかわらず、フランスの富の九〇％を所有していた。そして一〇〇年以上にわたり、免税特権を楯に五％を超える課税案にはことごとく反対し、また国家の会計監査を始めとするあらゆる改革にもけっして同意しなかった。監査をすれば資産総額がわかってしまう、それは課税への第一歩だと考えたからである。

財政改革に失敗したパーリ兄弟

会計責任の概念が存在しなかったわけではない。だがそれを認識し実行していたのは、ほんの一握りの商人や経営者と政治経済学者だけだった。ルイ一四世の死から一年後の一七一六年、摂政フィリップ二世（オルレアン公）の下で政府が破産状態に陥ったとき、財務官僚のパーリ兄弟が改革を打ち出す。パーリ兄弟は、徴税を民間人が請け負う「徴税請負人」制度を改善する任務を与えられ、徴税を国家が一元管理し、徴税人の監査を厳格化する制度改革を練り上げた。一七一六年六月一〇日付の布告により、徴税請負人は租税受領証の写しを提出することと日記帳をつけることが義務づけられた。日記帳は地方監督官が監査し、これをとりまとめて複式簿記式の元帳を作成する。この改革の一環として、パーリ兄弟は簡便な会計の手引きを作成して展示した。商人や実業家のものだった会計がいよいよ政権運営に活用されるのだ、と彼らは高らかに宣言したものである。(3)

十分予想されたことだが、改革は頑強な抵抗に遭った。まず、徴税請負人はなかなか複式簿記を勉強しない。むずかしいということも一つの理由だが、徴税という特権のうまみを手放したくなかったのである。それに、辣腕《らつわん》のパーリ兄弟に実権を握られることを恐れたのだろう。時を同じくして、フランスではジョン・ローが国債整理を目的とした銀行（当初はバンク・ジェネラルという名前だったが、のちに王立銀行に格上げされた）を発足させ、例のミシシッピ計画をぶち上げている。最終的にフランスに災厄をもたらすことになるこの頭脳明晰なスコットランド人にとって、公明正大な会計が優先課題でなかったことは言うまでもない。徴税請負人の抵抗、貴族たちの敵意に加えて、オルレアン公に気に入られたローの影響力という三重苦に直面したパーリ兄弟は、一七二〇年に追放されてしまう。しかし一年後の二一年にはミシシッピ・バブルが崩壊し、フランス政府が窮地に陥ったために、デュボワ枢機卿から急遽呼び戻された。[4]

パーリ兄弟はウォルポールのような救済計画には踏み込まなかったが、続く四年間で会計改革に尽力した。単に国家財政の透明性を高めるだけでなく、会計を新たな国政のツールにしようと考えたのである。政府のために作成された秘密の論文の中で、クロード・パーリは、「秩序ある統治」を実現するには財務会計責任を明確にしなければならない、そのためには複式簿記が必須だと述べている。さらに、私設の徴税請負人を使って陰の財政《シャドー・ファイナンス》を運用することは国王にとってけっして利益にならないとも指摘し、このような秘密主義は必ず腐敗を生む、とパーリは警告した。これを防ぐ唯一の方法は「正確で信頼できる複式簿記」だけであり、これこそが国家財政の「総合的な監視」を可能にする。複式簿記による公会計はよき国家の基本で

ある、とパーリは結論づけている。(5)

こうした努力にもかかわらず、パーリ兄弟は国家の政策に長期的な影響を残すことはできなかった。ミシシッピ・バブルの激震に揺れるフランスでは、民間はおろか政権内部にも財政の知識のある人間がほとんどおらず、会計責任の概念すらよくわかっていなかったのである。フランスはイギリスのような商業国家ではなかったし、オランダのように統治者が会計知識を備えているわけでもなかった。パーリ兄弟はのちに、国王は「帳簿の表紙しか見たことがなかった」とこぼしている。(6) こうした状況では、国家の財政や会計を巡って実のある議論が行われるはずもなかった。

徴税請負人の制度は腐敗しきっていた

フランスで経済に関して発言力を持っていたのは、重農主義者である。重農主義者は経済危機に瀕したフランスでは農業のみが生産的であるとし、国家の富の源泉を農業生産に求めた。彼らはグランドデザインを描き、データも活用してにいるものの、パーリ兄弟がやったような予算や債務の分析とは無縁だった。フランソワ・ケネー、ヴァンサン・ド・グルネー、ジャック・テュルゴーを始めとするフランスの経済思想家が後世に残したものの中で最も有名なのは、「自由放任《レッセフェール》」である。この概念は、自然法の自由に基づいている。彼らはアダム・スミスよりも前に、政府の補助金や価格統制やギルドによる独占を廃止すれば「見えざる手」が農業生産を活性化し、国富を増やすと考えた。自然そのものの均衡によって調整される市場においては、国家による大規模な介入や管理は不要というわけである。ケネーは経済理論の構築に際して数学を活用したし、グルネーとテュルゴーは自身が有能な会計専門家でもあったが、彼らの著書には国家財政に関する高度な数学的分析は含まれていない。イギリス人が歳入や金利や減債基金を論じている同じ時代に、フランス人は自国の財政事情をまったく知らずに暮らしていた。それは、秘密主義の絶対王政では必然のなりゆきだった。[7]

それでも重農主義者は、巨額の政府債務が経済や社会にとって好ましくないことははっきりと理解していた。スコットランドの哲学者デイヴィッド・ヒュームは一七五一年に、政府の債務は「危険」であり「軽率」であると述べ、いずれは国家を破滅させると述べたが、フランスの思想家たちもまさに同意見だった。ヒュームは、財政黒字か赤字かの選択を終末論的にドラマチックに表現している。「国家が債務を消滅させるか、債務が国家を消滅させるか、どちらかだ」。一見すると、この予言は当たったように見える。フランスは到底返済しきれないような債務を背負い込み、財政は赤字続きで、一八世紀後半までずっと破産状態だった。そして一七八九年に革命の嵐に呑み込まれると、古い体制は転覆してしまう。それでも国家が消滅することはなかったし、公的債務も消滅しなかった。[8] 残る問題は、いかにうまく折り合いをつけるか、ということである。

フランスの民衆は国家財政の内情を、とりわけ巨額に上っているとおぼしき公的債務の正確な額を知りたがるようになっていた。一七七四年に即位したルイ一六世は、アメリカ独立戦争に伴う混乱の中でもともと巨額だったフランスの債務がますます膨れ上がり、もはやどこからも借りられなくなっていることに気づく。パーリ兄弟の改革で徴税制度は改善されたものの、民間請負人による不正は後を絶たず、債務が膨張する中で、国家の負担は重くなる一方だった。

国家が一元管理する財務会計が存在しないのだから、誰も税収のおおよその額さえ把握できず、債務残高にいたっては見当もつかないありさまである。徴税請負人のつける帳簿はじつにお粗末で原始的であり、しばしば不正が入り込む。人手不足のため監査は三年に一度だから、ごまかしをする時間はたっぷりあった。ある請負人は、帳簿を一九年も遅れて提出した。徴収した税金をすぐに財務省に渡さず、あろうことか高利で王家に貸す輩《やから》もいた。徴税請負人という制度そのものが腐敗を内蔵していたのである(9)。

スイスの銀行家・ネッケルが財務長官に

もはや借金もできず税収も増やせないとあって、ルイ一六世は一七七七年にスイス出身のプロテスタントで富裕な銀行家のジャック・ネッケル（一七三二～一八〇四年）を財務長官（外国人のため総監にはなれなかった）に任命する。庶民階級のネッケルが富を築くことができたのは、銀行家として成功しただけでなく、穀物相場の投機で利益を上げたからだった。またフランス東インド会社の理事にもなっている。妻が主宰するサロンはたいへん人気があり、ディドロ、ダランベール、グリム、マブリー、デュ・デファン夫人、ネッケル夫人の元愛人エドワード・ギボンらが足しげく訪れた。ギボンはちょうどこの頃、『ローマ帝国衰亡史』（一七七六～八八年）を執筆している。革命が迫る中、まさに絶妙のタイミングだったと言えよう。

ネッケルにはいろいろと欠点もあったし、穀物投機や公職から富を得たからにはかなり融通のきく倫理観の持ち主であったにちがいないが、それでも行政官としてきわめて有能であり、教養も高く、志も高かった。才気煥発で財務にも精通し、ネッケル夫人のサロンを通じて人脈豊富であり、世論の動向にも敏感である。こうした諸々の要素が重なって、ネッケルはパリの政界や社交界で注目を集めるようになっていった。とりわけモノを言ったのは、彼がジュネーブ出身で金融界に顔がきき、国王のために金の工面ができたことである。七年戦争とアメリカ独立戦争を経て、王家の負債は三〇億リーヴルに膨らんでいた。金利は平均五・五～六％だったから、利払いだけで年二億リーヴル近くになり、これは歳出の半分以上に相当する。対照的に、フランスの三分の一程度の国土しか持たないイギリスは、国立銀行から年利三％で借りられることもあって、債務を着々と返済していた。[10]

ネッケルはまず、徴税請負人が受け取った税金を国に納める前に王家に貸すことを禁止しようと試みた。同時に、請負人に正確な日記帳をつけることを義務づけ、それは抜き打ちでいつでも監査できるようにした。さらに徴税請負人を四〇名に減らし、一二名の監査人が監査するよう改革した。一七七八年一〇月一八日にネッケルが発表した会計規則を見ると、国家財務を一つの勘定で集中管理しようとしたことがわかる。この勘定は複式簿記による元帳に記帳され、それをネッケル自身が監査するしくみである。

ネッケルは、過去の改革者同様、旧体制《アンシャン・レジーム》の支配層全体にとって脅威となる。そして言うまでもなく、特権を脅かされた連中は必ず牙を剝くものだ。一世紀以上も改革に頑強に抵抗してきたのだから、いま従わねばならない理由など何もなかった。[11]

過激化する「ネッケル叩き」

ほどなく、外国人でありプロテスタントでもあるネッケルは、煽動的なプロパガンダに満ちた大衆新聞やパンフレットの攻撃にさらされるようになる。のちにネッケルに代わって財務総監となるド・カロンヌは、この「ネッケル叩き」を冷ややかに眺めていたが、ネッケルは自分の名前がおぞましい三流新聞の紙面に書き立てられているのを見て、ショックを受けずにはおれなかった。噂や中傷が大好きなパリっ子にとって、ネッケルは格好の標的になってしまったのである。(12)

ネッケルの娘で文筆家として名高いスタール夫人は後日、父はこの危機を乗り越えられると自信を持っており、少なくとも始めのうちは、大衆は理性的な政治判断ができると信じていた、と回想している。だが改革を推進するにつれ、ネッケルに対する攻撃は次第に先鋭化し、危険なものになっていった。とりわけ世間を煽り立てたのは、一七八〇年に配布されたあるパンフレットだった。これは、パリの弁護士ジャック・マチュー・オジャールが匿名で発行したもので、「テュルゴー氏からネッケル氏への書簡」と題されている。パンフレットには多数の財務情報が含まれており、政権内部の誰かが書いたと思わせるように仕上がっていた。オジャールは、スイスの銀行家であるネッケルが国庫の金を自分の懐に入れようとしていると主張し、その額は一七五万リーヴルに達するという。「ジュネーブ市民」の会計の手腕はたいしたものであり、「帳簿つけのイロハは私よりよく知っているにちがいない」が、その下品な性根からすれば「金勘定以外のことはほとんど何もできまい」と揶揄している。何より重大なのは、オジャールがネッケルをジョン・ローまがいの詐欺師呼ばわりし、秘密裡に紙幣を増刷してミシシッピ・バブルのような金融危機を招きかねないと非難したことである。「一七二〇年の出来事を忘れるな」とオジャールは民衆に警告した。(13)

オジャールは会計を鼻で嗤《わら》ったけれども、ネッケル叩きには数字を有効な武器として使っている。たとえば、ネッケルの徴税請負人改革には九八〇〇万リーヴルのコストがかかるとした。さらに、銀行組合から未払い債務を取り立てるだけで二億五〇〇〇万リーヴルはすぐに回収できると誤った主張をし、「財務長官殿、私と一緒に債務を計算し直してみましょう。私のほうが事態をよく理解しているのですから」と締めくくっている。数字による「証拠」と巧みな表現が相俟って、一説によればこのパンフレットはたちどころに六〇〇〇部がパリとヴェルサイユに出回ったという。オジャールはのちに『秘密の回想録』の中で、あのパンフレットは「思いのほかうまくいった」と満足げに振り返っている。(14)

この頃には政治的なパンフレットを使った宣伝工作がすっかり浸透し、質の善し悪しを問わず何かにつけて発行されるようになっていたが、ネッケルはオジャールに攻撃されるまでは、見て見ぬ振りをしていた。しかし攻撃が執拗になり、あらゆる方面から襲いかかり、しかももっともらしい計算根拠を示して大衆をすっかり信じさせるという事態になったからには、何らかの手を打たざるを得ない。とはいえパンフレットで応酬するのは自ら泥沼にはまり込むようなもので、大臣としては危険である。そこでネッケルは、地位を守るためにパンフレットを禁止する。しかし政府に効果的な検閲手段がない以上、禁止令はほとんど効果が上がらなかった。状況不利と見て取ったネッケルは、思い切った手段に打って出る。宮廷のみならず街頭での批判に反論するために財務情報を開示し、自分の地位と評判を脅かすパンフレットの論調を逆転させようとしたのである。

『会計報告』で芽生えた新たな政治観

一七八一年、ネッケルは『国王への会計報告(Compte Rendu au Roi)』を公表する。その年の王家の財政をくわしく説明した報告書という体裁である。フランス絶対王政の歴史において初めて、財務担当大臣が自ら財政運営の報告責任を果たし、計算結果を国民に公表するのだとネッケルは誇らしげに述べている。それによると、国家財政は一〇二〇万リーヴルの黒字ということになっていた。[15]

それまで政府が予算の使途を公表したことは一度もなく、何も知らされない国民は王家の内情について「誤った憶測」をするほかなかった。国家の財政が秘密主義のベールに閉ざされていたために、国民からすれば、自分たちから税金を搾り取り、金のかかる戦争に突き進み、ヴェルサイユ宮殿を始めとする建造物に大金を投じる政府がどんな具合になっているのか、知りたくてたまらない。この情報の真空地帯に、ネッケルが踏み込んだわけだった。こうして彼の『会計報告』以降、公的に入手可能な会計情報が政府の手腕を評価する重要な手段となる。[16]

自分に対する攻撃をかわすためにネッケルがこの荒っぽい手口を採用したのは、無知な国民に財政の内情を教える啓蒙的な姿勢を示すためではあったが、じつはハッタリも混じっていた。『会計報告』の大々的な発表は、改革を怯える国内の権力者を意識したものであると同時に、フランスは黒字なのだとヨーロッパ各国に、とりわけ資金の出し手であるスイスの債権者に知らしめる狙いが秘められていたのである。ネッケルの『会計報告』は政敵にもそれとなく協力を要求するものだった。

それに、たとえ数字を批判材料に使おうとする輩がいたところで、こちらには監査という奥

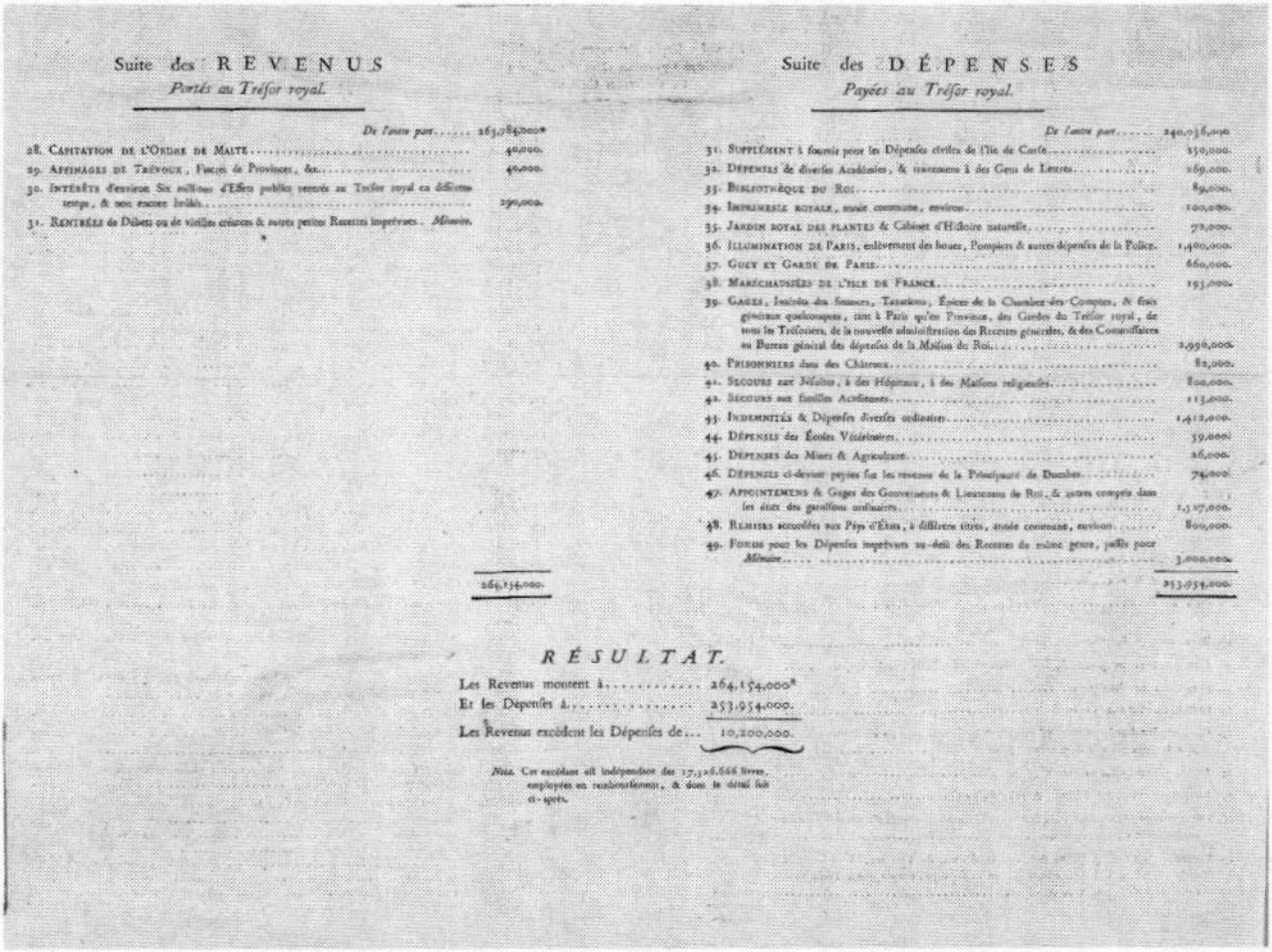

Suite des REVENUS
Portés au Trésor royal.

De l'autre part...... 263,784,000[#]
28. CAPITATION DE L'ORDRE DE MALTE........ 40,000.
29. AFFINAGES DE TRÉVOUX, Fiefs de Provinces, &c........ 40,000.
30. INTÉRÊTS d'environ Six millions d'Effets publics rentrés au Trésor royal en différens temps, & non encore brûlés........ 290,000.
31. RENTRÉES de Débets ou de vieilles créances & autres petites Recettes imprévues.. *Mémoire.*

264,154,000.

Suite des DÉPENSES
Payées au Trésor royal.

De l'autre part...... 240,036,000
31. SUPPLÉMENT à fournir pour les Dépenses civiles de l'Isle de Corse........ 150,000.
32. DÉPENSES de diverses Académies, & traitemens à des Gens de Lettres........ 269,000.
33. BIBLIOTHÈQUE DU ROI........ 89,000.
34. IMPRIMERIE ROYALE, année commune, environ........ 100,000.
35. JARDIN ROYAL DES PLANTES & Cabinet d'Histoire naturelle........ 72,000.
36. ILLUMINATION DE PARIS, enlèvement des boues, Pompiers & autres dépenses de la Police. 1,400,000.
37. GUET ET GARDE DE PARIS........ 660,000.
38. MARÉCHAUSSÉES DE L'ISLE DE FRANCE........ 195,000.
39. GAGES, Intérêts des finances, Taxations, Épices de la Chambre des Comptes, & frais généraux quelconques, tant à Paris qu'en Province, des Gardes du Trésor royal, de tous les Trésoriers, de la nouvelle administration des Recettes générales, & des Commissaires au Bureau général des dépenses de la Maison du Roi........ 2,990,000.
40. PRISONNIERS dans des Châteaux........ 82,000.
41. SECOURS aux Jésuites, à des Hôpitaux, à des Maisons religieuses........ 800,000.
42. SECOURS aux familles Acadiennes........ 113,000.
43. INDEMNITÉS & Dépenses diverses ordinaires........ 1,412,000.
44. DÉPENSES des Écoles Vétérinaires........ 59,000.
45. DÉPENSES des Mines & Agriculture........ 26,000.
46. DÉPENSES ci-devant payées sur les revenus de la Principauté de Dombes........ 74,000.
47. APPOINTEMENS & Gages des Gouverneurs & Lieutenans de Roi, & autres compris dans les états des garnisons ordinaires........ 1,327,000.
48. REMISES accordées aux Pays d'États, à différens titres, année commune, environ........ 800,000.
49. FONDS pour les Dépenses imprévues au-delà des Recettes du même genre, passés pour *Mémoire*........ 3,000,000.

253,954,000.

RÉSULTAT.

Les Revenus montent à........ 264,154,000[#]
Et les Dépenses à........ 253,954,000.
Les Revenus excèdent les Dépenses de... 10,200,000.

Nota. Cet excédant est indépendant des 17,326,666 livres, employées en remboursement, & dont le détail suit ci-après.

ジャック・ネッケル『国王への会計報告』（1781年）
プリンストン大学図書館稀覯本部門蔵

ルイ一六世の下で財務長官を務めたジャック・ネッケルの決算報告である。この報告は異例の大ベストセラーとなった。政治家が、財政黒字（この場合は1,020万リーヴル）を理由に政治の成功を主張したのは、初めてのことである。これは、多くの場合不正確な巨額の数字を政治的プロパガンダの材料に使う慣習のきっかけとなった。この陳腐なやり口は、今日も相変わらず使われている。

の手がある。ネッケルは、「謎に包まれた不明瞭な国家の財政」に光を当てることによって、批判派をなだめられるだろうと期待していた。何と言っても、「偉大な国家」が切迫した財政の真実をあきらかにするのは初めてのことなのだ。そもそもネッケルには、国民に対して会計報告をする責任はない。絶対王政にはそのようなメカニズムはあり得ないからだ。だから、このような情報開示をあえて行うことによって秩序がもたらされ、信頼は回復されるとネッケルは確信していた。それにあわよくば、外国の貸し手の信用を勝ち得ることもできるかもしれない……[17]。

ネッケルは、『会計報告』の公表によって世論を揺るがしただけでなく、国民に新たな政治観を示したと言える。イギリスの議会は財務報告を毎年印刷して配布しており、自分もこの手本に倣うつもりだと述べたことは、その一つだ。また、複式簿記の会計報告こそが「倫理と繁栄と幸福と強い政府」の基盤であるとも主張した。もっともネッケル自身はイギリスの政治文化を知らなかったし、どんなふうに議論が戦わされているかも理解していなかったのだが。ネッケルに『会計報告』の中で、財政運営や歳入・歳出についてくわしく解説したうえで、財務情報を開示して自らの財政運営の手腕を誇示した。帳簿の公開は開かれた政府を象徴し、国家の繁栄と公会計の責任こそが主権を守るのだとネッケルは示唆したが、これはまことに革命的な考えである。それはつまり、一国の政治力を形成するのは国王の個人的な意志ではなく、財政運営だということになるからだ。そしてその財政運営を担っているのは、ほかならぬネッケル自身なのである[18]。

財政を黒字化させた「特別支出」のトリック

『会計報告』の中では、国家の主な収入・支出項目があきらかにされている。それによると、総収入は二億六四一五万四〇〇〇リーヴル。これに対して「経常支出」が二億五三九五万四〇〇〇リーヴル、国王から兵士への給料が六五二〇万リーヴル、宮廷費用と王室費が二五七〇万リーヴル、アルトワ直轄領の維持費八〇〇万リーヴルである。これらに比べると、道路・橋梁建設五〇〇万リーヴル、パリの警察・照明・清掃一五〇万リーヴル、貧民救済費九〇万リーヴル、王立図書館維持費八万九〇〇〇リーヴルはいかにも少ない。王家の優先順位は自ずとあきらかだった。

民衆はこの報告にショックを受けた。あまりにも偏った予算配分が明白になったこと以上に、神聖なる王家の家計やはなやかなヴェルサイユ宮殿の社交の場から神秘のベールがはぎ取られたことに衝撃を受けたのである。国王の宮廷の内情が、大貴族の口からそれとなく語られるのではなく、冷徹な数字で表現されたこと自体も驚きだった。飢饉の恐れがある時期にこうした数字をあからさまにすることによって、ネッケルは国王の晩餐会の支出を正面から批判し、もっと賢明な家計運営をすれば経費は半分に切り詰められると指摘した。⑲

『会計報告』の目玉は、付属資料の部分にあった。国家財政の全貌とおぼしきものが掲げられ、最後のページに合計が示されている。すべての計算には「裏付けとなる資料」が存在し、国家の財務報告書は作成者が宣誓署名のうえ書類箱に納められて保管されている、とネッケルは述べている。そのうえで、「歳入は歳出を上回る……黒字額は一〇二〇万リーヴルである」と記した。すべての数字を合計した結果が黒字だというのである。のちに判明し、ネッケル自身が認めたように、じつは軍事費など五〇〇〇万リーヴル以上が故意に除外されていた。これらは「経常支出」ではなく「特別支出」だから、という理由である。軍事費を報告しなかったり簿外で処理したりする慣習は、ここから始まった[20]。

この出来事で蚊帳《かや》の外に置かれていた不運なルイ一六世は、自分の臣下が会計の公表によって何を引き起こしたか、まったく気づいていなかった(とはいえ、自分の人気が落ちたことは気づいていた)。一方のネッケルも、自分の政治的立場は強くなるはずだと確信しており、批判されるとは予想していなかった。ネッケルの『会計報告』は、『百科全書』の出版元であるパンコーキュから発行されている。発行人のシャルル＝ジョゼフ・パンコーキュが「こいつは売れそうだ」と直感したからだが、この勘が正しかったことはただちに証明された。オジャールのパンフレットは六〇〇〇部配布され、これでも大成功に当たるのだが、だとすれば『会計報告』は爆発的ヒットと言わねばならない。一七八一年だけで一〇万部が売れ、ベストセラーの概念そのものを変える社会現象となった。さらに翻訳されて数千部が外国で出版されている。まさに前代未聞の成功である。煽動的な文書はひそかに出回るのが通例だったのだから、これは画期的な出来事であり、政治論議のあり方そのものを変えたと言えるだろう。従来は、政府批判は抽象的な言葉によるほかなく、どうかすると想像に頼らざるを得なかったが、『会計報告』の出現により、燃え上がる怒りに冷徹な数字の裏付けが得られるようになったのである。『会計報告』と歩調を合わせるように、ネッケルが一七八一年三月三日に徴税請負人に対する布告を行ったのは、偶然ではない。布告では、帳簿と税収予想を国家に提出することが義務づ

けられている。さらにネッケルは、経常支出と特別支出の抑制を目的とする「会計法」も国王に提案した。(21)

財務情報の開示は国家秘密の暴露なのか

ネッケルの『会計報告』で最大級の物議をかもしたのは、個々の支出項目よりも、隠されていた真実を公開した行為そのものである。ネッケル自身も認めているとおり、国家の財務会計を非の打ち所なく正確に行うことはほとんど不可能だが、それでもネッケルの報告は、大方の憶測に基づく計算よりずっと正確だった。だから政敵としては、ネッケルの数字を受け入れるほかはない。そこで、最初は数字を攻撃していた連中もすぐにネッケルの行動の批判に転じ、財務情報の開示自体を槍玉に挙げたのである。とりわけ、王家の内情を公表するなどもってのほかだとした。それは絶対王政の大前提である秘密主義を冒瀆する行為だという。外務大臣のヴェルジェンヌは、大半の民衆と同じく、『会計報告』が正確で信頼に値すると認めていたが、国家の秘密の暴露は国王の権威に対する直接的な脅威だとしてネッケルを批判した。ルイ一六世に宛てた書簡の中で、ヴェルジェンヌは『会計報告』について「国王に忠誠を誓う国家に対する侮辱であります。陛下の臣下にイギリス政府のやり方を参照するような行為を容認したら、すべては失われてしまうでしょう。代々の国王はそうした行為を憎悪しておられました」と書いている。(22)

頑迷な保守派のクレキー侯爵は口をきわめて『会計報告』を罵《ののし》り、会計責任などという発想は高貴で典雅な宮廷とは相容れないと断じた。クレキー侯爵は、『会計報告』が外国へのアピールを狙ったものだとは理解していたものの、外国出身のプロテスタントの銀行家が王家の秘密を暴露すること自体、家系と信仰と国籍を重んじる特権階級として許せなかったのである。国家の秘密の暴露は本質的に反逆的行為であり、「百科全書派」で「ユダヤ人とよく似た」銀行家の品性をよく表している、あの男は国家の大臣より商売人に向いているのだとまで侯爵は罵倒した。そして最後には、国家の秘密をネッケルのような外国人のプロテスタントの手に渡してしまったのは、王家を担当する大臣モールパの責任であると嘆いてみせた。[23]

ある政敵は、ネッケルの挙げた数字は荒唐無稽だと決めつけ、『会計報告』が演出した「幻想」と騒動はただちに「消し去る」べきだと主張した。そして「数字を裏付ける証拠」を躍起になって見つけようとした。ここに、近代における政治論争の一つの典型を見ることができよう。すなわち、数字を実証するというほとんど不可能事を巡る論争である。実際に数字を証明できる人間はほとんどいないという状況では、数字はむしろ不正を隠す格好の煙幕になりうる。[24]続く一〇年間、ネッケルの追い落としを狙う野心的な宮廷人シャルル・アレクサンドル・ド・カロンヌ（政敵からは「ムッシュー赤字」と呼ばれていた）が、国家の会計と責任を巡る論争でネッケルの最大のライバルとなる。ヴェルジェンヌの後ろ盾を得た法律家のカロンヌは、国家の内実にも通じており、ネッケルに対抗して反証となる数字を挙げることができた。かくしてフランス史上初めて、国家財政を巡る論争が延々と続くことになる。

カロンヌのような数字に基づく批判は、ネッケルの痛いところを突いた。こんな調子で大臣と有力政治家が論戦を繰り広げたのだから、たとえそれが宮廷の外で行われようと、国王自身の権威を大いに損ねることはまちがいない。ルイ一六世もさすがにそれに気づき、王妃や宮廷から突き上げを喰ったこともあり、とうとう一七八一年五月一九日にネッケルを罷免した。ネッケルは悠然とスイスに赴き、代表作でありベストセラーにもなった『フランスの財政運営について』（一七八四年）と題する著作を書き上げ、財政・金融に関して世界一流の専門家と認められる。一七八六年には娘のジェルミーヌがスウェーデン大使と結婚してスタール夫人となり、ロマン派作家として頭角を現していく。しかしネッケルを罷免したところで、政権運営に有能な財政専門家が欠かせないという事実が変わるはずもなかった。

会計の信頼性こそが政治の正当性を保証する

続く六年間、改革の試みはおおむねネッケルが示した路線で進行する。ネッケルの後任として念願の財務総監に就任したカロンヌは、まさに前任者が直面した財政問題に立ち向かわざるを得なくなった。国王の諮問会議である名士会で矢面に立たされることになったカロンヌは、財政赤字の原因を説明し、自分に対する非難を逸らそうと躍起になる。そしてフランスのもう一つの癌である税の不平等を解消すべく、地租改正を提案した。平等に、つまり貴族も課税対象にするという提案である。国家の債務はカロンヌの責任ではなかったが、問題解決の政治上の責任が自分にあることをカロンヌはよくわきまえていた。そして、財政改革に乗り出して貴族への課税に失敗した前任者たちと同じく、カロンヌも一七八七年に失脚し、のちにロンドンに亡命する。

いたく威信を傷つけられたカロンヌは、失地回復の策を練る。そして思いついた妙案は、『会計報告』の計算が誤りであることを指摘して、赤字をネッケルのせいにすることだった。

一〇二〇万リーヴルの黒字というのは真っ赤な嘘で、実際には四六三二万九〇〇〇リーヴルの赤字であり、差額の五六五二万九〇〇〇リーヴルはネッケルの演出だというのである。カロンヌは、ネッケルとぴたりと同じ論法で会計責任を指摘した。すなわち、黒字が財政運営の成功を意味するとすれば、実際には赤字だったのだから失敗を意味するのだ、と。自分としてはこの「痛ましい暴露」をせざるを得ない、「異論の余地のない真実」を示すことによって、盤石に見えた「幻想の報告」も崩壊するだろう、「ああ、なんと途方もない過ちであることよ……」。(25)

民衆が一〇二〇万リーヴルのような金額について適切な判断力があったかどうかは大いに疑わしい。一七八五年には有名な首飾り事件が起き、実際には名前を騙《かた》られた王妃マリー・アントワネットが陰謀の首謀者と誤解されて世間を敵に回すのだが、このとき初めて民衆は、ダイヤの首飾りの値段として二〇〇万リーヴル（約三〇億円）という数字を身近に知ったのである。当時の一般の人々の賃金は、リーヴルの下のスーという単位（一リーヴル＝二〇スー）で払われていた。平均的な労働者の日給は一五～二五スー、腕のいい職人ならその倍というところである。庶民の食べるふつうのパンが七～一五スーだから、労働者の稼ぎの半分から全部が食費に消えてしまう。こうした状況では、財政改革で論じられている天文学的な数字には誰も実感が湧かなかったし、まして計算方法などなおさらだった。それでも字が読める人たちはこの『会計報告』論争に興味をそそられ、あっという間にこの「途方もない」数字が巷の話題になる。そして、こんなとんでもない金を使っているとは国王は信用ならない、ということになった。(26)

一七八一年以降ずっと、ガゼット・ド・ライデン、メルキュール・ド・フランス、クーリエ・ダヴィニオンといった新聞はネッケルの『会計報告』について特集を組み、詳細な記事を掲載し、さらに政敵による計算結果もくわしく報じるなど、国家財政について報道を続けていた。これらの新聞はデータを検討し、杜撰な会計をひんぱんに批判している。一七八八年にはクーリエ・ダヴィニオンがさまざまな計算結果を比較検討し、王家の決算を試みた。専門的なやり方で分析したわけではないが、ともかくもテュルゴー、ネッケル、カロンヌの数字を比べて正確性を検討したのである。一七八八年を通じて『会計報告』関連の報道は続き、会計の信頼性こそが政治の正当性を保証するとの見方が浸透していく。こうして単なる煽動や中傷だけでなく、数字と会計が大衆を行動へと駆り立てるようになった。(27)

「陛下、これは革命です」

一七八八年に、ネッケルは堂々と財務長官への復帰を果たす。いまやネッケルは民衆の味方であり、自由の象徴とみなされるようになっていた。もちろんルイ一六世は彼の復帰を望んでいなかったのだが、世間の声を味方につけたネッケルは文字通り上げ潮に乗っており、その一方で国王の権力は日に日に弱まっていた。人々は大通りに繰り出してネッケルの復活を祝ったという。とはいえ、国家の財政の問題はいっこうに片付いていなかったから、ネッケルはまたもや同じ問題に取り組まなければならなかった。

フランスの政情は風雲急を告げており、一七八九年六月一七日には第三身分と呼ばれる平民の代表が国民議会を結成し、二〇日には有名な「球戯場の誓い」を立てた。そして二三日、王妃が国王にネッケルの罷免を要求したという噂に憤慨した大衆がヴェルサイユに繰り出し、宮殿の門扉の前で騒ぎになる。そこにネッケルが姿を現すと、安堵した大衆が喝采《かっさい》を浴びせるという事件が起きた。先見の明のある一部の人々は、これほど大勢の群衆がかんたんに集まることに脅威を感じた。国王はパリとヴェルサイユに軍隊を結集させ、国民議会に圧力をかけようとする。七月一一日、ネッケルは首都のあちこちを兵隊がうろついていることに抗議した。多くの人が感じていたことを代弁したのだが、国王はまたしてもネッケルを罷免してしまう。急速に台頭する第三身分から絶大な支持を受けていたネッケルは不快感を露にし、自分こそが「飢饉と破産」を防ごうと孤軍奮闘してきたのだ、と主張した。

　七月一四日、激怒した群衆はバスティーユに殺到する。バスティーユはパリの東の境界に位置する要塞で、パリ防衛の目的で中世に建設されたが、当時は刑務所兼武器庫として使用されていた。一四世紀以降は政治犯や貴族の罪人を収監するようになり、襲撃時にその種の特権階級の囚人は七名しかいなかったものの（うち一名は、自分を神と思い込んだアイルランド人だった）、バスティーユは旧体制の象徴だったのである。革命派のジャーナリスト、カミーユ・デムーランは「市民よ、無駄にする時間はない」と呼びかけた。このデムーランも、のちにロベスピエールによって断頭台に送られるのだが。「愛国者たちよ。ネッケルの罷免は、サン＝バルテルミの虐殺の予兆にほかならない。あの夜、スイスとドイツの軍勢は、プロテスタントを殺すためにシャン・ド・マルス（練兵場）を出発した。さあ市民よ、武器をとれ」。七月一四日が終わるまでには、バスティーユの司令官は血祭りに上げられ、武器弾薬は大衆の手に渡り、警察の数百年分の保存文書は路上にぶちまけられ、王家の旗は引き下ろされた。バスティーユ襲撃の知らせを聞いたルイ一六世が「暴動か？」と訊ねたとき、側近のラ・ロシュフコー

＝リアンクール公爵が「いいえ陛下、これは革命です」と応じた逸話はあまりにも有名である。(28)
旧体制がこうして崩壊すると、ネッケルは再び大衆の声に押されて呼び戻されるが、事態はあまりに急速に進展しており、もはや穏健派の彼の出る幕はなくなっていた。革命の地響きが高まる中では、ネッケルになす術はなかった。彼はあくまで改革者であって革命家ではない。そして革命が始まると、改革すべき古い秩序自体がなくなってしまった。なにしろ国民議会では、革命派が貴族の特権と国王の裁量権をことごとく廃止することを要求していたのである。これに対してネッケルが望んだのは、改革を通じたよりよい政権運営でしかなかった。その後二年にわたりネッケルは財務長官の地位にとどまったが、その影響力は次第に衰えていく。しかし会計改革も、情報開示と公の場での財政論議も、消えることなく残った。

会計改革の道筋を作ったフランス革命

数字に基づく財政論議が政治に定着しただけではない。フランス語で会計や決算や報告を意味する compte という言葉は、革命憲法の中にも登場する。一七九一年憲法第五章第三条では、各省庁に支出の詳細な会計報告の公表を義務づけているのである。ちなみにフランス語の compte は、古くは acompt であり、それが英語に入ってきたとされる。たとえば accountability は中世英語では accomptability、accountant は accomptant だった（蛇足ながら、(29)フランス語のおおもとの語源はラテン語 computare で、これは computer の語源でもある）。

一七九二年に発足した国民公会は、会計局を設置した。会計局は八つの会計委員会で構成され、それぞれが年間支出の会計報告を行う。年間支出は四九万九〇〇一リーヴルというから、相当な額である。とはいえ、会計局の設置は容易ではなかった。会計報告を行えるだけの知識を備えた者がほとんどいなかったからである。同年に政治家のアントワーヌ・ビュルテは「会計委員会委員の適格性に関する所見」と題するパンフレット（おそらくは国民公会で行った演説の原稿）を発行し、有能な会計専門家がいかに少ないか、会計委員にふさわしい人材の育成がいかに困難であるかを論じている(30)。

一七九一年に徴税請負人制度が廃止されて国税庁が設置されたことは、大きな前進と言えるだろう。これを機に財務省を含むあらゆる官庁のみならず、海軍も定期的な会計報告の公表を義務づけられた。一見すると数字の羅列でしかない薄っぺらな会計報告書を通じて、国家が一年の間に行ったことは国民の前にすべてあきらかにされ、評価を受けることになったのである(31)。画期的な出来事が次々に起こる激動の政治シーンから引退したネッケルは、出身地のジュネーブにほど近いコペット城で隠棲し、一八〇四年に七一歳で亡くなった。一方、娘のスタール夫人は、ネッケル家伝統の穏健なスタイルを装いつつ活発に政治評論を行い、ナポレオンとは終生激しく対立した。

結局フランス革命は、責任ある代議政治の確立にはいたらなかった。それでも、財務リテラシーと会計責任の文化を政治に持ち込み、未来の会計改革への道筋を作ったことはまちがいない。ネッケルの『国王への会計報告』は、国家のバランスシートによって政治を判断するという考え方を示し、近代的な公会計の第一歩を記した。ヨーロッパの多くの国が、さらにはアメリカも、これに倣うようになる。たとえば、のちに神聖ローマ皇帝となるトスカーナ大公ピエトロ・レオポルドは、一七九〇年に国家の財務報告を行っている。立憲政体が確立したイギリスから揺籃《ようらん》期のアメリカにいたるさまざまな国が『会計報告』とフランスの会計改革に注目した。長らく国家財政の責任とは縁遠い国だったフランスは、こうして近代的な責任ある国家の基準を輸出するにいたったのだった。

第10章

会計の力を駆使したアメリカ建国の父たち

「権力とは財布を握っていることだ」。アメリカ建国の父たちの一人、ハミルトンはこう喝破した。複式簿記を郵政会計に導入したフランクリン、奴隷も個人帳簿に計上したジェファーソン。彼らはみな会計の力を信じた。

いっさいの公金の収支に関する正式の決算は、随時公表しなければならない。

——アメリカ合衆国憲法第一章第九条七項

植民地経営が帳簿に依存していた理由

ジャック・ネッケルの『国王への会計報告』は、フランス革命において重要な役割を果たしただけではない。彼の著作と会計改革は、アメリカ建国の父たちにも強い感銘を与えた。国家を建設し運営しようとする人々は、会計という昔ながらの技術に新しい使い方を見出したと言える。責任ある政治の理想を掲げる憲法を持つアメリカには、会計が発展するゆたかな土壌が備わっていた。生まれたばかりの若い国家には、健全な会計に基づく統治の可能性が秘められていたのである。

憲法が定められる前のアメリカは、契約をよりどころとしていた。イギリスの清教徒が一隻の帆船で大西洋を渡って新世界に入植するという野心的で勇敢な企ては、先行するバージニア植民地会社の支援を受けた商業的な冒険事業として始まる。一六二〇年に船上で結ばれたメイフラワー盟約は、共同出資者が署名し、協力して植民地建設に従事することを明記した商業契約のような形式をとっていた。そして商業契約のあるところ、帳簿がある。メイフラワー号で新世界をめざした清教徒たちが、第一義的には信仰の自由をめざしていたとはいえ、アメリカの初期の入植事業が利益目的で組織されていたことを忘れるべきではない。オランダ、フランス、イギリスの東インド会社と同じく、アメリカの入植事業の大半を運営したのは国王から特許状を受けた勅許会社であり、イギリス王室から貿易独占権を与えられていた。

メイフラワー号によるプリマス入植から一〇年ほど遅れて、マサチューセッツでも植民地建設が始まる。同地の初期の入植事業を受け継ぎ、チャールズ一世から特許状を受けて事業主体となったマサチューセッツ湾会社は、画期的にも株式会社形態をとる。そして一二人の株主が一六二九年にイギリスでケンブリッジ協定に署名した。定款が定められ、会社には総督、副総督、会計主任を置くことになっている。株主の一部は本国にとどまったが、ジョン・ウィンスロップ、トマス・ダドリーらに率いられた数百人の清教徒たちは、全長三〇メートルほどの木造船で二カ月かけて大西洋を横断し、未知の土地にたどり着く。そしてボストンやニュータウン(のちのケンブリッジ)を建設した。ニュータウンは、チャールズ一世に敬意を表して命名されたチャールズ川を隔ててボストンの対岸に位置する。

イタリア商人の冒険的航海の伝統からも容易に想像されることだが、大勢の共同出資者が関与する事業では、帳簿をきちんとつけることが非常に重要である。大洋航海でも、貿易会社でも、そして植民地経営でも、そうだ。ひょっとすると植民地経営は、工場経営以上に帳簿に依存すると言えるかもしれない。直接自分の目で確かめられない遠隔地の事業を評価するには、帳簿以外に手段がないからだ。ピルグリム・ファーザーズ(ピルグリムは巡礼者の意味)と呼ばれるメイフラワー号の入植者たちは、会計係がきちんと帳簿をつけなかったためにトラブルになった。「マーティン氏は帳簿のつけ方を知らなかった。ひどく苦労したのに感謝されなかった彼は泣き出した。私たちはマーティン氏がちょろまかして浪費したのではないかと疑った。結局、この問題に決着はつかなかった」。

アメリカ初期の歴史は債務管理の歴史である

マサチューセッツ湾会社の場合には、出資者一人ひとりに対する債務を計算するために、一六二九年に監査を行っている。「共同出資者に対する多額の負債があったため、総督を交代する前に債務をはっきりさせておく必要があった。そのために初めて決算をして監査をした」。その結果、北アメリカの植民地は莫大な富を生み出す可能性はあるとしても、現実にはだいたいにおいて赤字だということが判明する。アメリカの初期の歴史は、宗教、植民地主義、貿易、奴隷、教育、哲学を切り口に読み解くことができるが、債務管理の歴史だったと言うこともできよう。マサチューセッツ湾会社は、一六三六年以降継続的に監査を行うようになった。オランダの植民地も同様で、ニューネーデルラント（現在のニューヨーク州）にあったオランダの貿易会社では、一六五一年にヨハネス・ディックマンを簿記係として雇ったという記録が残っている(1)。アメリカ建国に携わった人々は、単に信教の自由を求めたわけではない。彼らはあるいは商人であり、あるいは密輸入者、奴隷貿易従事者であって、利益を上げるべく会計にも気を配っていた。利益は神のため、アメリカ国民のためである。このように会計的な注意深さでもって新しい国が建設されるというのは、かつてないことだった。

とはいえアメリカはイギリスとは異なり、商業国家ではなかった。アメリカは基本的には農業国であり、牧場と農園の国だった。植民地の初期の時代には、複式簿記どころかお金そのものがめずらしかったほどである。しかもイギリスのギニーや、ドルの原型であるスペイン・ドルなどが入り混じっていた。新しく建設されたタウンのほとんどは小さく、住人は少なく、誰も税金など払わない。金貨や銀貨を密輸する者もいたが、大半の取引は物々交換で行われてい

た。(2)

それでもイギリス人入植者のリーダー格の人々は、本国政府の財務会計改革をよく知っていた。いやイギリス人だけでなく、スコットランド、フランス、ドイツ、オランダ、スウェーデン、スイス、ユダヤ人入植者も、多くは地主や商人であり、商業会計が身に付いていた。彼らは熱心に帳簿をつけた。マサチューセッツ湾植民地で仕立屋兼弁士兼軍人だったロバート・キーンは、一六五三年に自分の帳簿についてこう書き留めている。「三番目の帳簿は上質の白い羊皮紙で綴じられている。ここには、期間中に行った取引の合計をつねに記録してある。私と相手方の勘定、私の冒険的事業の勘定と収益、私が抱えている債務の勘定と返済状況などだ」。大きな町には、本国に負けないほどの会計文化が根付いた。一八世紀初めにはイギリス流の「ライティング・アカデミー」がほとんどの大きな町に設立され、「商業会計」を教えるとの広告を出している。一八世紀後半には、植民地の人口は二〇〇万に膨れ上がった。たとえばイギリス人入植地のフィラデルフィアの人口は二万に達している。そして一八世紀イギリスの簿記技術は、ボストンの本屋やフィラデルフィアの貿易商から南部の農園経営者にいたるまで、広く浸透していた。(3)

イギリスの簿記書は、アメリカにも多数出回っていた。中でもよく読まれたのは、ジョン・メイヤーの『組織的簿記』である。植民地の多くの図書館がこの本を収蔵していた。こうした入門書を片手に、家庭で親から子に会計の初歩が教えられることも多かったようである。フィラデルフィア図書館には第八版が収蔵されているが、そこには最初の持ち主が「サム・ミックル、一七七六年」と署名したのに続き、「ジョージ・ミックル、一八三〇年」、「ジョゼフ・ミックル・フォックス、一九〇六年」と署名が残されている。一八世紀末には、商業の中心地だったフィラデルフィアにアメリカ人の書いた会計の本が登場する。トーマス・サージャントの『実務会計入門』(一七八九年)である。とはいえ圧倒的人気を誇っていたのは、メイヤーのほうだった。というのも『組織的簿記』は複式簿記を売りにしており、商人や農園経営者の心をとらえたからである。複式簿記なしに不動産、農場、さらには政府を運営するのはほとんど不可能だ、とメイヤーは警告する。複式簿記は事業にとっても、植民地、貿易、農業、そして家計にとっても強い味方になるのだ、と。その例として、同書では「タバコ植民地の生産と販売」の例が挙げられている。(4)

ロードアイランド州プロビデンス出身の元船長オバデヤ・ブラウンは、イギリスの会計の教科書を使って会計を独学した。始めのうちはかなりいい加減だったし、単式簿記だったが、十分役に立ったようである。というのも、ブラウンは家族経営の事業でカカオ、ラム、糖蜜、奴隷などの貿易を営み、富を築いたからだ。やがてブラウンの家系は一八世紀半ばには学者を輩出するようになり、貿易で得た資金を投じて、ロードアイランドのイギリス植民地にあったバプテスト系の大学をブラウン大学として生まれ変わらせた。(5)

建国当初のアメリカでは、会計が重要な役割を果たしていた。会計を実地に学ぶため、ジョン・ハンコックなどの商人がロンドンに派遣されたこともある。ハンコックはのちに第二次大陸会議の議長を務め、マサチューセッツ州初代知事となる人物である。ハンコックの帳簿にはいくつか誤りもあるものの、イギリスの海外貿易の幅広い知識が遺憾なく反映されているし、実際に事業にも成功している。だが会計は、単に富を築く手段にとどまらない。ベンジャミン・フランクリンの場合には、会計が世界観の形成に役立ち、国家建設の重要なツールとなった。[6]

ベンジャミン・フランクリンの会計術

社会学者のマックス・ウェーバーは、『プロテスタンティズムの倫理と資本主義の精神』(一九〇五年)の中で、ベンジャミン・フランクリンをプロテスタント的資本主義の体現者として評価している(今日では、ウェーバーのフランクリン像はかなり類型化されているとの見方も少なくないが)。ウェーバーは、複式簿記によって資本を効率的に管理・運用する経営方式を「合理的」であるとして、きわめて重視した。そして「時は金なり」「信用は金なり」を始めとして、会計と倹約に関するフランクリンの数々の名言を、資本主義の精神を表す例として挙げている。ウェーバーによれば、利益を上げることや現状に満足しないことは資本主義の手段として好ましいだけでなく、カルバン主義的倫理観の表れでもある。フランクリンは「技に熟練している人を観察せよ。彼は王侯に仕え」るという旧約聖書の言葉(箴言二二章二九節)を好んだという。[7]

フランクリンがさまざまな技術に熟練し、進取の気性に富んだ、博学多才な人物だったことはまちがいない。印刷業を営む傍ら、発明家、実業家、科学者、音楽家、政治家、作家、愛書家、学者、ジャーナリスト、哲学者、外交官としての才能を発揮した。フランクリンの帳簿を見ると、生活のあらゆる面を会計の原則に従って管理していたことがわかる。別の言い方をすれば、分散する興味を結びつけるものが会計だったと言えよう。フランクリンの会計に対する姿勢は、一七世紀フランスの財務総監コルベールに通じるものがある。フランクリンは印刷工の見習いをしていたときに会計を学び、終生これを活用した。家族経営の事業のために、家計のために、郵政長官の業務のために、さらにはアメリカを代表する外交官の職務のためにも会計を有効活用したのである。

フィラデルフィアで新聞を印刷・出版していた時期には、フランクリンは自ら帳簿をつけていた。彼は複式簿記のできる人たちを大いに尊敬し、『自伝』（一七七一～八九年）にも複式簿記は偉大な徳であるとまで書いている。友人でのちに詩人・作家となるジェームズ・ラルフが複式簿記に精通していると称讃し、「彼はすばらしい文章を書くうえに、算術・会計の達人」だと語った⑧。

一七三五～三九年の帳簿には、あらゆる出費が事細かに記帳されている。たとえば「カレンダー一冊」「インク一オンス立替払い」「ボストンから来た客に六ペンス貸し」という具合に。ある熟練工の妻がオランダに生まれ育って会計にじつにくわしいことにフランクリンは感嘆し、彼女なら印刷所を経営できるだろうと述べている。そして、女性はみんな会計を教わるべきだと主張した。家業を助けられるし、子供にも教えられる、そうすれば「その家は富裕になり、長らく優位を保つことができる」という⑨。

会計の原則を学び、それを子孫に伝えていく姿は、プロテスタント的職業倫理の一つの理想像と言えるだろう。フランクリンにとって、会計は生活の秩序を確立する重要な手段だった。財産の管理だけでなく、思想や執筆や心の平和にも会計が役に立った。フランクリンが「心の会計」を帳簿につけていたことはよく知られている。自分のした善行を個別の欄に記載しており、一三の徳目を定め、一三本の横線を引き、左の欄にそれぞれの徳の頭文字（節制はT、沈黙はSというふうに）を記入していた。縦の列には曜日を書き入れて毎日この「帳簿」をつけ、徳を達成できなかった曜日には黒丸を書き込んだ。神の審判に備えて、会計の手法を通じて用心深く行いを正したのだった。

郵便の複式簿記を編み出す

さらにフランクリンは、個別のニーズに合わせて調整すれば、会計は制度運営の有効なツールにもなりうると考えた。一七五三年に英国王室郵便長官代理に就任したフランクリンは、各タウンの郵便局長が複雑な郵便制度の会計をこなせるよう、郵政会計の制度設計に取り組む。そして「国王陛下の北アメリカ大陸担当郵便長官代理ベンジャミン・フランクリンとジョン・ハンターからの指図書」を同年に発表し、郵便局の運営指針を掲げた。郵便局長は郵便物に細心の注意を払わねばならない。郵便物を「秩序正しく」扱い、封をしたままの状態に保ち、郵便局員以外の人の目に触れないようにする。さらに一個一個に消印を押し、課税対象物には課税する必要もある。貴重品を小包で送る場合には、価格を申告してもらわなければならない。こうしたさまざまな手続きを確実にこなし、郵便業務を滞りなく処理する唯一の方法は、あらゆる郵便物の記録をとることだ、とフランクリンは強調した。そのための書式も考案して印刷し、各郵便局に送った。(10)

郵便物は、種類もさまざまなら、それぞれに切手の額もちがう。そうした多様な対象を組織的に処理するには、郵便物が入って来たとき、出て行くとき、局内に留め置かれたとき、料金

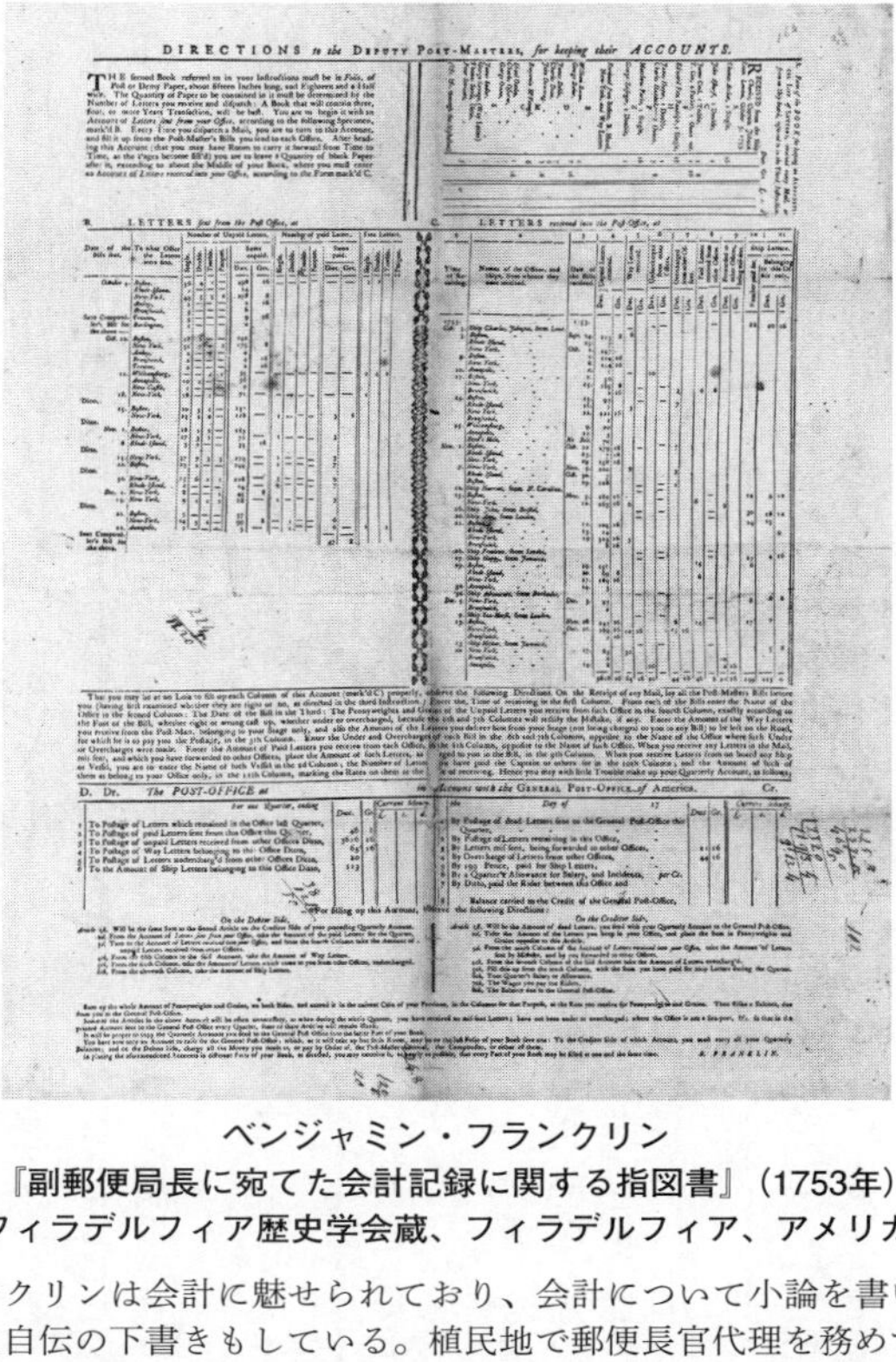

DIRECTIONS to the DEPUTY POST-MASTERS, for keeping their ACCOUNTS.

ベンジャミン・フランクリン
『副郵便局長に宛てた会計記録に関する指図書』（1753年）
フィラデルフィア歴史学会蔵、フィラデルフィア、アメリカ

フランクリンは会計に魅せられており、会計について小論を書いた。元帳に自伝の下書きもしている。植民地で郵便長官代理を務めていた時期には、すべての郵便局にこの大型のポスターを貼っていた。このポスターには、郵便局の会計運営の仕方とともに、簡単な複式簿記のやり方も示されている。したがって郵便局に来る人は誰でも、複式簿記の初歩を学ぶことができた。フランクリンは、複式簿記は日々の生活に欠かせないものだと考えていたのである。

が払われたとき、払われなかったとき、それぞれの時点で記帳しなければならない、と指図書には書かれている。フランクリンは、郵便の記録方式を考案し、そのための書式を用意することによって、郵便の複式簿記を編み出したと言えよう。この意味でフランクリンの指図書は、複雑な郵便システム用に特化したまことに画期的な会計マニュアルと見ることができる。支出と料金未納郵便物は「借方」に、収入と配達不能郵便物は「貸方」に記帳される。指図書には「B・フランクリン」と署名があった。[11]

面倒な手続きを守るのはむずかしいことをよく承知していたフランクリンは、大型のポスターも作成する。郵便局の壁に貼り出すために、大判の紙に基本の手続きを図解付きで簡便にまとめたのである。こうしたわけで初期のアメリカの郵便局には、「郵便複式簿記」のやり方が必ず壁に掲げられていたことになる。おかげで郵便業務が円滑に行われるようになり、秩序と制度運営に関するフランクリンの理念も浸透した。[12]

フランクリンは女性の会計教育の熱心な擁護者でもあった。結婚して間もない頃、妻のデボラはフィラデルフィアの印刷所のカウンターで帳簿をつけ、売り上げを記録していた。そしてフランクリンは妻と自分自身の帳簿の記載内容を元帳に転記した。借方・貸方に分ける複式簿記方式である。だが一七五七年に政治的使命を帯びてイギリスへ派遣される前に「清算済みか見込みなしかを問わず、元帳のすべての勘定に赤い線を引いて締め切った」と回想している。弱い立場のアメリカのためにフランクリンはたびたびヨーロッパに派遣されており、妻を一七七四年になくしたあとも、一七七六〜八五年には大使としてフランスに一〇年間駐在し、欧州各国との外交交渉に奔走した。もっともパリでの生活はかなり豪勢で、美しいご婦人方に囲ま

れるご機嫌な日々でもあったようだ。(13)

資金調達のためスパイと交渉したフランクリン

ヨーロッパに滞在中、フランクリンは小型の帳簿をつけていた。パリに居を構えてからは、パッシーというセーヌ川沿いの小さな村（現在はパリ一六区）に活字鋳造所と印刷所を設立し、一七七九年にはアメリカの理念を掲げるパンフレットや軽い読み物を印刷、発行し、さらにアメリカの最初のパスポートも印刷している。アメリカとして初めての活字書体も作り、「ル・フランクリン」と名付けた。イギリスの海上封鎖で阻止されたために、フランクリンはこの貴重な活字をもう一度作ってアメリカに送り直さなければならなかった。活字が完成したとき、フランクリンは大喜びでそのことを帳簿に記載している。さらに独立記念日にはパッシーで盛大なパーティーを開いたが、その招待状もフランクリンは自分で印刷した。旬《しゅん》の食材を気前よく使い、「ワインを一〇〇本以上」空けたという。フランクリンが、慎み深く楽しみを先延ばしする気がなかったことはあきらかである。パーティーが開かれた広間の壁には、もちろん独立戦争の英雄ジョージ・ワシントンの肖像画が掛かっていた。パリが偉大な政治家を堕落させたわけではあるまいが、帳簿を見る限り、フランクリンがプロテスタント的道徳観念を発揮しているとは思えない。(14)

会計は引き続き人生に欠かせないものではあったが、フランクリンは次第に面倒くさくなっていたと見られる節《ふし》もある。政治的に重要な場面でもときに数字をまちがえ、たとえば駐仏大使でありながら、フランスからの借款四〇〇万を三〇〇万と取り違えている。また、徹底的な監査はひどく骨が折れるとわかると、あっさり投げ出してしまった。フランクリンは、ちょうどジャック・ネッケルが『国王への会計報告』を発表した時期に書簡のやりとりをしているが、借款の件ではボーマルシェ（本名ピエール＝オギュスタン・カロン）が交渉相手だった。戯曲『セビリアの理髪師』、『フィガロの結婚』で名高い劇作家にして、風刺作家であるボーマルシェは、時計師、発明家、武器商人、スパイの顔も併せ持つ人物で、ルイ一五世のもとでアメリカ独立戦争の資金調達も担当していたのである。フランクリンは頑固な交渉相手に手を焼き、あの男は会計の知識を持ち合わせていないと愚痴をこぼしている。財政最高責任者ロバート・モリスに宛てた一七八二年八月一日付けの書簡では、ボーマルシェとの交渉でいかに難渋しているかを綴り、「もっとうまくやれるのは、ヨーロッパで財務総監を務めたような人ぐらいでしょう。なにしろ、二、三日のうちに計算して返事をしますと重々しく約束したきり、何年も経ってしまうということが往々にして起きるのです。これでは、帳簿が杜撰で何もわからないのではないかと疑いたくもなります」。フランクリンは、政治の場では会計が必ずしも思い通りの効果を上げられないことを実感していた。それでも自分の決算には絶大な自信を持っており、監査を受けたら議会が承認することは「確実だ」とモリスに請け合っている。フランクリンがアメリカの対外的な資金調達を任されていた状況を考えれば、彼がこれほど優秀で合理的な会計専門家であったことは、アメリカにとってまことに幸運だったと言わねばならない。(15)

奴隷の値段も計上していたジェファーソン

建国の父たちが、そろってプロテスタントらしく勤勉な商人あるいは工場経営者や銀行家だったわけではない。たとえばトーマス・ジェファーソンは農園を経営しており、当然ながら会計を実践していたが、ウェーバーが後年理想化した質素で働き者のプロテスタント像に一致するとは言いがたい。ジェファーソンは貴族的な地主であり、あこがれの一八世紀フランス貴族風の暮らしをしていた。それでも、農園経営者や奴隷所有者の生活にとって会計が重要だったことはまちがいない。じつは奴隷は、会計になじみのいい労働単位である。貨物のように運搬できるし、商品として数量単位で売買できるからだ。たとえばイギリスの勅許会社として奴隷貿易を行っていた王立アフリカ会社は、複式簿記で元帳をつけていた。[16]

裕福で教養高く、学問や建築や読書を好む一方で贅沢や美食も大好きなジェファーソンは、六〇年にわたり几帳面に帳簿をつけていた。帳簿からは、彼の価値観や、細部にいたるまでの日常生活を読み取ることができる。本とワインだけを記載する帳簿には「必需品」というタイトルがつけられている。帳簿は金額の記録だけでなく、日記の役割も果たしていた。たとえば亡くなった姉の墓のこと、奴隷のための墓のことなどがメモされている。「家族のためには、モンティチェロ（ジェファーソンの邸宅のあった土地）の墓地の区画一個半が適当だろう……それ以外の者や使用人のためには……お気に入りの忠実な使用人であれば、自然石を使った墓石がよかろう……台座は碑文を書けるように平らにする」という具合である。さらにそこに、自作の妙な叙情詩『アフリカ奴隷のための碑文』まで書き添えている。バイオリンの名手だったジェファーソンは弦の値段も書き込んでいるし、自分と妻がトランプやバックギャモンで負けた金額も記載してある。こんな具合に帳簿を見れば、自由と民主主義に関してアメリカで最も影響力のあった偉大な思想家がどんなふうに暮らしていたかがよくわかる。また彼が奴隷所有に後ろめたさを感じておらず、人間の値段を平然と計算していたこともわかる。たとえば一八一七年には、「馬を一頭購入……鹿毛、額のところに星形の白、鼻に小さな傷、右後ろ足が白……一二〇ドル」、「黒人の女ルクレティアと二人の息子ジョン、ランダルおよびお腹の子供を購入、一八〇ドル」と記されている。帳簿の最後の記帳は、「馬術ショー入場料」、「エメット博士に本代」、「子牛肉と交換でリーを購入」「チーズと交換でアイザックを購入」である。(17)

公開されたジョージ・ワシントンの個人帳簿

ジェファーソンと同じく農園経営者で奴隷所有者だったジョージ・ワシントンは、会計にとりわけ気を配った。ワシントンは毎日帳簿をつけることを習慣にし、帳簿はおおむね複式簿記形式だった。ジョン・メイヤーの会計の教科書が、ひどく使い古された状態でワシントンの書斎から見つかっている。ワシントンにとって会計がきわめて重要だったのは、独立戦争の戦費の管理・運用に関する最終責任者だったからだ。独立戦争は、軍事的にはもちろん、財政的にも非常に困難な任務だった。のちに初代大統領（在任期間一七八九〜九七年）に就任したときには、財務長官アレクサンダー・ハミルトンとともに政府と軍の莫大な予算を扱わねばならず、さらに妻マーサが所有する広大な土地、そしてもちろん自身の農園と奴隷の管理もしなければならなかった。議会図書館には、一七五〇年から九四年にいたるワシントンの公務用・私用の帳簿類が収蔵されている。ジェファーソンの場合と同じく、これらの帳簿を通じて、大統領、軍司令官として、また農園経営者としてのワシントンの生活をうかがい知ることができる。(18)

ワシントンは会計知識を身につけてはいたが、収支を合わせるのには苦労していた。一七七五年八月から八三年九月にかけて、ワシントンには八万一六七ポンドの収入があったが、どれが事業の利益に相当するのかわからなかった。このとき彼は驚くべき能力を発揮している。「紛失または盗まれた金、使途不明金」なる項目を作って収支をみごとに合わせてのけたのである。独立戦争の戦費も、このやり方で帳尻を合わせている[19]。ワシントンのこの「経営手腕」を部下たちは称讃し、勝因の一つに数え上げたものである。

　だがワシントンの帳簿はそれ以上のことを示している。戦争の最中に途方もない金額を個人的に支出し、強迫観念に取り憑《つ》かれたように贅沢品に散財していることだ。けっして公金を浪費したわけではない。私設弁護士のエドモンド・ペンドルトンは、大陸軍司令官としての月五〇〇ドルの報酬を受け取ることを拒絶したワシントンの一七七五年の発言を記録している。「金銭的な理由から（家庭の平和や幸福を犠牲にして）この困難な指名を受諾したのだと思われたくありません。私はこの任務から利益を得ようとは考えていません。私は自分の支出を正確に記録するつもりです。会計記録が疑いを晴らしてくれることを願っています[20]」。一七八三年に政敵から戦争で利益を得ていると批判されると、ワシントンは「独立戦争の支出報告一七七五～八三年」を国家の監査官に提出する。ワシントンの計算によれば、戦争中の個人的支出は一六万七〇四ドルで、今日では数百万ドルに相当する。その大半がこまごまとしたものだ。報告の最後には、自分としては戦争中の個人的支出を公表する必要があるとは考えていなかったが、「公務上の困惑すべき状況」により「公表せざるを得なくなった」というワシントン自身の注記が書き添えられ、「支払額は受取額を大幅に上回った」がその大半は自分自身の金で払ったと記されている。政府の監査はこれを認め、ワシントン将軍の支出についてアメリカ政府には一ドルの借りもないとした[21]。

自分の帳簿を公表したワシントンの行為は、政治上の必要に迫られたとはいえ、じつに大胆だったと言えよう。というのも、戦争中の支出の大半が贅沢品だったからである。将軍の報酬は月一六六ドル。ワシントン自身は、八年におよぶ戦争で総額四万ドルを上回ったはずの報酬を、先ほど述べたとおり名誉のために辞退している。独立戦争はリスクの大きい冒険的事業だった。勝つ可能性はきわめて小さく、負ければイギリスに捕えられ処刑されるのは目に見えている。そこでワシントンは開き直り、景気よく私財を投じたというわけだった。マデイラ・ワイン、上質のテーブルクロス、最高の英国馬に引かせた馬車、豪華な服に豪勢なディナー……。現在のニューヨーク市ブルックリンを主戦場とするロングアイランドの戦いを控えた一七七六年七月二四日から八月六日の記録を見ると、大宴会を開いていたことがわかる。フランス人のシェフを雇い、鳩、子牛、鴨、卵、高価な果物、そしてお気に入りのマデイラ・ケーキの晩餐に将軍の月給の五倍も払っている。さらに二万七六六五・三ドルという結構な額を、妻のマーサの野営地訪問に使った。ワシントンが戦争中に二〇ポンドも太ったのも無理はない[22]。

したい放題をしたワシントンは、最後のおまけとして、ネッケルもウォルポールもついにやらなかった個人帳簿の公開までやってのけたわけである。だが、それによって彼の権勢や人気が衰えることはいっさいなかった。なぜなら、大方の凡人にはできないこともやり遂げたからである。まず、独立戦争に勝利して一つの国を誕生させた。これで、盛大な支出がさほど人目を引かなくなったことは確実である。そして一七八九年四月三〇日、あと二カ月ほどでフランス革命が勃発するというときに、満場一致で初代大統領に選出された。当時の機運を考えれば、ワシントンはその地位を終身職とすることも十分に可能だったが、その選択肢を彼はきっぱりと拒絶する。共和制を理想としたワシントンは、わずか二期で引退した。

相次ぐ戦争で破綻寸前に

アメリカ建国の父たちが会計に通じていたのはたいへんよいことだった。というのも、アメリカは建国後すぐに戦争に突入し、はやくも負債を抱えることになったからである。一七七六年の時点ですでに、硬貨の流通量が非常に少なくなっていた。大陸会議は八一年に紙幣二億四一五〇万ドルを発行する。紙幣は、一ドル当たり二セントしかコストがかからない。それでも間に合わず、食糧や軍需物資を安定的に供給するために、借用証を発行して国内から借り入れなければならなかった。こうして政府はあっという間に二億ドル以上の負債を抱えることになる。そこで大陸会議が資金調達先と見込んだのは、皮肉にも破綻したフランスだった。駐仏大使のフランクリンが絶大なる影響力を発揮して、八〇〇万ドル近くの融資を取り付けることに成功した。とはいえ外国からの借款は、国内の借金よりよほど危険である。期日が来たら、額面通り返済しなければならないからだ。無価値の「大陸ドル」を印刷してごまかすわけにはいかない。[23]

一七八〇年までには公的債務は文字通り膨れ上がり、誕生間もない国にとって深刻な脅威となっていた。もしフランスに債務を返済できなかったら、フランスは広大な領土の支配権を要求してくるだろう、と多くの人がもっともな懸念を抱くにいたる。公的債務のせいで、国家の存続そのものがあやうくなったのである。このとき大陸会議が頼りにしたのは、フィラデルフィアで成功している実業家ロバート・モリス（一七三四～一八〇六年）だった。

リヴァプール出身のモリスは、一八世紀の典型的な貿易商である。一三歳のときに父に連れられてアメリカのメリーランド植民地に移住した。父親はタバコ工場で働き、モリスはフィラデルフィアの商会で見習いとして働き始める。こうして実地に会計の基本を身につけた。その後、海運、土地、製材、奴隷、砂糖などを手がけて財を成し、さらに私掠船《しりやくせん》（敵国の艦船を襲撃・拿捕《だほ》する権利を認められた民間船舶）でも莫大な利益を上げ、ミシシッピの農園に投資も行っている。アメリカ経済が戦争と通貨下落でぐらついても、モリスの富は増え続け、一説によると数億ドルに達したという。こうしたわけで、モリスは複雑な国際貿易や金融取引に通じていた。破綻の瀬戸際にあるアメリカ政府にとって、まさにそうしたスキルこそ、ぜひとも必要なものだった。

富裕とはいえ一商人にすぎないモリスが国家存亡の危機の際に指名されるにいたった経緯は、こうだ。大陸会議は一七七六年に国庫と監査チームを設置した。監査主任一名と「有能な」監査官チームで構成され、政府の支出に必ず二回、異なる監査官による監査を受けなければならない決まりである。さらに一七七九年には議員二名、外部委員二名から成る財務委員会を発足させ、監査チームをここに帰属させることにした。[24]ところがこの制度は、すぐさま非効率だと批判を受ける。監査主任自身が、「いくら迅速に監査を行おうとしても、委員会は揉めてばかりでどうにもならない」と不満を述べた。一七八〇年には、ある委員が「意見の不一致という悪魔が制度全体を脅かしている」と指摘するまでになる。そしてバージニア州代表のジョゼフ・ジョーンズがこう述べた。「我が国の財政には、制度を改革し運用できるネッケルが一人必要であります。この困難な任務を遂行しうる人物は、我が国ではモリスしかいないと考えます」。こうして一七八一年二月七日に、モリスがアメリカ初の財政最高責任者に指名されるにいたったわけである。もっともワシントンはいたって冷静で、この富裕な実業家が「魔法の杖を振るえるとしても……アメリカの財政がはまり込んだ迷宮で、いくらかでも光明を見出す以上のことができるはずがない」と述べている。㉕

ネッケルを手本にしたモリスの改革

大陸軍の武器弾薬が不足し、さらには制服さえ足りないという状況に陥ったときには、モリス自身も戦費や補給物資の調達に奔走したが、基本的にはモリスの貢献は、深い金融・会計知識の提供にあった。彼には、アメリカが債務を返済し、軍隊のために必要な資金をさらに調達したいなら、この国には会計をきちんと行い帳簿を整備する能力があるのだと内外に示さなければならない、という揺るぎない信念があった。これは、ジャック・ネッケルが提唱した考え方と同じである。モリスはイギリスの伝統を受け継ぐ一方で、進取の気性に富んだ金融専門家としてネッケルを愛読し、崇拝してもいたのだった。

アメリカの状況は危機的だったが、モリスの見るところ、フランスに比べればだいぶましだった。モリスはネッケルの会計改革に注目し、徴税を国家が一元管理して歳入を増やす、複式簿記を徴税官や財務官に教えて厳正な会計を行う、といった手法を研究した。フランスで『国王への会計報告』が発表された一七八一年には、モリスは財政最高責任者になり、まさにネッケル、遡《さかのぼ》ればコルベールと同じ立場になる。モリスはネッケルに手紙を書いて助言を求めるとともに「ミスター・ネッケルのような公平無私で有能な財務官として第一歩を踏み出す……確固たる意志」を表明した。社会哲学者のトマス・ペインなどに腐敗していると非難された点でも、モリスはネッケルと似ている。しかしモリスの手腕を何よりも必要としていた政府は、彼に「絶対権力」を与えて財政を全面的に任せた。(26)

モリスはネッケルのお手本に従い、一七八二年に会計報告「政府の歳入・歳出の概観、財務長官の就任から一七八一年一二月三一日まで」を発表する。この時点でアメリカは、独立戦争の戦費をフランスから借りていた。したがって入金の大半はフランスからの借り入れであり、支出の大半は軍需物資だった。モリスは「一二月三一日時点の国庫の差引残高」は八五万二六五〇・五九ドルだと結論している。

モリスの立場は、次の点でネッケルとは異なっていた。第一に、アメリカの予算規模はフランスよりかなり小さい。第二に、モリスはこの時点では、ネッケルが戦費を計上していなかったことを知らなかった。第三に、ネッケルには『フランスの財政運営について』(一七八四年)と題する著作で披露した財政改革を実行するチャンスはついに訪れなかったが、彼の論文に刺激を受けたモリスと後継者のアレクサンダー・ハミルトンは実際にやってのけた。

モリスの任務は、しかるべき財務報告を作成して公金の管理をすると同時に、政府の信用を回復して戦費の調達を可能にすることだった。つまりアメリカの財務を担当する行政組織は、端的に言って借金をするために設置されたのである。任務を達成するために、モリスは監査システムを再構築しなければならなかった。モリスが師と仰ぐネッケルの期待に沿って改革を進めたことを考えると、のちにフランス革命政府が成し遂げることを先取りしたとも言えよう。

彼は「すべての会計報告を一定の書式に則って行い、手続きをいったんマスターしたらどんな組織の公会計も容易に行えるように」スタッフを訓練した。さらに、簿記係や監査官の仕事が必ずチェックされる仕組みを構築しようと試みた。そのためには、すべての帳簿を統括する元帳を整備しなければならない。こんな具合にして、複式簿記のロジックがアメリカの行政システム全体に浸透していった㉗。

ネッケルの改革を模範としたモリスは、フランスに倣って「大陸徴税官」を任命する。そしてネッケルの奨めに従い、各徴税官に毎月「州の新聞のどれか一つ」に納税者の名前と納税額を公表することを義務づけた。こうすれば、誰もが税収をチェックできる。税収を公表することによって、税金がきちんと納められている州はどこか、世間の好奇心を刺激する効果も期待できる、とモリスは一七八二年に書いている。会計システムの整備と並行して、モリスは政治と財政に責任と透明性の文化を根付かせようと骨を折った。これは言うまでもなく容易なことではないが、「自由な国においては、国民は自国政府について、ことの性質が許す限りの情報を受け取るべきである」とモリスは信じていた㉘。

モリスは最初の会計報告に続いて翌年にも報告を行っており、税収四二万二一六一・六三ドルの内訳を公表した。報告は政府、大陸会議、ワシントン、そしてフランスにいるフランクリンに送られている。かくしてモリスは、収入を確保し、もっと借金ができるようにするという任務を果たしたわけである。ただしネッケルと同じくモリスの場合にも、政敵を黙らせる必要上、公表された決算は政治の道具という色合いを帯びるようになっていた。大陸会議に対して、切迫した債務の返済を強調する目的で作成し直した財務諸表を提出したのは、その一例である㉙。

大陸会議は一七八三年にモリスの報告を監査し、決算が適切に行われていることを確認した。とはいえこの時点ではモリスは、国庫の管理と徴税の実務を行う組織を設置したにすぎない。まだ徴税も財務も完全には一元管理されておらず、次の段階として、そのための政治システムの構築が必要だった。

「権力とは財布を握っていることだ」と述べたハミルトン

モリスは財務に関しても会計に関してもきわめて有能だったが、思索の人ではない。憲法起草という重大事を目前にしたアメリカ政府が緊急に必要としていたのは、財政面のモリスの改革を政治の中に取り込み、国民から広く信頼を得られるようにするための思想的・政治的枠組みだった。それがあって初めてアメリカは、国際貿易において、また帝国主義がはびこる世界の中で、国益を守ることができる。この時期にアレクサンダー・ハミルトン（一七五五〜一八〇四年）がモリスに手紙を書いたのは、モリスにとっても、モリスの改革を支持する人々にとっても、まことに幸運な出来事だった。独立戦争でワシントンの副官を務めた若く野心的なハミルトンは、すぐれた憲法思想家、哲学者として憲法を起草することになる。

ハミルトンはカリブ海に浮かぶネイビス島に生まれた。家庭環境に恵まれていたとは言えない。私生児で、母親は彼が一三歳のときに亡くなっている。若いうちから働く必要に迫られたのは、建国の父たちの中ではハミルトンだけである。自分の才能に自信があり、エネルギーを持て余していた若きハミルトンは、セント・クロイ島の小さな店の会計係見習いという仕事に欲求不満を感じていた。はやくも一二歳のときに、「事務員の境遇にはつくづくうんざりした。

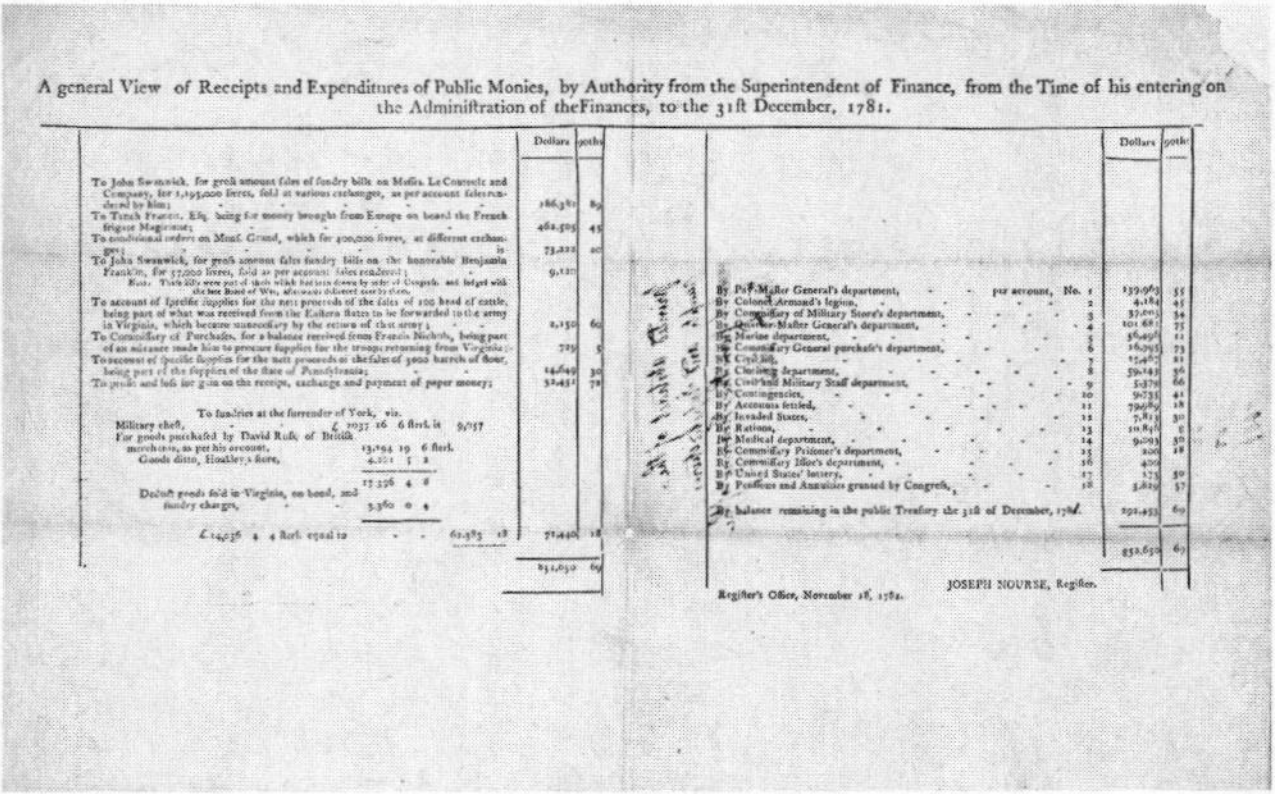
A general View of Receipts and Expenditures of Public Monies, by Authority from the Superintendent of Finance, from the Time of his entering on the Administration of the Finances, to the 31st December, 1781.

	Dollars	90ths
To John Swanwick, for gross amount sales of sundry bills on Messrs. Le Couteulx and Company, for 1,195,000 livres, sold at various exchanges, as per account sales rendered by him;	186,381	89
To Tench Francis, Esq. being for money brought from Europe on board the French frigate Magicienne;	462,505	45
To conditional orders on Mons. Grand, which for 400,000 livres, at different exchanges; is	73,222	20
To John Swanwick, for gross amount sales sundry bills on the honorable Benjamin Franklin, for 57,000 livres, sold as per account sales rendered;	9,120	
Note. These bills were part of those which had been drawn by order of Congress, and lodged with the late Board of War, afterwards delivered over by them.		
To account of specific supplies for the nett proceeds of the sales of 100 head of cattle, being part of what was received from the Eastern states to be forwarded to the army in Virginia, which became unnecessary by the return of that army;	2,150	60
To Commissary of Purchases, for a balance received from Francis Nichols, being part of an advance made him to procure supplies for the troops returning from Virginia;	725	5
To account of specific supplies for the nett proceeds of the sales of 3000 barrels of flour, being part of the supplies of the state of Pennsylvania;	14,649	30
To profit and loss for gain on the receipt, exchange and payment of paper money;	32,451	78
To sundries at the surrender of York, viz. Military chest, £ 2037 16 6 sterl. is 9,057; For goods purchased by David Ross of British merchants, as per his account, 13,194 19 6 sterl.; Goods ditto, Houlley's store, 4,201 5 2; 17,396 4 8; Deduct goods sold in Virginia, on hand, and sundry charges, 3,360 0 4; £ 14,036 4 4 sterl. equal to 62,383 18	71,440	18
	851,050	69

		Dollars	90ths
By Pay-Master General's department, per account,	No. 1	139,963	55
By Colonel Armand's legion,	2	4,184	45
By Commissary of Military Store's department,	3	37,005	34
By Quarter-Master General's department,	4	101,681	75
By Marine department,	5	56,498	11
By Commissary General purchase's department,	6	16,995	73
By Civil list,	7	15,467	21
By Clothing department,	8	59,143	56
By Civil and Military Staff department,	9	5,379	66
By Contingencies,	10	9,735	41
By Accounts settled,	11	79,689	18
By Invaded States,	12	7,813	30
By Rations,	13	10,848	8
By Medical department,	14	9,003	50
By Commissary Prisoner's department,	15	200	18
By Commissary Hide's department,	16	400	
By United States' lottery,	17	375	50
By Pensions and Annuities granted by Congress,	18	3,829	57
By balance remaining in the public Treasury the 31st of December, 1781.		292,453	69
		852,650	69

Register's Office, November 18, 1782.

JOSEPH NOURSE, Register.

アメリカ財務省の元帳

「政府の歳入・歳出の概観、財務長官の就任から1781年12月31日まで」

[Philadelphia, 1782]　#Am 1782アメリカ財務長官ディッキンソン60.2

(Library Company of Philadelphia)

ネッケルの『会計報告』に刺激を受けたアメリカの財政最高責任者ロバート・モリスは、自らもアメリカ政府の会計報告の写しを公表した。会計の透明性はアメリカ建国の父たちにとって重要な課題であり、憲法第１章第９条７項にも決算報告の公表義務が明記されている。

ボクには大きな野心がある。自分の力を思い切り発揮できるような、人生を賭けるようなことをやってみたいんだ」と友人に宛てた手紙に書いている。そして「戦争でもあればいいのに」と望んだ[30]。

一五歳のときに、ハミルトンは一束の紹介状だけを握りしめてニューヨークへ船出した。そのうちの一通のおかげでウィリアム・リビングストン（のちに大陸会議議員、ニュージャージー州初代知事を務めた）の支援を得ることができ、まずニュージャージー大学（現在のプリンストン大学）、さらにキングズ・カレッジ（現在のコロンビア大学）で学ぶ。行政学・政治学を学ぶかたわら、ホッブズ、ロック、モンテスキュー、ブラックストーン、ヒュームなどの啓蒙思想家の著作を熱心に読みあさった。ハミルトンが独立戦争後に財務省を巧みに運営し、一植民地にすぎなかったアメリカを国立銀行と造幣局と健全な資金調達力を持つ一つの国家へと変貌させることができたのは、会計と国際貿易の実務知識に加えて、哲学の素養を身につけていたからだと考えられる[31]。

ハミルトンは、背は低いがおそろしくハンサムで、見かけによらず大胆だった。独立戦争中のプリンストンの戦いでは、プリンストン大学ナッソー・ホールに飾られているジョージ二世の彫像を吹き飛ばすと称して、大砲を発射している。この行為はワシントンの興味を引き、「小さなライオン」は副官に抜擢される。若きハミルトンは、このかなり特権的な地位から、財政最高責任者のモリスに宛てて、アメリカの財政システム構築を手伝わせてほしいと手紙を書いたのだった。ハミルトンは、モリスと同じくフランスの財政運営に感銘を受けていると述べ、フランスが繁栄しているのは「偉大なるコルベールの能力と熱意を持ち続けているからだ」と書いた。ハミルトンは自由放任《レッセフェール》にはまったく興味がなかった。アメリカの命運は、資金不足をいかに埋め合わせるかに懸かっている。何としてでも外国から金を借りなければならない。貿易赤字に加えて金のかかる戦争を続けている現在、「成り行き任せ」の経済政策などをとる余地はどこにもない。リスクが消えてなくならない限り、アメリカに必要なのは財政を中央政府が掌握することである。(32)

ハミルトンが一七八〇年に弁護士ジェームズ・デュアンに宛てて書いた手紙は有名である。この手紙の中で、弱冠二五歳のハミルトンははやくも連邦政府構想を披露しているのだ。寄り合い所帯のアメリカを一つの国にまとめあげるためには強力な行政府が必要であり、議会は州を超える権力を持ち、その立法権は国防や外交全般におよぶべきだとした。そして国防にせよ、外交にせよ、もちろん戦争にせよ、資金が必要だ……。

おそらくはコルベールとネッケルを念頭に置いていたのだろう、ハミルトンは、国家運営の任に当たるのは「フランスのように」担当分野について専門知識を備え強力な権力を与えられた閣僚であるべきだと主張している。たとえば財政などはまさにそうである。さらに閣僚には予算権限も与えなければならない。ハミルトンは、国力の多くが結局は財政に帰着すると考えていた。「権力とは、要するに財布をしっかり握っていることだ」と彼は強調し、財政の掌握こそが「権威に実体を与える」と述べている。(33)

政府債務は「自由の代償」

一七八一年、大陸会議は北アメリカ銀行に免許を与える。そして一七八九年には財務省が設置された。ワシントンは初代財務長官にモリスを指名しようとしたが、モリスは辞退し、ハミルトンを推す。こうしてアメリカの初代財務長官に就任したハミルトンは、翌一七九〇年には「公的信用に関する第一報告書」と題する大部の報告書を議会に提出する。この報告書は州の負債をすべて連邦政府が肩代わりすることを提案し、公債を肯定した点が注目される。この中でハミルトンは、政府債務は「自由の代償」であると述べている。彼は一部ではアメリカ政治史における天才だともてはやされたが、マディソンやジェファーソンは、戦争や国家建設のためとはいえ、負債に積極的なハミルトンに反対の立場だった。とはいえ、アメリカの政治シーンに登場してから一七年の間に、ハミルトンが財政システムの設計と実行に多大な貢献をしたことはまちがいない。彼は合衆国銀行の設立、効率的な徴税システムの確立、財務省証券の発行などを実現したが、これらはどれ一つとっても大事業である。

いまにしてみれば国家の会計責任の確立は実現困難な目標だったことがわかるが、合衆国憲法第一章第九条七項には、次のようにはっきりと定められている。「国庫からの支出は、法律で定める歳出予算によってのみ、これを行わなければならない。いっさいの公金の収支に関する正式の決算は、随時公表しなければならない(34)」。この条文は、一四世紀北イタリアの商人やオランダ人たちの会計慣行と同じことを述べているように見えるかもしれない。だが一八世紀末のアメリカで始まったのは、真に革新的なことだった。連邦政府と政治家たちは、さまざまな形で会計報告を行うようになったのである。とりわけペンシルベニア州は意欲的だった。一七九一年には、ペンシルベニア州議会の下院で州財政の詳細な決算が公表される。計算結果が貸借対照表にまとめられ、最終的に黒字であることが報告されたが、これはまさに革命的な出来事と言えよう。しかも作成者は、「帳簿一式を民事登録局に保管して市民なら誰でも閲覧できるようにすれば、官民いずれにとってもきわめて有意義であると考えている」との注記を書き添えていた。財務報告が厳密に行われ、同じところに保管され、監査を受け、さらに市民が自分の目で確かめられるよう帳簿が公開される――これはたしかにひとつの理想である。一七九五年にはペンシルベニア州財務監督官ジョン・ニコルソンが「ペンシルベニア州決算報告」の中で、市民は「信頼できる情報を提供されれば」自ら納税をするようになり、さらには快く税金を払うようになると述べている。そうなれば政府と市民の間に信頼関係ができ、財産、企業、民主主義が守られるだろう……これは美しい夢であった。(35)

第11章 鉄道が生んだ公認会計士

鉄道の登場により、財務会計の世界は急速に複雑化した。鉄道会社は巨大企業へと成長するが、粉飾決算が横行。その監督のために公認会計士が誕生することになる。彼らは、規制がなく野放し状態のアメリカで奮闘した。

会計士は刑事であり、抜けや漏れを調べる検査官であり、
言葉の最も広い意味において解剖学者であり、探偵である……
会計士は不正を憎み誠実を讃える。

——ブックキーパー紙
（一八九六年）

会計は善か悪か

一九世紀前半までには、イギリス、フランス、アメリカ、ドイツ、イタリアの一部（トスカーナ大公国など）、オーストリアを始めとする国々は、国家の責任ある財政システムを発足させていた。改革の先陣を切ったイギリスは、財政の中央集権化を推進し、一八四四年にはイングランド銀行が中央銀行として銀行券の発券を独占するなど独立の権限を与えられ、六二年まで改革が続けられた。イギリス以外の国も、将来の支出計画（その多くは軍事支出だった）を立てて予算を編成するようになる。会計の歴史を振り返ると、パチョーリの『スムマ』以降、五〇〇年近くにわたってのろのろとした進歩しかなかったわけであるが、ここにいたって高度に専門的な会計が一気に普及し、政府が会計基準や改革に積極的に関わるようになる。ついに、会計責任を全うする近代的な国家の時代が到来したように見えた。

一九世紀から二〇世紀初めにかけては鉄鋼の時代であり、帝国主義と資本主義の時代でもあった。この時代はまた、悪徳資本家、貧困、金融危機、植民地での大量虐殺、多数の犠牲者を伴う戦争によっても特徴づけられる。産業革命は最終的には生活水準の大幅上昇と民主主義の浸透を導く一方で、銃の普及や兵力輸送手段としての鉄道の発展、そしてコンゴで、あるいはマルヌやアウシュビッツで、冷酷に大量虐殺を計画する政府の誕生をも招いたのだった。会計はどこにでもついて回り、そしてカメレオンよろしく、勝利にも犯罪にも貢献した。振り返ってみれば、会計が複雑になればなるほど、不正の可能性は高まったことがわかる。こうして近代において会計の二面性が認識されるようになり、搾取や不正の手段と見なされて信用を失う一方で、近代的な合理性の手本であるとも評価された。世界に冠たる大英帝国と台頭する若きアメリカでは、とくに両者の対比が顕著だった。

イギリスは一九世紀になっても収支を合わせられずにいた

イギリスでは、一八世紀から一九世紀初めにかけて一連の改革が実行されたにもかかわらず、議会の腐敗に対する民衆の怒りは鎮まる気配がなかった。一八一九年には、マンチェスターで六万人以上が食糧価格の高騰と恣意的な選挙区割りによる不正な選挙に抗議運動を行い、軍隊が出動して死者一五名、負傷者数百名を出す騒ぎとなった。ホイッグ党の改革論者は、議会が大地主の「操り人形に成り下がっている」と批判した。一八二一年には、改革派の国教会系聖職者シドニー・スミスが「この国はラトランド公爵、ロンズデール伯爵、ニューキャッスル公爵を始めとする二〇人ほどの城主に牛耳られている。彼らがわれわれのご主人様なのだ」と辛《しん》辣《らつ》に語っている。働く男は、そしていまや働く女も、投票権を要求するようになる。イギリスは革命寸前であり、政府は手を打つ必要に迫られた[1]。

　第二代グレイ伯爵《アール》でホイッグ党党首だった首相チャールズ・グレイ（ちなみに紅茶のアールグレイは彼に由来する）は、選挙制度だけでなく、国家会計の改革もめざしていた。政府の会計が公明正大にならない限り政治の腐敗は正されない、と考えたからである。一八世紀の数々の改革の末に、議会のある委員会は一八二二年にこう結論づけた。「政府の収支を合わせることはまずもってできない相談であり、債務削減や政府の大規模な計画を実行することも不可能なら、なぜこのような『エラー』が起きるのかも理解不能である」と。したがって改革に求められるのは、「シンプルで理解可能な」政府会計だった。(2)

この委員会の結論に読者は驚かれたにちがいない。そう、数百年におよぶ改革と会計の進歩にもかかわらず、イギリスはまだ収支を合わせることができずにいたのである。だから再び改革の歯車を回さなければならなかった。そこで政府は他国の改革を調査することを決め、じつに奇想天外な人物を指名する。言語学者、作家、旅行家とさまざまな肩書きを持つジョン・バウリング博士（一七九二〜一八七二年）である。哲学者ジェレミー・ベンサムの友人として遺作管理人に指名されたという、人脈の広い男だった。バウリングは一説によると一〇〇カ国語を話すうえ、会計に精通した政治経済学者でもあったから、まさに適任である。彼は一八二〇年代後半から三〇年代前半にかけて、イギリス政府を代表してヨーロッパ各国の公会計の現状を視察した。

バウリングはオランダへ赴くが、同国はナポレオン戦争の打撃を被ったこともあり、財政運営は好ましい状態ではないという印象を受ける。これに対してナポレオンの帝政から脱したフランスには興味をそそられた。バウリングはフランスの財務書類を特別に閲覧する許可を与えられ、中央集権化された財政システムに感嘆する。このシステムの下で、フランスの官僚はすべての官庁の会計を統合し整然と一元管理していた。フランス銀行の元総裁で、当時は国王ルイ・フィリップのもとで首相を務めていたジャック・ラフィットは、フランスの会計はほぼ完璧と言ってよく、政府は財政の現状をつねに把握することができ、しかも不正を徹底的に排除できる、と自慢した。首相は「自らの手で」国庫の収支報告を作成し、国家の財政状況を把握している。また前財務相シャブロル伯爵は在任期間中に、政府の業務に「調和と秩序」を実現して人件費を年間八〇万リーヴルも節約し、政府債務を一四八〇万リーヴル返済した。シャブロル伯爵は複式簿記を駆使して毎月バランスシートを作成し、年間の決算報告を議会の会計委員会に提出し、さらにそこから一般にも公表した――こうしたことにすっかり感服して、バウリングは議会でくわしく報告している。それによれば、「指示と監査は組織の頂点から末端まで行き渡り、報告は末端から頂点に届くという具合に、会計業務は淀みなく円滑に遂行されている」という。官庁の帳簿は最終的に政府が統合管理し、「軍隊の会計でさえ監査を逃れられない」。彼の一連の報告は、政府と議会に大いにインパクトを与えた。バウリングは一八五四年に第四代香港総督に任命されている。世界は産業と帝国主義の時代を迎えていた。[3]

財務会計を急速に複雑化させた鉄道

産業革命がもたらしたさまざまな優位性や利便性の中でも、鉄道は最も特筆すべきものと言えるだろう。鉄道は世界を変えた。これまで自分の生まれ故郷から出ることなど思いもよらなかった人々が、ほんの数時間で大都会へ行けるようになった。それだけではない。鉄道は、財務会計を変え、政府のあり方まで変えた。会計の問題はすべて解決済みだとバウリングが考えていたとしたら、それは早とちりだったと言えよう。鉄道の登場は、財務会計をあっという間に複雑化させ、不正の余地を拡げたのである。

一八〇一年にイギリスの発明家で機械技師のリチャード・トレビシックが高圧蒸気機関を用

いた蒸気自動車「パフィング・デビル号」を試作し、一八〇四年には世界初の蒸気機関車「ペナダレン号」が貨車と客車を引いて試験走行に成功する。その後は世界各地で蒸気機関車の特許ラッシュとなり、鉄道ブームが起きた。フィラデルフィアの技師オリバー・エバンズは、鉄道が人々の生活をどのように変えるかについて、次のように説明している。「人々が蒸気機関車で町から町へ、空を飛ぶ鳥の速さで、つまり時速二五～三〇キロほどで移動できる時代がもうすぐやって来る……ワシントンを朝出発した乗客は、ボルティモアで朝食をとり、フィラデルフィアで夕食をとり、同じ日のうちにニューヨークで寝酒を飲めるようになるのだ[4]」。

海岸、港、倉庫、工場、軍の兵舎が鉄道で結ばれ、田舎の町が全国規模の鉄道網につながるようになって、鉄道は文化を変え、時間と空間の概念を変えた。鉄道は時刻表（鉄道の出現とともに新たに作られた言葉である）に従って規則正しく運行し、遠く離れた組織の帳簿を相互に結びつける。時速何キロメートルという概念が生まれたのも、鉄道時代に入ってからのことだ。一八四〇年には、イギリスの鉄道総延長は九七〇〇キロメートル、ヨーロッパ大陸とアメリカはそれぞれ約一万一〇〇〇キロメートルだった。それが一八七〇年代には、アメリカの鉄道総延長は八万二〇〇〇キロメートルと、世界の総延長の約半分に達する。こうして強力なインフラを手にしたアメリカが世界の産業をリードするようになっていく[5]。

問題は、この前例のない鉄道の急発展には莫大な資本を必要とすること、アメリカにはそれだけの資本がないことだった。一八五〇年代にははやくもイギリスの投資家が参入し、ニューヨーク証券取引所で鉄道株を買っている。アメリカに大陸横断鉄道が開通する一八六九年までに、ニューヨーク市場には鉄道会社三八社、資本金総額三億五〇〇〇万ドルが上場されていた。

こうして人類史上最も複雑な産業プロジェクトに巨額の資本が投じられるようになると、投資家に事業の成果を報告するためにはもちろん、潜在的な投資家を呼び込むためにも、鉄道会社は財務資料の整備と開示を迫られるようになる。

そしてそのためには、会計業務の効率化が必要だった。なにしろ用地と線路から石炭、駅舎、運賃収入、乗務員から列車食堂の給仕にいたるありとあらゆる人員の賃金、そして膨大な量の貨物まで、広い土地に散らばるすべてを数え上げ、管理しなければならないのである。鉄道会社では区間ごとに会計チームを編成し、会計報告を本社に送るため、固定式の元帳ではなくルーズリーフ方式が採用された。また形式を統一し複製の手間を省くため、帳簿、仕訳帳、領収書などの書式は大量に印刷され各所に配布された。こんなわけだから、当時のアメリカで最大手の繊維メーカーが四セットの元帳を維持していたのに対し、一八五七年のペンシルベニア鉄道は一四四セット持っていた。会計報告は毎月印刷され、年度末に年次報告書にまとめられた。(6)

運賃の計算方法にも進歩がみられる。一八四四年には、フランスの鉄道技師アドルフ・ジュリアンが列車一編成を運行する実質コストの計算式を考案した。ジュリアンはこれに一人キロ当たりのコストを勘案し、さらに管理費や債務の利払いなどを加味して、適正運賃を算出した。(7)

一八六〇年頃には、鉄道会社の株主宛事業報告書に監査済み会計報告を掲載することがあたりまえになった。たとえばボストン&ウースター鉄道会社の年次報告書を見ると、四ページにわたる監査報告が掲載され、決算とその算出方法の説明がある。同社では区間ごとに会計責任者を置き、さらに旅客と貨物を分けて会計処理を行う仕組みになっている。決算を分析した結果として、乗車券発券数の確認方法を改善すべきであるとか、短距離路線はコストの割に利益率が低いといったことも、報告書に注記されている(8)。

鉄道会社では粉飾決算が横行していた

鉄道会社は経営にイノベーションをもたらした。ベンジャミン・フランクリンの名言「時は金なり」は、鉄道会社にとっては単なる抽象概念以上の意味を持っていた。言うまでもなく鉄道会社は収入や支出を数えるだけでなく、時間自体を計測し、標準化し、時刻表通りに列車を運行しなければならないからである。しかも線路から蒸気機関車にいたるまで、鉄道会社の重要な資産は絶えず消耗し、保守や修理や交換が必要になる(9)。

鉄道会社の経営効率を表す「営業係数」という新しい概念も生まれた。営業係数とは、営業収入一単位を得るのにどれだけの営業費用を要するかを表す指数である。ここで減価償却が重要になってくる。鉄道事業は製造業などに比べて、車両や線路など固定資産が桁外れに大きい。これらの資産は必ず減価する。これをどのように償却すべきだろうか。リーディング鉄道の一八三九年の年次報告書を見ると、機関車一両当たりの修理費と減価償却費に燃料費を加えると、営業費用八〇〇〇ドルの二五％を占めている。修理費、燃料費や線路・枕木の交換費用として手元現金が必要になるため、鉄道会社は予算に計上していたが、減価償却のことは十分認識していなかった。線路や車両のような固定資産の取得費用は、一回限りではなく耐用期間にわたって定額または定率で配分しなければならない。一回限りの費用として営業費用に計上されてしまった場合、監査人も株主も鉄道の耐用期間にわたっての真のコストを知ることはできず、ひいては真の利益を把握することもできない(10)。

鉄道に巨額の投資を行ったモルガン、ヴァンダービルト、グールド、ロックフェラー、ドリュー、フィスクらの資産家は、莫大な利益を上げることに成功する。そしてこのように圧倒的な力を持つ資本家の出現は、企業の会計報告にも政府の財政運営にも好ましくない影響をもたらした。当時のアメリカでは、政府は鉄道会社の監督を行っていない。このため鉄道会社の中には、財務資料が不透明どころか公表しないところも出てきた。そうなると政府は課税すらできなくなってしまう。鉄道に限らないが、当時の経営者は不透明な財務報告を行って株価を操作した。そのうえ投資家には、鉄道会社の経営や収益構造がよくわかっていなかった。鉄道株の投機で知られる実業家のダニエル・ドリューでさえ、「内部の事情に通じていない人が鉄道株を買うのは、ろうそくの光を頼りに牛を買うようなものだ」と語っている。鉄道会社は言わば野放し状態だったうえ、グールド、ドリュー、フィスクといった連中は、ニューヨークやカリフォルニアの議員が用地買収で不当な利益を上げたり、インサイダー取引ができるように計らったりして、鉄道の独占体制を強化した。マーク・トウェインは一八六七年に、「鉄道は嘘に似ている。建設し続けないと維持できない」とサンフランシスコの新聞に書いている。政府の監督は産業の発展に追いついていなかったし、会計の複雑化にも対応できていなかった。次第に鉄道会社はまともな決算を公表しなくなり、見かけを取りつくろった粉飾決算が横行するようになる。(11)

こうしてバランスシートというものの権威が悪用され、虚偽の数字を覆い隠す隠れ蓑《みの》に使われるようになる。たとえば、いまやヴィクトリア朝希代の詐欺師として知られるジョン・サドラーがそうだ。アイルランド出身のサドラーは、ティペラリー銀行を創立する一方で手広く鉄道に投資し、また議員にも選出された人物である。一八五〇年代までティペラリー銀行は見かけは好業績を上げ、六％の配当を出していたが、これはサドラーがバランスシートを捏造していたからで、実際には銀行から二四万ポンドを借り越し、返済の見通しが立っていなかった。窮地に陥ったサドラーは、自身が役員を務めるスウェーデン王立鉄道の偽造株券一万九〇〇〇株を売却するなどしたが、一八五六年に銀行は不渡り手形を出して倒産する。その直後にサドラーは自殺した。遺体の横には毒薬の瓶と香料の苦扁桃油《アーモンド》の瓶が転がっていたという。こうしてサドラーは意気地なしの詐欺師としてつとに有名になり、チャールズ・ディケンズの小説『リトル・ドリット』の登場人物のモデルにもなっている。放漫経営のため破産し自殺する銀行家マードル氏がそれだ。ディケンズはこの人物を「ジョン・サドラーもどきの気取りやの悪党」と呼んでいる[12]。

なぜ「公認会計士」が生まれたのか

巨額の資本を調達する鉄道の経営では、会計不正の余地が大きく、その影響も大きい。政府は巨大企業に対する規制を強化する必要に迫られた。鉄道会社の出現によって、自由放任経済のリスクが、いやそのような経済は不可能であることがあきらかになったのである。鉄道会社が破綻し、投資家を巻き添えにするようなことがあれば、資本主義も、政府も国家も機能不全に陥ってしまう。政府による監督がぜひとも必要だったが、政府は巨大な近代企業を監査する能力を持ち合わせていない。こうして会計士に出番が回ってきた。政府の規制当局と民間の会計事務所が発展する一つのきっかけとなったのは、鉄道会社の規制と監査の必要性だったのである。一方、鉄道会社のほうには、政府の監督に対応して、あるいは監視の目を逃れるために、鉄道経営にふさわしい会計手法を整備する必要が出てきた。

「会計士」というプロフェッショナルが誕生したのは、まさにこの頃である。一八五四年にはスコットランドが勅許会計士《ちよつきよ》（Chartered Accountant）、いわゆる公認会計士の審査基準を正式に定め、ここに初めて公的な認可を受けた会計士が誕生する。企業の帳簿を監査し証明する会計士は、しかるべき専門教育を受け、職業倫理を備え、世間の信頼が篤くなければならないとされ、イングランドもこの基準に追随した。ニューヨークでは一八四九年に会計監査基準の検討が始まり、一八八七年にアメリカ公認会計士協会が設立された。同年には政府が州際通商委員会を設置し、鉄道の規制を開始している。(13)

経済が大規模化・複雑化するアメリカと、株式会社発祥の地であるイギリスが、会計の新しい動きを主導し多くの会計イノベーションを生んだのもふしぎではない。産業と複雑な取引のあるところには新しい会計のニーズが生まれるものである。最初の公認会計士が誕生してから一九世紀末までの間に、フランス、ドイツ、イタリア、オランダ、スウェーデン、ベルギーに次々に公認会計士協会が設立された。ちなみにイタリアでは、フィレンツェが中心になって一八七六年に発足した。オランダでの設立は意外に遅く、一八九五年になってからである。政府から免許を受けた公認会計士たちは、企業の財務書類を監査し証明するだけでなく、会計学校を設置し、教科書や専門誌を発行し、官民の会計基準に関する規則の策定にも携わった。(14)

だが残念ながら会計士は、いや政府の規制当局でさえ、企業に適切な報告をさせるだけの権威を備えておらず、それを強制する法律も整備されていなかった。そのうえ古典的な教育を受けたエリートたちは、万事を数字で表そうとする新しいルールに頑強に抵抗した。こうしたわけで、企業と国家と会計士の関係は、相変わらずあいまいなままだった。不正会計と破産の連続に業を煮やしたイギリス議会が破産法を可決し、破産、競売、清算、債務訴訟を処理する役割が会計士に「公式に付託」されたのが一八三一年のことである。そして一八四四年には株式会社法が成立し、企業財務に関する規則が定められて、専門教育を受けた会計士が監査を行うようになった。だが企業の会計監査は膨大な仕事であり、専門知識を備えた人間が大量にいない限り、とてもこなせるものではない。イギリスの株式仲買人にして政治家のサー・ウィリアム・キルターは、一八四九年に議会の委員会で「監査は、実際には数値に基づく客観的な判断ではなく、個人的な判断に従って行われている」と証言している。企業の側にも法令遵守《じゅんしゅ》の精神が根付いていないため、いくら法律が定められてもいっこうに守られなかった。(15)

必要なのは、会計士がプロフェッショナルとしてしかるべき権威を持つこと、そして大人数のチームで作業することだった。こうして一八四〇年代までに、イギリス各地に大手の会計事務所が出現する。デロイト、プライスウォーターハウス、アーンスト&ヤング、トウシュなどが、エジンバラ、ミッドランド、ロンドンに設立された。プライスウォーターハウス（今日ではプライスウォーターハウスクーパースとして世界最大規模を誇る）の前身は、サムエル・ローウェル・プライス（一八二一～八七年）がウィリアム・ホプキンズ・ホリーランド、エドウィン・ウォーターハウスとともに設立したプライスウォーターハウス&カンパニー・ホリーランドである。会社の設立に際して三人は共同出資方式を採用し、比率はプライスが五〇%、ウォーターハウスが二五%だった。これ以降、会計事務所は個人が出資して設立する方式が一般的になる。

いち早くアメリカに進出したプライスウォーターハウス

一方アメリカでは、会計の原則が憲法に取り入れられている国であるにもかかわらず、まだ会計士という職業が十分に発達しておらず、産業の拡大に追いついていなかった。このため一八七〇年代にアメリカで主に活躍したのは、本国の資本家の要請を受けて大西洋を渡ったイングランドやスコットランド出身の会計士たちだった。このとき、他社に先駆けてアメリカ進出を果たしたのがプライスウォーターハウスである。一八九〇年九月一一日に同社はルイス・デーヴィス・ジョーンズをニューヨークに派遣し、ブロードウェイ四五番地に事務所を構えてアメリカ大陸の仕事を扱うようになった。一八九〇年代にはJ・P・モルガンが大企業の合併・再編を手がけ始め、たとえば三〇社ほどを買収・合併してアメリカン・スティール・アンド・ワイヤーを、五社の合併でインターナショナル・ハーベスターを発足させている。合併に際してモルガンは自分が買った会社の監査を必要としており、これをプライスウォーターハウスが請け負う。この大仕事により、同社はそれまでの五年間を合わせた以上の利益を一八九七年だけで上げ、これをきっかけにアメリカの会計業界でトップに君臨するようになった。[16]

とはいえ初期の会計士たちにとって、規制もなく野放し状態のアメリカ市場は厄介きわまりなかった。アメリカの金融アナリスト、ジョン・ムーディー(一八六八〜一九五八年)は、政府公債から一般企業の株まで幅広く情報を提供する画期的なサービスを始めていたが、政府に鉄道会社を規制する能力がないことを見て取ると、新たなアイデアを思いつく。ご賢察のとおり、今日の「ムーディーズ」の生みの親は、このジョン・ムーディーである。彼は不正確な会計報告を分析し問題点を抽出する才能を大いに発揮して、一九〇九年に「鉄道投資に関するムーディーの分析」という小論で鉄道会社の株と社債の分析結果を公表。一九一二年には『鉄道会社の財務報告の分析方法』を発表し、これが鉄道事業の評価方法のスタンダードになった。同書の中でムーディーは、株主は会社のパートナーであり、投資を成功させるには会社の潜在収益力を把握しなければならない、と説いている。そのためには、「時間と空間を越えて動く資産」を統計的に分析する一貫した手法が必要になる。「移動し損耗する資産の価値を評価するのは容易ではない。しかもそれが一〇年以上の期間にわたって日々起きているのだ。始まりもなければ終わりもない」とムーディーは鉄道事業を表現した。そして、このような長期にわたって費用と資産の適正価値を評価するには、減価償却を適切に行うことがとりわけ重要だと指摘している。[17]

一九世紀末までには、減価償却は会計理論でも重要な要素として位置づけられるようになった。固定資産から直接差し引く方法のほかに、減価償却固有の勘定を設けて引き当てておく方法も検討されている。この頃に会計の発展とりわけ会計士という職業の確立に貢献した人物として、チャールズ・E・スプラーグを挙げておこう。スプラーグは銀行業の傍ら公認会計士審査官を務め、会計教育にも尽力した。[18]主著『会計哲学』（一九〇七年）は会計理論をあきらかにした書として高く評価されている。

反トラスト改革を批判したJ・P・モルガン

このように会計に関してさまざまな進歩や改革が行われたにもかかわらず、企業に正確な財務報告をさせるのは困難をきわめた。会計は複雑な企業財務と責任の迷宮を道案内してくれるアリアドネの糸であるべきだが、この糸は摑んだと思ったら消えてしまう。大企業は、決算書類の公表をしぶとく拒み続けた。産業専門紙コマーシャル&フィナンシャル・クロニクルは一八六七年に「鉄道各社は線路建設の資金調達に関する情報を決算書類から除外し、虚偽の報告を作成した」と報じている。近代的なはずの企業は、メディチ家よろしく、鍵のかかる秘密の元帳を持っているらしかった。当時の尊敬すべき銀行家のヘンリー・クルーは、正規の専門教育を受けた公認会計士に依頼すれば公明正大な財務報告がなされるのだから、結果的に企業にとってはプラスだと述べた。だが鉄道会社も、電機のウェスティングハウスのような巨大企業も、年次報告書を公表しないばかりか、株主総会すら開かなかった。一九〇〇年の政府のある報告書に「大企業の最大の欠陥は、経営陣が株主に対する責任を果たそうとしないことだ」と書かれたほどである。一方、J・P・モルガンは、セオドア・ルーズベルト大統領の反トラスト改革は「われわれにガラスのポケットで事業経営をせよと言うようなものだ」と不平を述べている。モルガンは、大恐慌の再来を防ぐべく連邦準備制度理事会（FRB）の設立に尽力はした。しかしガラスのポケットから明らかになったのは、彼の名高い稀《き》覯本《こうぼん》や写本のコレクションにはメディチ家の美術コレクションに匹敵するほどの価値がある、ということだけだった。[19]

銀行家も実業家も政治家も会計をごまかしている、と世間は疑っていた。世界一の大富豪ジョン・D・ロックフェラーは、もともとは会計や監査の教育を受けていたことから、崇拝されつつも陰で「血も涙もない簿記係」と揶揄されたものである。古来、会計の専門家は、栄光に包まれたパトロンとして、罪を犯して転落する人物として、金融や産業の成功者として絵画に描かれてきたが、それはもはや過去のことになった。いまや会計士と言えば、黒いスーツに身を包んだいかにも不機嫌そうな人物というのが通り相場である。会計士は、今日にいたるまで、重々しくもったいぶって数字を扱う職業と見なされている。とはいえ彼らの役割は一通りではない。資本主義と統治を助けることもできれば、帳簿を操作して両方を邪魔することもできる。[20]

ただし会計士自身は職業倫理を重んじていたし、「金ピカ時代」と呼ばれたアメリカの拝金主義や腐敗と戦う役目を誇りに思ってもいた。一八九六年のブックキーパー紙の社説には「会計士は刑事であり、抜けや漏れを調べる検査官であり、言葉の最も広い意味において解剖学者であり、探偵である……どんなにわかりにくくまちがって書かれていようと、どれほど改変され、虚偽が紛れ込んでいようと、句読点や記号にどんな意味が隠されていようと、会計士は判読する……会計士は不正を憎み誠実を讃える」という熱烈な文章が載っている。[21]

会計の専門的な教育が始まったアメリカ

シャーロック・ホームズよろしく財務の神秘に光を当てて解き明かす会計士というイメージは、会計教育の関係者にも、この新しい職業に就こうという人々にも、強いインパクトを与えた。著名な思想家ラルフ・ワルド・エマーソンの甥で名家の出であるチャールズ・ワルド・ハスキンズが公認会計士第一号の一人となったことも、大きな意味があった。博識で教養高いハスキンズは、ニューヨーク州公認会計士協会の会長を務めるとともに、ニューヨーク大学に商業・会計・金融のビジネススクールを設置するなど教育にも力を入れ、また財務会計と家計の本も執筆した。『職業教育と会計』（一九〇四年）では、実業家が知識人を馬鹿にする風潮を嘆いている。中世から現代にいたるまで、知識と教養のある企業家が会計を駆使して合理的な経営の伝統を築いて来たのだ、とハスキンズは指摘する。したがって現代の企業家は研究者と協力し、会計を活用した経営メソッドの確立をめざすべきだというのが、ハスキンズの持論だった。(22)

名家の文化の伝統を受け継いだハスキンズは女性の教育にも肯定的で、女性の教養は社会に貢献するとみていた。ただし女性が事業を経営することは念頭になく、女性はその知識と能力を家庭で発揮し、家庭経営に会計学を活かしたらよいというふうに考えていた。『家計の手引き』（一九〇三年）では、会計の歴史をたどってその応用範囲の広さを説き、財政や行政のみならず家計の切り盛りにも会計は役に立つと述べている。そしてフランスの哲学者モンテーニュを引用し、家庭経営のための「科学」は男女を問わず学ぶべきであること、科学的な家計の運営は合理的な国家の運営につながり、政府から地方自治体、企業、家庭にいたるまで合理精神が浸透するとした。こうして会計の専門的な教育が始まり、家政学の講座も大学に設けられるようになって、もはやアメリカは会計の無知や不正とは無縁になるように見えたものである。(23)

第12章 『クリスマス・キャロル』に描かれた会計の二面性

一九世紀から二〇世紀にかけて、会計は小説や思想にどのような影響を与えたのか。父親が会計士だったディケンズ、複式簿記の発想が『種の起原』に見られるダーウィン、会計を忌避したヒトラーから見えてくるものとは。

いかなる仕事が必要なときでも、「七面倒省」は全官庁の先頭に立って、ある崇高な原則を死守した。すなわち、「仕事をするべからず」という原則である。

——チャールズ・ディケンズ『リトル・ドリット』

（一八五五〜五七年）

会計は「人間の心の惨めさ」を測るのに最も適した方法である

会計の合理性を万人が信頼していたわけではない。工業化社会の到来に伴い経済犯罪が急増し貧困が深刻化する状況を目の当たりにしたら、一九世紀の金融評論家が会計の社会貢献度や個人・組織の会計責任のあり方について懐疑的になったとしても、当然だった。なるほど会計士は尊敬すべき職業にちがいない。だが不正はあまりにも多く、しかも増え続けていた。人々は昔ながらのジレンマ、すなわち会計は善と秩序の道具にもなりうるが腐敗の手段にもなりうるという二面性に相変わらず悩まされていたのである。会計は、実業家のジョサイア・ウェッジウッドや哲学者のジェレミー・ベンサムが望んだように、確実に理性と秩序へと導いてくれるわけでもなければ、清く正しい幸福な生活を約束してくれるわけでもなかった。本章では、一九世紀から二〇世紀の初めにかけて、小説や思想、理論に表れた会計の二面性の一端を紹介することにしたい。

小説の名手オノレ・ド・バルザックは、『禁治産』（一八三六年）の中で、会計は「人間の心の惨めさ」を測るのに最も適した方法であることを示した。貧しい人々を助けようとする正義の人であるポピノ判事は、侯爵夫人の財産簒奪の企みを暴く傍ら、パリ一二区の暮らしぶりを測る会計システムを開発し、帳面に丹念に記入した。「区域のすべての悲惨な状況が数字で示され、あたかも商人が債務者のそれぞれの勘定を書き込むように、一冊の帳面に不幸の一つひとつがぎっちりと詰め込まれて」いる。彼のシステムは、単に経済状態や不幸の度合いを知るためのものではなく、何かしら手を打つための心覚えだった。最後の頼みの綱として判事の元に押し寄せる貧しい人々に助けを与えるとき、この帳面を参照するのである。(1)

ポピノ判事は不正や犯罪を裁くにあたって、貧しい人々の生活を理解しようと努める。バルザックが『人間喜劇』と呼んだ人生の機微は、パリの闇の部分を扱わなければならない判事にとってきわめて重い意味を持っていた。収支を合わせても幸福が得られないことを知っている判事は、罪と罰の帳尻を合わせようとはしない。社会悪は日々の暮らしについてまわるものであり、コストと同じで、それとうまくつきあっていくほかはない、と彼は考えていた。

ディケンズの父親は会計士だった

一九世紀の作家の中で、会計士や会計責任を誰よりも生き生きと描いたのはチャールズ・ディケンズ（一八一二〜七〇年）である。ディケンズの世界では、会計士は善意だが不運な事務員として、あるいは悪意に満ちた詐欺師として、あるいは非情な官僚として登場する。たとえば『クリスマス・キャロル』（一八四三年）で、主人公のエベネーザ・スクルージにこき使われる書記のボブ・クラチットは善意の人であり、忠実に帳簿をつけ勤勉に働く。薄給に満足し、末っ子のティムが不治の病にかかっている不運も、あきらめとキリスト教徒の寛容でもって受け入れる。一方、スクルージも共同経営者だったジェイコブ・マーレイもやはり会計に精通しているが、二人とも無慈悲で強欲な守銭奴である。マーレイは七年前に死んだが、さんざんあこぎなことをしたせいで地獄に堕ち、罰を受けている。彼は重い鎖を引きずりながらクリスマスの前夜にスクルージの元に現れる。「鎖はとても長く、尻尾のような具合に彼に巻き付いていた。スクルージが仔細に観察したところによれば、鎖と言っても、金庫、鍵、錠、台帳、証書、ふくらんだ銭袋などを鋼鉄でかたどったものでできていた」。マーレイは生きていた頃、金だけでなく、会計の元帳や証書にも執着していた。だから地獄に堕ちたあと、それらに苦しめられることになったのである。スクルージが同じ運命を辿りたくないなら、いますぐ生き方を変え、パチョーリの教えに従ってよき商人となり、クリスマスには善行で帳尻を合わせなければならない[2]。

ボブ・クラチットのような正直者の会計士の系列につらなる人物に、『デイヴィッド・コパーフィールド』（一八四九～五〇年）に登場するミコーバー氏がいる。ミコーバーは、上司であるユライア・ヒープの詐欺を暴く。そして、いまや有名になった会計の自明の理を口にするのだ。「年収が二〇ポンドで年間支出が一九ポンド六〇ペンスなら、結果は幸福。年収が二〇ポンドで年間支出が二〇ポンド六〇ペンスなら、結果は不幸」。これはちょうど、ベンサムの幸福計算から哲学的な優美さをはぎ取ってシンプルなメッセージだけを残したものと言えよう。ミコーバーは、ディケンズ自身の父親がモデルとされる。ディケンズの父ジョン・ディケンズは会計士だったが、職を失い借金が返せなくなって、マーシャルシー債務者監獄に収監された。このとき一二歳だったチャールズ・ディケンズは、祖母から遺産が転がり込んで父が釈放されるまで一人下宿し、昼間は靴墨工場で働かねばならなかった。

『リトル・ドリット』（一八五五～五七年）ではこのマーシャルシー債務者監獄が舞台となっており、社会の矛盾や不正と弱く貧しい人々の姿が克明に描き出される。リトル・ドリットは主人公エイミーの呼び名で、その父ウィリアム・ドリットはディケンズの父親と同じく、借金を返せずに債務者監獄に送り込まれる。資産家アーサー・クレナムは、自分の母親がドリット一家の不幸と何か関係があると疑っており、一家を救い出す決心をして「七面倒省」に赴き、ドリットの債権者について調べようとするが、埒《らち》があかない。「七面倒省」は、ディケンズが当時のイギリスの官庁を揶揄して大蔵省をモデルにこしらえた架空の役所である。局長のタイト・バーナクルは登庁したためしがなく、この役所にはありとあらゆる書類が流れ込むが「何一つとして出てこない」。役人はここで「なぜできないかを説明して人を煙に巻く」技術を学んで出世していく。国家の会計を預かる財務官は、数字を意味不明に合計してわけのわからないものにしてしまう(3)。

ヴィクトリア朝の意図的に杜撰で不透明な会計と行政は、ドリットのような正直者を破滅させ、サドラーのような悪党に栄光への扉を開くのだ、とディケンズは苦々しく観察した。すでに述べたように、『リトル・ドリット』に登場する銀行家マードル氏は、実在した詐欺師サドラーがモデルになっている。マードル氏の破産のせいで、彼の事業に投資していたアーサーや仲間たちは無一文になってしまう。ドリット一家が監獄から出られたのは偶然の幸運に過ぎず、政府が無能で責任を果たさない社会では、サドラーのような悪党もたまたま破産で報いを受けるだけで、法による罰は受けない。

ソローの家計簿

会計の論理や比喩は、文学作品だけでなく、哲学にも反映されている。アメリカの思想家へ

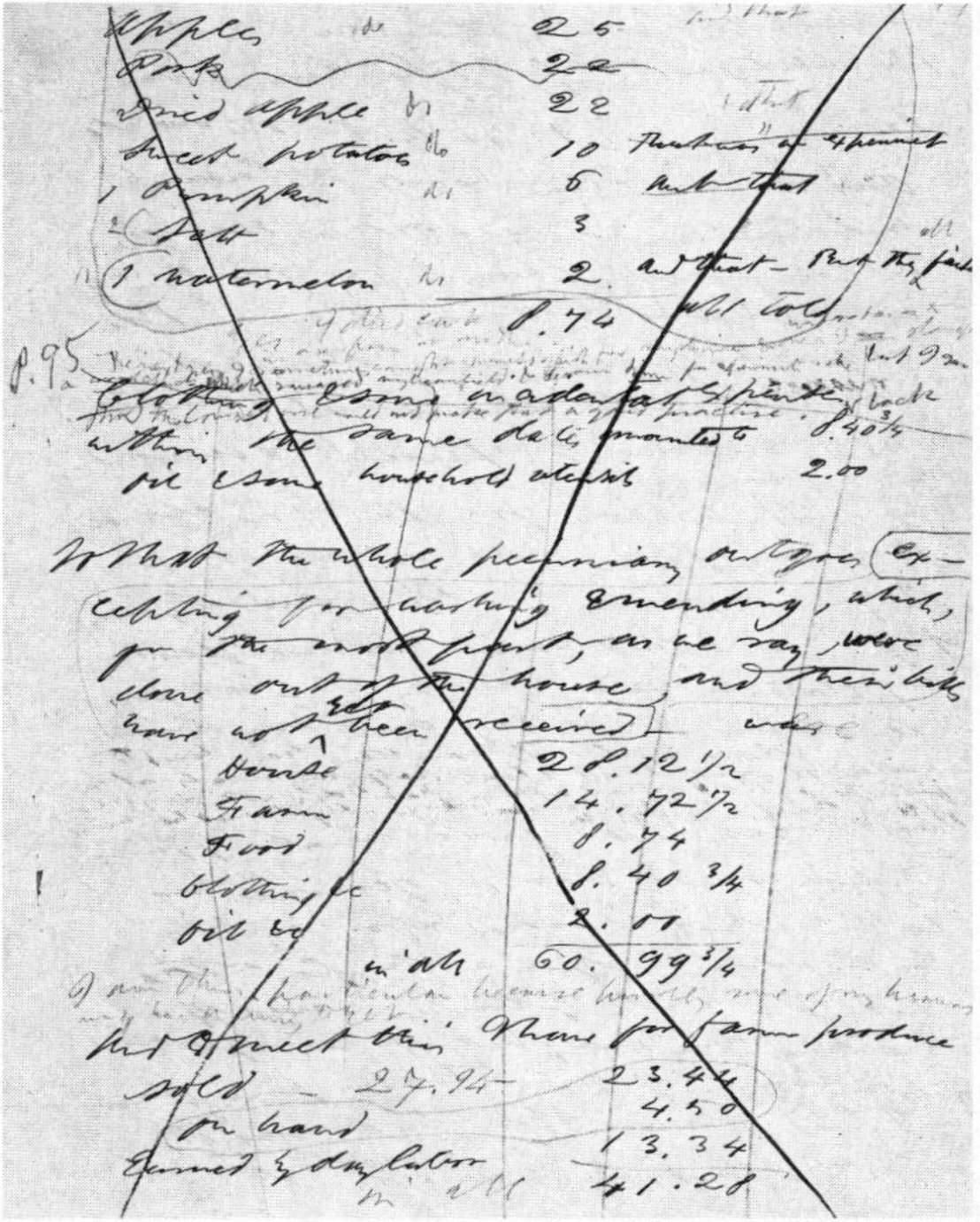

ヘンリー・デイヴィッド・ソロー『森の生活』の原稿から会計記録部分
（1846–47年）
Huntington MS 924, vol. 1, page 59
ハンチントン図書館蔵、サンマリノ、カリフォルニア

超越主義の思想的リーダーの一人だったソローは、精神の純化を求め、物質的富を拒絶した。この写真は、『森の生活』の原稿に含まれていためずらしい会計記録である。ソローは会計の原則とは反対に計算を逆向きにたどり、生活にほんとうに必要なものは何かを突き止めようとした。

ンリー・デイヴィッド・ソロー（一八一七〜六二年）においても、会計は意外にも重要な位置を占めていた。超越主義者と呼ばれるソローの一派は、理想主義、人道主義を掲げて産業開発と戦い、税金に反対し、「市民としての反抗」を掲げ、奴隷制に反対した。自然の探求にも魅せられていたソローは、先駆的な環境活動家としても名高く、代表作『森の生活』（一八五四年）を通じて自然回帰を訴えている。同書の中でソローは、「人間は思いちがいから労働をしている」と警告する。「なぜ生まれたときから自分の墓を掘らなければならないのか」と。近代合理主義に対する清教徒的な批判精神に加え、ロマン主義の影響を色濃く受けるソローは、瞑想を通じて精神の純化を、自然との共生を通じて自給自足をめざすべきだと説いた。国中に鉄道を建設するぐらいなら「土を掘り返している」ほうがよいのだと彼は言う[4]。

『森の生活』は、自給自足の実験を記録した書である。ソローはマサチューセッツ州コンコードのウォールデン湖畔で、二年あまり森の中で生活した。このとき精神の純化に到達するためのひとつの方法として、生活に欠かせないものとそうでないものを峻別する。そして単式簿記で家計簿をつけた。支出は鋤《すき》や種子など畑のための費用と日用品、収入は畑でとれた農作物を売って得た代金である。計算すると、儲けは一三・三四ドルになった。「私は二年以上森で暮らしたが、食費の中にジャガイモ、ヤングコーン、エンドウは入っていない。自分で育てたからだ」。ウォールデンでの家計簿はシンプルだが、個人的なメモにはたくさんの計算が残されており、最後の集計の前まできわめて詳細に帳簿をつけていたことがうかがえる。一言で言えば、ソローの会計は保守的で、ウェッジウッドのような利益志向はかけらもない。彼がやろうとしたのは、自然の中で禁欲的な精神生活を送るためには、最低限何が必要なのかを計算することだった。[5]

『若草物語』(一八六八年)で名高い女流作家ルイザ・メイ・オルコット(一八三二～一八八八年)も、会計の悩みを小説に書いている。オルコットは超越主義者の両親に育てられ、エマーソンやソローとも親しかった。『若草物語』には、家庭経営における会計の大切さを暗示するシーンがある──貧しい新婚の二人にとってはなかなかむずかしいことだが。「それまでメグはそつなく家庭を切り盛りしていた。用心深く、きちんとしていたし、家計簿も几帳面につけ、毎月夫にそれを見せるときにも、何もやましいところはなかった。ところが秋になって、メグの楽園に蛇が侵入したのである。蛇は彼女をそそのかした。リンゴではない、あのすてきなドレスを買ってしまったら、と」。その月の家計簿を夫のジョンに見せるとき、メグは平静ではいられなかった。どのみちおそろしい請求書が来てすべてはばれてしまう……。[6]

産業の発展とともに、数字や数学の果たす役割は着実に大きくなっていく。たとえば確率は保険会社のよりどころだし、統計は近代社会においては必要不可欠だ。社会学の祖と言われるフランスの哲学者オーギュスト・コントの社会統計論は、自然を人間の意志に従わせるだけでなく、社会生活や産業を数学の法則に従わせようとする試みの表れと言えよう。地図や鉄道から、人間の行動、誕生・死亡の確率、さらには時間そのものの管理にいたるまで、さまざまなものが数字で扱えるようになった。科学の発達が、産業、医療、技術の進歩という形で生活のあらゆる面にメリットをもたらしたことはまちがいない。だが科学は、必ずしも高潔な目的のためばかりに活用されたわけではなかった。[7]

ダーウィンの進化論にも複式簿記の発想が

ジェレミー・ベンサムが複式簿記形式で幸福計算を試みたのに対し、トーマス・マルサスは『人口論』（一七九八年）の中に平衡という概念を導入している。人間の生存資料（端的に言えば食糧）と人口を平衡させなければならないと考えたのである。そして「悲観的なベンサム」とも言うべきマルサスは、「（生存資料の増加率よりも）優勢な人口の増加率は、罪悪と窮乏を生ぜずしては妨げ得ない」という結論に達する。マルサスは、自然の法則や人口統計といった新しい言葉と、均衡や決算といった中世以来の古めかしい言葉を混ぜて使っている。人口の会計士として、彼はダンテから魂の問題を取り除き、バルザックやディケンズよりも先に、人間の存続は「罪悪や窮乏」によって帳尻が合うという発想をしたのだった。(8)

生と死を複式簿記の発想で捉えようとしたのは、マルサスだけではない。一八五九年にはチャールズ・ダーウィン（マルサスの熱心な読者だった）が『種の起原』を著す。この種（species）という言葉は、アリストテレスが動物の分類に使ったギリシャ語に由来するが、中世にはこの言葉がお金も表していたことは意味深長である。進化の過程とは、自然の精緻だが暴力的なバランス・システムにほかならず、このバランスは複式簿記の世界を連想させる。ダーウィンがジョサイア・ウェッジウッドの孫であることを思い出してほしい。ダーウィンがビーグル号の航海（一八三一〜三六年）で書き綴った緻密な調査記録は、あらゆる記録の中で歴史上最も有名である。(9)

ダーウィンのいとこのフランシス・ゴルトン（一八二二〜一九一一年）は、一八七三年に興味深い調査を行っている。王立協会の会員に宛てて、日頃の習慣に関するアンケート調査票を送ったのだ。ゴルトンは人類学者、探検家、科学者で、ダーウィンと同じく遺伝的形質に興味を持っていた（のちに優生学に足を踏み入れる）。そこで、王立協会会員の知的能力の形成に寄与したとみられる習慣的な行動を、それぞれの父親の習慣と比較しようと考えたわけだった。ダーウィンもこの質問票に回答している。左欄には自分の、右欄には父親の習慣や特徴を記入する形式で、身長、髪や目の色、政治思想、宗教なども記入する。「気質」という項目では、ダーウィンはきわめて率直に自分の欄に「やや神経質」と書き込み、父親の欄には「楽天的」と記入した。「勉学」の項目では、自分は「たいへん勉強熱心」だが父親は「勉強嫌いで理解力も鈍いが、会話では好奇心旺盛で、逸話の収集に情熱を燃やす」となっている。これは、ダーウィンが自分の能力と父親の能力の「収支」を合わせようとした、進化史におけるなかなかに興味深いシーンである。(10)

ゴルトンの鋭い質問のおかげで、ダーウィン自身の方法論もあきらかになっている。「特別な才能」という項目に、ダーウィンは「とくにないが、帳簿をつけて事業を把握すること、手紙に返事を書くこと、投資をすることは得意である。自分は秩序立てて仕事をすることが習慣になっている」と書いているのである。これに対して父親は「実務に長け、大きな利益を上げて損をしない才能を持っている」という。

富が科学、産業、芸術の進歩をもたらすと信じたダーウィン

会計はジョサイア・ウェッジウッドの生活で重要な位置を占めており、彼は息子や娘にも会計を教えている。だからウェッジウッド家でもダーウィン家でも会計は大切にされており、金

銭的なことに限らず比較対照表を作ってバランスを考えるというやり方は、ダーウィンにとってもゴルトンにとっても習慣になっていた。ダーウィン自身、「秩序」が習慣になっていると告白したことは先ほど書いた通りである。彼は自分の活動をすべて詳細な帳簿につけていた。事業に限らず、家庭のことなどもすべて、である。帳簿に立てられた項目には勉学、庭仕事、私用、家計（使用人の報酬を含む）などがある。ヴィクトリア朝の男女の役割分担にしたがい、妻のエマは家庭の細々したことを切り盛りし、家計簿をつけていた。食費、服、使用人、娯楽、家具、タクシー、ピアノの調律、音楽会、教育費といった項目が見られる。単独の品目で支出が最も多かったのは、肉である。一八六七年にダーウィン家は肉に二五〇ポンドを投じているが、服に払ったのは二一三ポンドにとどまった[11]。

チャールズの息子フランシスは、こう書いている。「お金やビジネスに関して、父は驚くほど注意深く、正確だった。細心の注意を払って帳簿をつけ、いつもきちんと整頓し、年の終わりにはまるで商人のように決算をしていた。小切手を切るたびに父がさっと帳簿を取り出して書き込んでいたのを思い出す。忘れないうちに記入しなければ、とひどく急いでいたものだ」。会計を大切にするジョサイア・ウェッジウッドの習慣は、次の世代にもしっかり受け継がれていたようである。ダーウィンは新興事業や鉄道株に投資して利益を上げている。もちろん大幅に値下がりして痛い目に遭ったケースもあるが、明敏なダーウィンはぬかりなく相場の先を読み、一八六〇年代半ばには鉄道株を売り払い、公債に切り替えた。帳簿を見ると、結婚生活を始めた時点でダーウィンが一万ポンドの元手を持っていたことがわかる。うち五七三ポンドを銀行に預金し、三六ポンドを手元に置き、残りを投資に回した。兄が死の前年の一八八一年に二八万二〇〇〇ポンドを残すという遺言状を作成すると、息子のウィリアムは「こんな大金は想像もしなかったでしょう」と父親をからかっている。[12]

ダーウィンは、まるで日記作家のように克明な日記をつけ、健康な日数と病気の日数を比べたり、働いた時間を集計したりした。また社会的慣習の効用を計算しようと試み、若い頃の日記に「結婚すべきか、せざるべきか、それが問題だ」などと書き込んでいる。彼は祖父のジョサイア・ウェッジウッド以上に計算好きで、妻とトランプをした時間数などまで記入し、合計を出したほどである。自然科学者として、集計した数字から何らかの結論を出さないと気が済まなかったらしく、『人間の由来』（一八七一年）には、マルサスよろしく「自分の子供を絶望的な貧困から守ってやれない人は結婚すべきではない」と書いている。ダーウィンは富が科学、産業、芸術の進歩をもたらすと信じ、「高い教育を受けた人間」には人類に必要とされる「知的な仕事」を遂行できると考えていた。[13]

一世代あとのポーランド出身の作家ジョゼフ・コンラッドは、会計は人間の罪や苦悩を隠す役割を果たすと考えた。植民地主義の残虐な実態を描写した代表作『闇の奥』（一八九九年）では、「会社」はアフリカの農園で労働者を搾取し、殺しさえする。その一方で会社の主任会計士はいつもこぎれいに着飾り、何でもよく知っていて、けっしてまちがいを犯さない。どうやら会計士だけが、ジャングルの苛酷な環境でも文明人を装うことができるらしかった。「この男はたしかに何かをやり遂げていた。会計士の職務に全身全霊を捧げており、その帳簿はじつに秩序正しく整然としていた」。主人公のマーロウ船長は、この秩序の権化《ごんげ》に敬意を払う。会計士は老衰や死をきれいに数字に変換して帳簿に記帳し、本社に送る。本社からすれば、会計士の数字を見る限り、典型的な帝国主義者のクルツも、悪夢のような奴隷酷使の実態も、たいへん効率的で申し分ないと感じられるのだった。(14)

経営学の基礎となった「科学的管理法」とは

数字に表れる経済的成功が人権より優先されるのではないかという懸念は、産業革命の後期になって現実のものとなる。フレデリック・W・テイラー（一八五六〜一九一五年）は、メイフラワー号の移民の末裔でフィラデルフィアの名家出身だが、眼疾のため大学進学を断念し、鋳型作成と機械工の見習いとしてハイドローリック・ワークスで、続いてミッドベール・スチールで働く。こうした階級としてはたいへん希有なことである。やがて技師長になり、工作機械の改良や作業工程の改善に取り組み、のちに「科学的管理法」として有名になる近代的な生産管理方式を編み出した。多くの点で、テイラーは鉄鋼時代のジョサイア・ウェッジウッドだったと言えよう。時間と労働コストの厳密な管理を重視したテイラーの手法を支えるのは、月次決算に基づく詳細な原価計算だった。「これこそが私のシステムの特徴であり、私の知る限りでは他にこうしたシステムは存在しない」とテイラーは誇らしげに語っている。(15)

テイラーは、企業内の費用や財務情報を収集・整理する方法を考案しただけでなく、会計担当者を企画・計画部局に常駐させ、生産管理戦略を会計の観点から直接分析できるようにした。生産プロセスで実際に発生したコストは、工程ごとにカードに明記し、そのカードを集めてコスト管理部門が分析する。この部門は、正確なコスト評価を行うためにテイラーが考案した専門の部門である。テイラーは、利益のもとになるのは正確なコスト評価であり、そのためには人件費、原料費、労働時間を正確に把握しなければならない、と指摘した。当時は労働者の怠惰や無知が問題になっており、生産性が利益を大きく左右していた。ジェレミー・ベンサムの快楽計算によれば、労働者は労働を苦痛とみなすため、必ず怠ける。この損失をなくすことが、テイラーの生産管理の眼目だった。

テイラーの生産管理方式は、さまざまな面で大成功を収めた。ベツレヘム・スチールで道具や作業の標準化により生産高を大幅に増やして利益をもたらしたことは語り草である。そしてテイラー自身は、アメリカ初の経営コンサルタントとなった。一九一〇年には、鉄道会社の運賃値上げを巡り、テイラー方式を参照して経営の非効率が指摘されたことから、彼の生産管理は「科学的管理法」として一躍有名になる。科学的管理法は経営学の基礎を築いたとも見なされており、ハーバード・ビジネススクールやマッキンゼーのルーツがテイラーの着想にあると言っても、あながちこじつけではあるまい。ちなみにマッキンゼーを創立したジェームズ・O・マッキンゼーは、会計士だった。

会計を忌避したヒトラー

アメリカは国を挙げて効率とスピードの改善に邁進する。ハーバート・フーバー大統領も、仕事は「できるだけ早く」やるのがよいと述べたほどだ。ヘンリー・フォードはテイラーにヒントを得て画期的なT型フォードの生産方式を開発したと言われる(科学的な管理を通じて生産量と報酬が関連づけられるため、組合は不要になるとテイラーが考えていた点も、フォードの関心を引いたと思われる)。フォードのみならず、製造業の経営者はこぞってテイラー方式に注目した。こうして大量生産が行われるようになり、途方もない富が築かれる一方で、社会の不和や混乱も招く。テイラー方式で管理された労働者は、非人間的な労働条件に反発してひんぱんにストライキをした。彼らは、テイラーが生産量を増やそうとするあまり、労働者の負担を示すデータを無視していると主張して、テイラー理論の評価を下げた。[16]

レーニンもスターリンもテイラーの理論に興味を持った。ヒトラーもフォードとテイラーを称讃した。ヒトラーに信頼されたアルベルト・シュペーアは、「ヒトラーから軍需相に指名されるとすぐ、私は省内から軍の幹部を排除し、専門家や実業家や技術者から助言を仰ぐようにした。さらに、ユダヤ人のすぐれた実業家ヴァルター・ラーテナウ（のちに内国再建相、外務相）のアイデアを借用して、部品の標準化、分業、組立ラインの効率最適化を行った」と述べている。テイラーにとってはあまりうれしくない話だが、このラーテナウは、ドイツにおけるテイラー主義導入の先駆者となった。[17]

ヒトラーは合理的な大量生産を推進し、労働者を機械の歯車にしようとするが、会計責任を果たす気は毛頭なかった。大事なのはイデオロギーであって利益ではない、ということだろう。ドイツ鉄道総裁のヴァルター・シュピースは、現場の管理者の反対を押し切り、国鉄は営利目的の組織ではなく政治的目的の達成度によって成果を計測すべきだとの理屈で、原価計算を廃止する。そして一九三六年一月一日をもって会計データの収集を大幅に縮小し、会計係の多くを配置転換した。フェリペ二世、ルイ一四世、大英帝国の時代と同じく、戦争は途方もない支出を伴う。ましてこれは第二次世界大戦だった。そこではもはや投資収益率などは考慮されず、会計の原則も尊重されない。戦争それ自体がおぞましい清算の日を迎えるまで、軍の論理が最

優先された。(18)

会計士は公共サービスのシンボルとなった

一九世紀にディケンズは強欲な会計士を描いたが、二〇世紀に入ると会計士は再び尊敬されるようになる。会計教育と会計基準策定の先駆者となったチャールズ・ワルド・ハスキンズのような人々は、合理性と公益を重んじ、複雑な企業会計の理解と理論化に努力した。興味深いことに、几帳面に帳簿をつける金貸しや両替商にたいする偏見にもかかわらず、会計士は公共サービスのシンボルとして、また公益に資する職業として認識されていた。経済の控えめな裁定者としての会計士の役割は、大手会計事務所の登場で強化される。一九二〇年代にはアメリカは世界最大の先進工業国となっており、公共精神あふれる会計士と民主主義を奉じる政治家は、産業と政府の透明性と効率性を高めるべく努力していた。もはや会計の負の面は払拭されたかのように見えた。ハスキンズに続く世代は、会計の方法を開発し、マニュアルを整え、学校を設置し、職業団体を発足させていく。会計に関する法律も整備され、政府関係の監査を担当する専門の官庁も置かれるようになった。こうして、会計という近代的な技術の問題はすべて解決済みのように思われたものである。

第13章

大恐慌とリーマン・ショックはなぜ防げなかったのか

複雑化した会計は、もはや専門教育を受けた人でなければ扱えない。その中で大手会計事務所は、監査で知り得た財務情報をもとにコンサルティング業を開始する。明らかな構造的矛盾のもと、最悪の日は近づいていた。

神はわれらに負い目の償いを課したもう。
刑罰の形に心とむるな。
あとに何が来るかを思え。最悪の場合でも、
最後の審判の先までは、それは続かぬ。
——ダンテ『神曲　煉獄篇』第十歌

会計士は公平なレフェリーか

一九〇〇年一〇月末に、アーサー・ローズ・ディッキンソン（一八五九〜一九三五年）はロンドンからニューヨークに到着した。プライスウォーターハウス（ＰＷ）のアメリカ事務所の指揮を執るためである。画家や哲学者を多数輩出する名家の出身で、自身はケンブリッジ大学で数学を修めたディッキンソンは、秩序を重んじる人物で、公正に公共サービスを提供する英国会計士の伝統を根付かせようと、意欲に燃えていた。ディッキンソンの入念な監督の下で、プライスウォーターハウスはＵＳスチールの一九〇二年度の決算報告を準備する。この報告は、サイエンティフィック・アメリカン誌に「これまでアメリカの大企業が発表した中で最も完璧な報告」だと称讃された。ディッキンソンはシカゴ、セントルイスへと事業を拡大し、イリノイ州公認会計士協会の会長も務めている。疲れを知らないディッキンソンは、連邦取引委員会のために監査の標準化にも取り組み、「会計の実践と手順」（一九一三年）といった会計に関する小冊子も発表するなど、企業会計に大きな影響を与えた(1)。

ディッキンソンは誠実で紳士的な会計士の鑑とされ、イギリスに帰国後、一九一九年にジョージ五世からナイトの称号を授けられている。第一次世界大戦中は政府の仕事もした。会計士は企業と政府との間に立つ公平なレフェリーであり、あくまで数字と秩序に注意を集中しなければならない、というのがディッキンソンの持論である。とはいえ、この立場を貫くのは容易ではない。とりわけアメリカという激動の新世界ではそうだった。アメリカでのビジネスは総じて予測不能であり、変化のスピードが速く、しかも規制がほとんどない。「毎年の監査は英国企業にとって欠かせない仕事で、企業経営の基本中の基本だが、アメリカではめったに行われない。しかも、監査を行っている少数の企業でさえ、一握りの人間の気まぐれに左右されるという嘆かわしい状況だった」とディッキンソンは回想している。[2]

帳簿がきちんとしていないので、アメリカでは「推測」に基づいて監査をせざるを得ない。これはイギリスでは職業倫理に反するのだが、アメリカの顧客企業は「よい監査と悪い監査の見分けがつかない」。こうした次第で、ディッキンソンは顧客を獲得するために、広告など会計事務所にとっては正統的でない方法も採用せざるを得なかった。しかもアメリカ人は会計士に「剝き出しの事実」を語ってもらいたいのではなく、事業経営についてのアドバイスを求めている。ディッキンソンに言わせれば、計算を本業とする会計士にとって、そのようなことは守備範囲外だった。ディッキンソンはひたすら正確無比な監査を行うべく努力し、一九二〇年代後半には、プライスウォーターハウスは会計事務所としてアメリカでトップの座を占めるにいたる。フォーチュン誌によれば、「世界の最先端を行く」同社は、ニューヨーク証券取引所上場企業七〇〇社のうち、じつに一四六社を扱っていた。ハスキンズ・アンド・セルズ会計事務所（会計教育に尽力したあのハスキンズである）のように尊敬すべきファームがアメリカでも設立されていたし、デロイト（のちにハスキンズ・アンド・セルズと合併する）のように伝統あるファームも次々にアメリカ進出を果たす。ビジネススクールも隆盛だった。ディッキンソンの目には、ようやく「未開の地」であるアメリカにも秩序と理性が到来したように見えた。[3]

だが、合理的で誠実な民間の監査によって、ビジネスの世界を秩序が支配するというディッキンソンの夢は、実現しなかった。二〇世紀から二一世紀にかけて、会計事務所は最善のケースでは、たしかに公平なレフェリーとして、また有能な金融アナリストとして機能した。しかし多くのケースでは、悪徳企業や無責任な政治家の前になす術がなかった。そして最悪のケースでは、会計不正を指導する有能なプロとして立ち回ったのである。金融が複雑化し、危機が次々に襲って来て、改革や会計責任の実現が困難になるにつれ、会計士の立場は危うく、かつ曖昧になっていった。

「アメリカ企業は闇の部分が光の部分より多い」

ディッキンソンが、自分は一九二〇年代前半にイギリスのプロフェッショナルな会計文化をアメリカに持ち込み定着させることに成功したと考えたとしたら、それはあまりに早まった判断だったと言わねばならない。はやくも二〇年代後半には、会計責任の欠如が一因となって大恐慌が引き起こされ、会計士という職業そのものにも手厳しい審判が下されることになった。手始めは、一九二六年にハーバード大学の経済学教授ウィリアム・Z・リプリーが行った批判だった。リプリーはアトランティック・マンスリー誌に「株主の知る権利」という記事を寄稿し、これが大評判になる。「立ち止まってよく聞け」という鮮烈な見出しで始まるこの記事で、ハスキンズやディッキンソンの言う公明正大な会計の世界など幻想に過ぎない、とリプリーは断じた。彼に言わせれば、ビジネスの大半は「薄暗がりの中で行われている」。クリーンな財務報告などという謳い文句はうかつに信じるべきではない。「私の机には、各社が最近発行した公式文書が山積みになっている。中でも気になるのは、ロイヤル・ベーキング・パウダー社だ。この会社は二五年以上にわたって、一度もバランスシートを公表していない。いや、どんな類いの財務書類もいっさい発表していないのだ」。シンガー・マニュファクチャリング、ナショナル・ビスキュイ、ジレット・セーフティ・レイザーといった企業にとって、「損益計算書や減価償却といった耳慣れない新奇な言葉は、どうやら存在しないようだ」。おまけに発生主義という会計の原則は完全に無視されているという(4)。

リプリーは、このように透明性の欠如した企業経営はアメリカ経済を損なうと警告した。「アメリカ企業は闇の部分が光の部分より多い」。一般の人々が健全な投資を行えるようにするためには、もっと情報の開示が必要である。企業が正確な数字によって真実の姿を開示しない限り、株式市場は機能しない、とリプリーは指摘した。ところが証券取引所は、上場企業の財務報告に関して何のルールも定めていない。プライスウォーターハウスのような会計事務所が何をしているか知らないが、多くの家族経営企業の決算はおそまつだし、大企業は収益をまったく報告しない。アメリカの企業はいまだにジャングルの中にいるようなものだ、とリプリーは舌鋒鋭く批判した。

プライスウォーターハウスUSAのシニア・パートナーだったジョージ・O・メイは、リプリーの批判に対し、監査というものは魔法ではないと論陣を張った。企業はいくらでも帳簿をごまかすことができ、その不正を突き止めるのはきわめて困難だという主張である。「山ほど規則を定めたところで、不誠実な企業を健全な投資対象に変貌させることはできない」。とはいえ会計事務所の仕事ぶりを擁護したメイにしても、心の中では企業会計を巡る規制が不十分であること、監査があやしげな財務書類に基づいていることを大いに懸念していた。メイは企業会計の監視強化を提案し、財務書類には「一般に認められた会計原則に則って適正に提出された」ことを確認する証明書をつけるべきだと主張している。(5)

大恐慌はなぜ起きたか

一九二〇年代にはニューヨークは世界的な金融センターの一つとなっており、ニューヨーク証券取引所の出来高は幾何級数的に伸びていた。ダウ・ジョーンズ工業株価平均は、一九二二年の九五・五一ドルから二九年一月には三四〇ドルに達する。だが「狂騒の二〇年代」の株高は、まさしくリプリーが批判したとおり、アメリカ企業の水増しバランスシートの産物であったことが判明した。二九年一〇月二四日の木曜日から二九日の火曜日までの五日間にわたってニューヨーク市場は暴落し、株式時価総額の三〇％以上が吹き飛んだ。アメリカの国内総生産（GDP）は三〇％落ち込み、卸売物価は三二％下落、銀行は九〇〇〇行が倒産し、失業率はじつに二五％に達している。最終的にニューヨーク証券取引所に上場された企業の時価総額は、一九三三年までに八九％失われた。単にバブル経済の成れの果てという話ではない。これほど規模が大きく、高度に発達し、大半が上場企業で成り立っていた経済が、これほどの不透明性を容認していたということが問題だった。リプリーは正しかったのである。企業の帳簿はどれもこれもいい加減だった。悪い会計が大恐慌の直接の原因になったわけではないが、悪化させる原因になったことはまちがいない。暴落が始まってすぐ証券会社の連中は、自分たちの扱う大方の株にほとんど価値がないことを重々承知していた。「あれは狂気の沙汰だったにちがいないにしても、スケールが壮大であったことは認めねばなるまい」とガルブレイスは書いたが、無料給食の列についた人々にはとても同意できないだろう。(6)

暴かれたJ・P・モルガンの秘密リスト

大恐慌に懲《こ》りた議会は一九三三年にグラス＝スティーガル法を可決し、銀行業と証券業の兼業を禁止した。銀行が預金をリスク資産で運用することを防ぐためである。銀行と証券が明確に分離されたことで、資産と負債を把握しやすくなり、監査も容易になった。またニューヨーク地区検事長だったフェルディナンド・ペコラは熱心な改革論者で、一九三二年に上院に設置された銀行・通貨委員会（通称ペコラ委員会）を主導し、J・P・モルガンの秘密リストを暴いた。モルガンは推奨株のリストを上得意客にだけ教えていたのである。その中にはカルビン・クーリッジ大統領も含まれていた。これを重く見たフランクリン・ルーズベルト政権は、改革を定着させるべく、一九三四年に証券取引委員会（SEC）を設置する。初代委員長はジョゼフ・P・ケネディ。言わずと知れたジョン・F・ケネディの父親で政治家一族の盟主だが、当時はむしろインサイダー取引で大もうけをした相場師としてつとに有名だった。この辣腕のケネディのもと、SECは上場企業の財務報告の基準を定める。ルーズベルトは企業の不正や虚偽を根絶できるとまでは思っていなかったが、SECの設置によって悪意のある情報操作、インサイダー取引、上得意客への特別な情報提供は防げるとみていた。(7)

SEC設置の根拠となったのは、一九三三年証券法である。同法は証券の発行体にすべての重要な情報の開示を義務づけるとともに、証券の売り出しに際して詐欺や不実表示などの不正を禁じている。証券の発行には登録制が導入され、企業は監査済みの財務書類を提出しなければならない。そして、違反企業に対してしかるべき行政手続き等を行う権限を備えた委員会の設置を認めた。一九三五年には「主任会計官室」を発足させて陣容を強化したSECは、上場企業の財務報告に関する規則の設定と強化に乗り出した。しかし監査法人は、企業側には帳簿を操作する余地があるのに対して監査側の負担と責任が大きすぎると懸念し、監査証明書に次の文言を記載することを望んだ。「われわれの検査は、御社が準備した財務書類に所見を述べる目的で行ったものである」(8)。

アメリカの大手会計事務所にとっては、政府による金融・証券市場の規制強化が監査法人の独立性を損ない、会計・監査技術のイノベーションを阻《はば》むのではないか、ということも心配の種だった。彼らには、一九世紀半ばから政府にも監査を提供して来たという自負がある。政府の強制監査によって民間の公認会計士の役割が失われてしまうのではないか、政府の監査官は民間の会計士に敵対的なのではないか、と案じられた。しかし大暴落直後の混乱をきわめる状況では、このような言い分が認められるはずもない。監査法人を含めて、無能で欠陥だらけの金融部門に対する信頼はすっかり失われていた。規制は避けられないと認識したプライスウォーターハウスのメイは、改革と市場規制に協力すれば、監査法人に対する信頼と尊敬を取り戻せるのではないかと期待する。経験を積んだ有能な民間の会計士には、政府の仕事を手伝うというよりも、むしろ主導する能力があった。こうして会計士たちは、自発的にSECへの提出書類の書式作成や監査方針の原案作りに協力した。メイ自身も、今日GAAPとして知られる「一般に認められた会計原則」の作成に取り組んだ(9)。

グローバル化の中で複雑化していく会計

こうした会計改革のうねりは、大恐慌後に世界各国に拡がっていった。第二次世界大戦後の一九四九年には米州会計会議が中南米の会計基準を制定する。一九五一年にはオーストリア、ベルギー、フランス、ドイツ、イタリア、ルクセンブルク、オランダ、ポルトガル、スペイン、スイスが欧州会計士連合を結成し、六三年にはデンマーク、アイルランド、ノルウェー、スウェーデン、イギリスが加わった。一九五七年のローマ条約により欧州経済共同体（ＥＥＣ）が創立されると同時に、国際会計基準委員会（ＩＡＳＣ、二〇〇一年に国際会計基準審議会〈ＩＡＳＢ〉に移行）も設置されている。同じ年には、極東会計士会議も発足した。こうしてグローバル経済の発展にふさわしい国際的な会計のフレームワークが整備される。一九六〇年代には、取引がグローバル規模に拡大する状況を受けて、国外子会社の資産評価基準を策定する必要性をプライスウォーターハウスが訴えている。またＩＡＳＣの委員長、イギリス公認会計士協会の会長などを歴任したヘンリー・ベンソン卿（一九〇九〜九五年）がＧＡＡＰの普及に尽力し、次第に国際的な会計組織に受け入れられるようになっていった。[10]

一九四六年から六一年にかけては会計士にとって黄金時代とも言うべき時期であり、会計・監査業界は磐石の信頼を獲得していた。明確な監査基準や規則が制定され、欧米と日本の経済は順調に成長を遂げる。とはいえ会計文化は、一九世紀あたりからどこかしらが変化していた。おそらくは政府機関や法律や税法が大量に出現したことに伴い、不可避的に会計も複雑化してきたのだろう。この時期に会計用語が多数登場したことからも、二〇世紀の会計がやや非人間的になっていることがうかがえる。いまや会計は専門的な教育を受けた人にしか扱えなくなり、それ以外の人には、たとえ高等教育を受けていても、チェックすらできなくなる。会計士は成功する職業の同義語になると同時に、精密で冷徹な「数字屋」と見なされるようになった。

ビッグ・エイトのコンサルティング業拡大

戦後の高度経済成長期と同じく、会計の黄金時代も長続きしなかった。社会的地位の高い紳士然とした会計士のイメージも、企業と政府の公平な審判者としての役割も、はやくも二〇世紀後半には壊れ始める。まず一九五〇年代半ばになると、監査法人同士の競争が熾烈《しれつ》になる。ピート・マーウィック（のちにKMGと合併してKPMGとなる）が収益でプライスウォーターハウスを抜いた。また、アーサー・アンダーセンが会計業界にアメリカ流の文化を持ち込んだ。アーサー・アンダーセンは、一九一三年にアーサー・E・アンダーセン（一八八五～一九四七年）が設立した会計事務所である。ノルウェー移民の息子のアンダーセンは苦学して会計士の資格をとったが、禁酒時代のシカゴのありさまにショックを受け、アル・カポネやジェイク・グージック（組織の財務担当で、彼の元帳が脱税の証拠として押収された）が牛耳る汚れた街に秩序を回復しようと決意する。アンダーセンは職業倫理を重んじ、監査人が考えなければならないのは何よりもまず投資家のニーズに応えることだとし、「会計士は財務報告の公正性を保つために、判断と行動に絶対的な独立性を確保しなければならない」と主張する。そして、「シカゴ中の金を積んだところで」自分が不正確あるいは不正だと感じた帳簿にサインさせることはできない、たとえそれで大手顧客を失うことになっても、と断言した。[11]

規律と高い倫理規範は訓練によって身につくとアンダーセンは信じており、ノルウェー人の母親がいつも口にしていたシンプルな原則に基づいて会計の理想を実現しようと試みた。その原則とは、「誠実に考え、誠実に行動すること」である。彼はアイビーリーグなど一流大学から学生を採用するのではなく、中西部の勤勉な学生を雇って訓練しようと決意する。そのためにシカゴ郊外のセントチャールズにあった聖ドミニク大学の跡地二億平米に自前で研修所を設立した。最盛期には職員五〇〇名、寮生一八〇〇名、通学生六万八〇〇〇名を数えたという。この会計の理想の地で、研修生はファームのパートナーたちから実地に教わり、会計からネクタイの結び方まできびしく仕込まれ、全国に散らばっていく。シカゴ出身であろうと、ロンドンあるいはクアラルンプール出身であろうと、みごとなまでに同じ規範と能力と忠誠心と、さらには服装まで身につけたので、ときに「アンドロイド」と揶揄されたほどだった。この教育研修モデルは、一九七〇年代以降も変わらずに守られた。一九九〇年代にアンダーセンで研修を受講した新卒者は、「研修によって自分は生まれ変わった」と語っている。(12)

アーサー・アンダーセンに、プライスウォーターハウスが体現するイギリス流の会計の伝統を壊すところから始まったと言える。アンダーセンは、誠実に行動する限りにおいて、会計士はコンサルタントとして活動すべきだと考えていた。会計士には「新規事業や事業拡大への投資について助言する」能力があると信じていたからだ。原価計算などの会計的な手法は企業全体の設計見直しにも活用できるし、それが産業全体の方向性でもあった。当時はビッグ・エイトと呼ばれる大手八社、すなわちプライスウォーターハウス、デロイト・ハスキンズ・アンド・セルズ、ピート・マーウィック・ミッチェル、アーサー・アンダーセン、トウシュ・ロス、クーパース&ライブランド、アーンスト・アンド・ウィニー、アーサー・ヤングが鎬《しのぎ》を削っており、どこもコンサルティング分野に業務範囲を拡大しつつあった。したがって、監査法人の独立性はかなりあやしくなっていたと言わざるを得ない。なにしろ、独立の立場から監査をすると称しながら、その監査対象企業から巨額のコンサルティング契約を受注していたのだから。(13)

相次ぐ不正と難解な論議で信用を失う

こうした矛盾が表面化するのは時間の問題だった。一九七〇年代には、会計を巡る不祥事が多数発生して業界を震撼させた。たとえばペン・セントラル鉄道は、推測に基づくでたらめな会計の結果、四〇〇万ドルの純利益を計上した直後に倒産している。当時のアメリカはベトナム戦争を戦っており、世相は荒れていた。そのうえ、ニクソン政権下で一九七一年まで五%程度だったインフレ率が、石油価格の高騰もあって七〇年代に急上昇すると、会計士は「物価変動会計」いわゆるインフレ会計に消極的だとして批判された。物価が激しく上下動する中、企業が利益を過大評価したり、減価を過小評価したり、資産価値を正確に把握できなかったりするたびに、会計士が槍玉に挙げられたのである。インフレに翻弄される人々の目には、会計士には客観的な監査ができないし、する意志もないように見えたのだった。(14)

インフレは、「貨幣価値は一定である」という取得原価主義会計の大前提を揺るがす。インフレによって貨幣の価値が下がれば、計算の出発点となる資産の購入価格は、必ずしも資産の真の価値を反映しなくなるからだ。会計用語を使って言えば、再取得原価と取得原価に乖離《かいり》が生ずる。すると固定資産の減価償却額や棚卸資産の評価などに歪みが出てくることになる。また価格変動が激しい資産も、取得原価主義の場合、決算時点の資産価値とはかけ離れた数字がバランスシートに計上されることになりかねない。そこに利益や損失を隠す余地が生まれる。取得原価主義会計のこうした歪みを排除し、企業の真の資産価値を財務諸表に反映させるため、時価主義会計の概念が導入された。企業が保有する資産の「公正価値」は、取得原価ではなく市場の実勢価格であるという考え方である。「公正価値」という概念は、貨幣価値が一定不変ではないという認識にも基づいており、貨幣購買力に基づいて資産の再評価を行う。ただし、時価会計の是非を巡っては会計専門家の意見は一致していない。公正価値には裁量の余地があり、取得原価と異なり不確実な要素が入り込んでくるため、正確な監査がいっそうむずかしくなる。

こうした専門的な論議は一般の人々に理解できなかったし、理解しようともしなかった。彼らは企業の財務報告についても、その監査についても、すっかり信頼を失っていたのである。会計不正が相次ぐ傍らで難解な論議が繰り広げられているのでは、世間が愛想を尽かすのも無理になかった。当時プライスウォーターハウスの社長を務めていたハーマン・ベービスは、人々が会計事務所に期待することと、実際に会計事務所にできることの間には大きなギャップがあると嘆いている。問題は、単に世間の信用を失ったというだけではない。一九六六年までには多くの監査法人が、連邦民事訴訟規則と一九三一年のウルトラマーレス事件（トウシュが顧客企業の財務報告の虚偽を見抜けず、監査証明を出したのちに当該企業が倒産し、債権者のウルトラマーレス社に訴えられた事件）の判例に従って、監査した企業の不正に責任を問われるようになっていた。この判例では、監査法人は契約当事者および主たる受益者に対して責任を負うとされている。つまり、企業が虚偽あるいは著しく不正確な財務報告をして、監査法人がそれを見抜けなかった場合、どちらも法的責任を問われることになる。(15)

格付機関は独立性を維持

一九七四年には、ビッグ・エイトは合計で二〇〇件もの訴訟の当事者になっていた。七六年には、事態を重く見た議会が調査委員会を設置し、民主党の有力な上院議員リー・メトカーフを委員長に指名する。メトカーフ報告は手厳しいものとなった。監査法人は、「監査対象である当の企業にあまりに多くを依存しており、懸念すべき独立性の欠如を露呈している」という。メトカーフ委員会はSECについても、「一般投資家の利益保護を甚だしく怠り、公的な使命の遂行に失敗した」と非難した。会計事務所が監査とコンサルティングの両方を手がける場合には、独立の原則が遵守されるようSECが何らかの規制を行うべきであって、監査法人の自己規制に委ねるべきではない。不誠実な会計はもはや国家的な問題である。二〇〇年以上にわたって会計基準を民間任せにしてきたアメリカ政府はいまこそ方針を転換すべきであり、議会が会計基準の実行を監視すべきだ、とメトカーフ報告は主張した。(16)

だがこのような責任を政府に負わせたからといって、万事が解決するわけではない。政府が監査をするとなれば、では誰が政府を監査するのか。一九六〇年代から七〇年代にかけて、アメリカ政府はゆっくりながら財務を公開し、議会の精査に委ねるようになっていた。議会はベトナム戦争の戦費を巡ってリンドン・ジョンソン大統領と火花を散らしたし、一九七〇年代のインフレによる経済の混乱も議論の対象になった。こうした中、政府財政を巡る政治的議論を効率的に行うには、テクニカルな問題を扱える超党派の組織が議会に必要だというコンセンサスが醸成《じょうせい》されていく。大統領主導で予算編成を強力に推し進めたリチャード・ニクソン大統領への反発もあった。こうした中、ニクソンが一九七二年に債務上限の引き上げを求めると、議会は予算管理を担当する両院組織の設置要求で応じる。予算や国債発行額の決定に関して議会の権限を拡大し、大統領府の行政予算管理局（ＯＭＢ）に対抗することが狙いだった。こうして一九七四年議会予算法が成立し、超党派の議会予算局（ＣＢＯ）が設置される。ＣＢＯの役割は、議会が経済・財政に関して適切に決定を下せるよう、必要な分析を行うとともに、予算編成に必要な情報と推計を提供することである。

一方、ＳＥＣは一九七五年に証券会社の自己資本規制を導入する際に「全国的に認知されている統計的格付機関（ＮＲＳＲＯ）」を制度化する。そしてムーディーズ（鉄道事業の評価からスタートしたあのムーディーズである）、スタンダード・アンド・プアーズ、フィッチをＮＲＳＲＯに指定し、この三社による民間企業や各国政府の債券格付けにお墨付きを与えた。[17] 一九八〇年代後半になると、これらの格付機関は精力的に国債の信用格付け、端的に言って各国政府に債務の返済能力があるかどうかの評価を行うようになり、対象国は三カ国から五〇以上に増えた。一九八五年以前は大半の国が最高のトリプルＡを獲得していたが、一九九〇年代に入るとそうもいかなくなる。一国の信用格付けを決定するのはかなりの推測を伴う作業となり、そのことは格付行為に批判的な人々のみならず、格付機関自身も認めるようになった。それでも格付機関は、いっさいの批判を許さないような立場を維持した。[18]

コンサルティング部門の利益が監査部門を追い抜く

その一方で、コンサルティングと監査の両方を行うのは利益相反だと認識されるようになって、監査法人の評判はがた落ちだった。メトカーフ報告は二股をかけるこの商習慣を批判し、コンサルティング・サービスの提供は「独立監査人としての責任とまったく相容れない。したがって国として禁じるべきだ」と勧告している。しかし監査法人は平然とコンサルティング業務を続け、同一会社の監査をしても独立性は損なわれないと強弁した。なにしろコンサルティング契約では数千万ドル単位のお金が入ってくるのである。一九八一年にジャーナリストのマーク・スティーブンスは、ビッグ・エイトの「ピンストライプのカーテンの向こう」で行われていることを批判する記事を書き、彼らは監査すべき書類にそのまま署名しているだけで、メトカーフ報告にもかかわらず「義務の遂行を怠っている」と断じた。こうして会計士という職業はダーティーなイメージになってしまう。それでも、大規模な企業の監査を行えるだけの専門知識を備えているのは、大手会計事務所だけだった。世間からは信用されずとも企業からは重宝がられ、結局ビッグ・エイトは会計業界を支配していた。[19]

一九八九年にアーンスト・アンド・ウィニーがアーサー・ヤングと合併してアーンスト・アンド・ヤングとなり、翌九〇年にはデロイト・ハスキンズ・アンド・セルズがトウシュ・ロスと合併してデロイト・アンド・トウシュとなる（イギリスでは別の合併が行われた）。こうしてビッグ・エイトはビッグ・シックスになった。この頃にはビッグ・シックスは全世界に進出し、数十万人の会計士を雇っていた。問題は、監査市場が飽和して成長の余地が乏しくなり、利益が頭打ちになったことである。そこで彼らは先ほど触れたように、アーサー・アンダーセンがやり始めたこと、つまり監査で知り得た財務情報を活用してコンサルティングを行うことを始めたわけである。ほどなくコンサルティング部門の利益が監査部門を追い抜くようになった。

一九九一年にスティーブンスは「ビッグ・シックス――アメリカのトップ会計事務所の凋落《ちょうらく》」という記事を書き、「六人の巨人」は、監査対象企業にコンサルティングを提供して私腹を肥やすことで頭がいっぱいだ、と痛烈に批判する。監査をして証明書を書けば企業価値は高まる。それはひいては、会計事務所のコンサルティング部門を儲けさせることになる。そのうえ監査に手心を加える会計事務所は、銀行に損をさせるので、銀行から盗んでいるのと同じことだ、とスティーブンスの筆鋒は鋭い。彼の矛先《ほこさき》はウォール街にも向かい、証券会社が監査法人を無邪気に信じている（ふりをする）のは、自分たちの利益しか眼中にないからだ、と断じている。(20)

忘れ去られた大恐慌の教訓

スティーブンスほど攻撃的でない人々も、大手会計事務所の倫理観を疑い始めた。たとえば、金融アナリストでビジネスウィーク誌デスクのリチャード・メルチャーは、一九九八年の記事の中で「会計士はどこへ行った？」と疑問を投げかけている。公平な審判者としての役割を果たすどころか、法律すれすれのリスキーな会計技術を駆使して、顧客企業に自由裁量の余地を与えすぎている、とメルチャーは主張した。(21)

メルチャーによれば、いまや会計事務所の収入の半分以上をコンサルティング業務が占めており、本業を圧倒する勢いだという。コンサルティングと監査というおいしい抱き合わせ契約が大量に締結されており、おまけに企業幹部の中にはアンダーセンを始め大手会計事務所から引き抜かれた人間が大勢いるという状況では、「法的責任への配慮など消し飛んでしまう。平気で減価償却の期間を引き延ばしたり、四半期末に売上高を膨らませたりするようになる」。SECはこうした現状に対策を講じてほしい、とメルチャーは結んだ。アンダーセンでは、シニア・パートナーの間でこの記事が話題になり、中にはコンサルティング偏重に懸念を表明する幹部もいたという。それでも、社内の職業倫理やリスクテークを見直すどころか、独立性を確保するための措置すら、何も講じられなかった(22)。

大方の会計士は規則を守っていたし、よからぬ監査に伴い大量の訴訟を起こされる現状を憂慮してもいた。しかし世間は会計士に対する信頼を完全に失ってしまった。企業自身が利益を増やしてくれるコンサルタントを重用し、監査をないがしろにしているのだから、それも当然だろう。コンサルティング・ビジネスは大流行《おおはや》りだった――が、最悪の日は近づいていた(23)。

一九九九年に、アメリカ政府は投資家からも一般の人々からもほとんど反対されずに、銀行業務と証券業務の分離を定めたグラス＝スティーガル法の規定を廃止する。そして、グラム＝リーチ＝ブライリー法によって、銀行・証券・保険の相互参入を可能にした。つまり銀行は預金者のお金を預かり貸し出すだけでなく、証券の発行引受や販売もできることになった。一一月一二日に同法に署名したクリントン大統領は、「アメリカの金融システムにおける一九三〇年代以来の重要な法律改正」であると述べ、グラス＝スティーガル法を撤廃して銀行と証券会社の「統合」を認めれば、競争が活性化し、「我が国の金融サービス業の競争力は強化され、グローバルな金融市場をリードできる」とした。さらにクリントンは、この法案には「安全と健全性を保つための予防措置が盛り込まれている」とも主張している。だが実際には、大恐慌後に導入された安全措置は捨てられた。「根拠なき熱狂」に浮かれるアメリカでは、会計と責任の原則は忘れられ、ゆるい規制の下で高度な金融商品が次々に発明されて、ブームは永遠に続くと信じられていたのである。(24)

アメリカ史上最悪・最大の不正会計事件

コンサルティング・ビジネス華やかなりし頃、シカゴにあるアーサー・アンダーセンの本社を訪れた人は、監査部門が相変わらず冴えない地味なオフィスで仕事をしているのに対し、コンサルティング部門は立派な家具を据え付けた豪華なオフィスで働いているのを見て衝撃を受けたにちがいない。他の監査法人にしてもコンサルティングで巨額の報酬を得てはいたが、アンダーセンはそれが顕著で、コンサルティングという尻尾が会社全体を振り回しているような状態だった。こうなったのは、単純に利益の問題である。一九九二年から二〇〇一年までの一〇年間で同社の利益は三倍以上になったが、その七〇%をコンサルティング部門が占めていたのだ。アンダーセンは「ニューエコノミー」の人気企業の監査を引き受けるのと並行して、コンサルティング契約を次々に勝ち取った。ウェイスト・マネジメント、ワールドコム、そしてあの悪名高いエンロンなどである。あとでわかったことだが、これらの企業は軒並み粉飾会計によって株価を押し上げていた。そして、かつては高い職業倫理と誠実な仕事ぶりで知られたアーサー・アンダーセンが、エンロンの不正会計容疑に伴い解散に追い込まれたことは、読者もよくご存知のとおりである。ウェイスト・マネジメント、ワールドコムなどについても、SECから不適切な監査を摘発された[25]。

アーサー・アンダーセンが解散に追い込まれたのは、エンロンの不正取引が大規模だったことに加え、債務隠しによってあきらかに不当に株高を誘導していたことが判明したからである。エンロンが倒産すると、一気に一一〇億ドルが紙くずになった。アンダーセンの不正監査について、ジョージ・W・ブッシュ大統領は笑えないジョークを飛ばしている。二〇〇二年にアルファルファ・クラブ（有力者が集う社交クラブの一つ）のディナーの席上で、サダム・フセインに関していいニュースと悪いニュースがあると言った。「いいニュースは、生物・化学兵器施設の査察を受け入れると表明したこと。悪いニュースは、その査察をアーサー・アンダーセンにやらせるよう、フセインが主張していることだ[26]」。

エンロンの一件で皮肉なのは、アーサー・アンダーセンが行った監査の一部は十分にまともだったことである。優秀な中堅クラスの監査担当者は、二〇〇一年に、エンロンの疑わしい取引と不正経理を明白な証拠とともに上司に告発した。ところが年間一億ドルのコンサルティング・フィーを失うことを恐れた幹部は、この告発を無視したのである。今風に言えば、この顧客は「大きすぎて逃せない」というわけだった。エンロンの不正行為をアンダーセンが黙認しているという証拠が積み上がるにつれ、エンロン担当の主任会計士デイヴィッド・ダンカンは証券法違反に問われるにちがいないと怯《おび》え、監査資料をシュレッダーにかけるよう部下に命じる。これで逃れられると思ったのは甘い考えだった。エンロンの不正はあまりに規模が大きく、そのエンロンと監査法人の共謀はあまりに重大だったから、エンロンの破綻はアンダーセンを巻き込まずにはおかなかった。ダンカンは結局、検察側証人として自社の悪事の告発に手を貸す。結果的に、彼を含めてアンダーセンの社員は誰一人として刑務所送りになっていない。アメリカ史上最悪・最大の不正会計事件でありながら、それを担当した監査法人の社員は罪に問われなかったわけである。なお、アーサー・アンダーセンは完全に消滅したわけではない。現在も二〇〇人ほどが世界各地の訴訟八万五〇〇〇件の対応をしている。[27]

リーマン・ショックで露呈したビッグ・フォーの問題点

エンロンを筆頭に、ワールドコム、タイコ・インターナショナル、アデルフィア、ペレグリン・システムなど、大手企業の不祥事さらには破綻が相次いだのを受けて、サーベンス＝オクスリー法（ＳＯＸ法、正式名称は上場企業会計改革および投資家保護法）が二〇〇二年に成立した。この法律では公開会社会計監視委員会（ＰＣＡＯＢ）の設置、監査人の独立性確保、財務ディスクロージャーの拡大、内部統制の義務化、経営者の不正行為に対する罰則強化などが定められている。財務書類には最高経営責任者（ＣＥＯ）と最高財務責任者（ＣＦＯ）が虚偽のないことを証する署名をしなければならず、違反すれば個人的に責任を問われる。同法に署名したブッシュ大統領は、「低い規範と虚偽の利益の時代はこれで終わった」と誇らかに述べ、「アメリカではいかなる企業の経営者も法を超越することはない」と断言している。さらに、すくなくとも会計士にとって審判の日は訪れた、とおごそかに付け加えたものである。「自由市場というものは、恥知らずだけが生き残り、強欲者だけが勝つような弱肉強食のジャングルではない……自由経済を実現するためには、法を犯す者、公正の原則を破る者は、たとえどれほど富裕で地位が高かろうと、代償を払わねばならない仕組みが必要だ」(28)。サーベンス＝オクスリー法は、アメリカで超党派の支持を得ただけではない。こうした実効性のある法律は本質的に必要とされていたのだろう、同様の法律がオーストラリア、フランス、ドイツ、イタリア、イスラエル、インド、日本、南アフリカ、トルコで相次いで施行された。アメリカでは、エンロンやワールドコムの煽りで信用を失墜した株式市場も、SOX法によって信頼を回復すると期待されたものである。だが会計規則の厳格化の結果は、期待に沿うものではなかった。銀行や企業は「創造性ゆたかな」財務・会計責任者やロビイストを高い報酬で雇い入れて従来にも増して強大になり、弱い立場の監査法人をつねに一歩出し抜く状況が出現したのである。

こうした問題が顕在化したのが、サブプライムローン問題に端を発する二〇〇八年のグローバル金融危機だったと言えよう。簡単におさらいすると、金融緩和と低金利政策のもとで信用程度の低いサブプライム層にまで積極的に住宅ローンが貸し出され、住宅バブルの崩壊によりローンが焦げ付いたことがサブプライムローン問題である。このサブプライムローンが証券化され、さらにそれを裏付けとする債務担保証券（CDO）が組成されるなど、複雑怪奇な証券化商品が世界中に販売されたために、アメリカから世界に危機が拡大した。危機の最初の餌食になったのは、大手投資銀行ベア・スターンズとリーマン・ブラザーズだった。どちらも、ニューヨーク連邦準備銀行、SECニューヨーク事務所、そしてビッグ・フォーすなわちプライスウォーターハウスクーパース、デロイト・トウシュ・トーマツ、アーンスト・アンド・ヤング、KPMG（合計すると七〇万人の陣容だ）からほんの数ブロックのところにある。あわてたアメリカ政府は、残る投資銀行を救うために、不良資産救済プログラム（TARP）といういささか滑稽な名前の緊急措置を発動する。事態が深刻化する前から、CDOは資産クラス3（現金・預金はクラス1である）だと会計事務所は指摘し、この手の資産はきわめて投機的でリスクが大きいと言い続けていた。だが彼らに危機を食い止める力はなかったし、おそらくはその意志もなかった。規制当局や監査人がどれほど近くにいたところで、迫り来る災厄に気づいていた人間はほとんどいなかったのだった。

危機の直後には、会計事務所の弱い立場を象徴する出来事が起きた。投資銀行が一斉に、危機が起きたのはビッグ・フォーのせいだと非難し始めたのである。リスクを恐れてCDOに低い評価をしたことが投資家の信頼を揺るがし、危機に火をつけたというのだ。適切な監査を行っていないとして会計事務所を疑う世間と、資産価値を過小評価したとして会計事務所を非難する企業や金融機関の両方から責め立てられて、ビッグ・フォーは地雷原を歩いているような気分だったことだろう。会計上あるいは法律上の誤りを一つでも犯せば、アーサー・アンダーセンと同じ運命を辿ることになり、会計業界全体が火だるまになりかねない。実際、イギリスの規制当局は、ビッグ・フォーによる寡占状態自体が危険だと考え始めていた。投資銀行の場合と同じく、大手会計事務所の顧客同士は複雑な取引・資本関係を通じて陰に陽につながりがある。ビッグ・フォーの一角が破綻したら、巡り巡って他の三社も巻き込まれることになりかねない。言い換えれば、ビッグ・フォーは大きすぎてつぶせないが、さりとて弱すぎて顧客企業の監査を十分には行えない、ということである。(29)

金融業界は監査することができなくなった

ディケンズなら、きっとこうした難題を大いに楽しんだことだろう。アメリカとイギリスの政府は、監査法人の不正を防ぐために、彼らの行動を規制した。だが結局は、有能な監査人がいなかったら、政府はおろか金融業界も産業界も監視できないことが判明しただけだった。会計事務所、SEC、司法省を合わせればアメリカだけで数十万人の監査担当者が働いているが、二〇〇八年の金融危機に関連して有罪になった者は一人もいない。金融犯罪を犯した者あるいは監視を重大に怠った者を見つけ出して刑務所送りにすることは、監査人や規制当局の仕事の一部だし、この任務を効果的に遂行すれば改革の機運も高まり、好ましい金融・会計慣行の定着にもつながるはずだ。ところが金融危機後の絶好機に、アメリカもヨーロッパもなぜかそれをしなかった。アメリカの司法長官エリック・ホルダーにいたっては、次のように公言している。主立った投資銀行の規模と重要性からして、金融犯罪で摘発するのは「はばかられるほどの影響力」があるのだ、と。ホルダーが懸念したのは、大手金融機関に対する訴訟が長引いて金融システム全体が不安定化しかねないことだった。[30]

法律や規則ができ、金融ジャーナリズムが活発に活動したとしても、金融業界には透明性に対抗する頑強な壁がある。要するに事業の内容が複雑過ぎ、規模が大きすぎて、銀行であれ企業であれ政府機関であれ、もはや監査不能なのである。たとえばゴールドマン・サックスを真剣に監査するとしたら、会計士が何人必要だろうか。一万人だろうか、それとも四万人だろうか。いやいや、そもそも監査などできはしない。現時点では規制当局も監査法人も、変化し続け威力を増し続けるウィルスのような金融ツールやトリックにはるかに遅れをとっている。同時に、政府には自らの監査をきちんとできるのかどうかも疑わしい。世界の金融システムは、地方自治体や政府の杜撰な会計に起因する債務危機に脅かされている。たとえばギリシャのような国やデトロイトのような都市が破綻するのは、無根拠な計画や怠慢な会計に原因がある。会計担当者は、年金は払えるものという前提で計算をしがちだ。それに、国や地方自治体が抱える長期債務のリスクをよくわかっていない一般の人々から、苦情を言われることもめったにない。アメリカでは、ようやく最近になって司法省が金融犯罪に対して強い姿勢を打ち出し、大手銀行に巨額の罰金を科しているものの、投資銀行や政府に審判が下る日は来そうもない。そしてそれなしには、真の意味の改革を断行する意欲は湧かないものである。(31)

終　章　経済破綻は世界の金融システムに組み込まれている

なぜ企業や政府は会計責任を果たせないのか

ルネサンスから一九世紀にいたるまで、多くの画家や哲学者が会計士を描き、また会計士が社会で果たす複雑な役割を論じてきた。だが現代では、偉大な画家が会計士を題材にすることはない。それも当然だろう。エンロン事件のような大混乱を引き起こしてからというもの、会計士は単に几帳面で退屈な職業というだけでなく、職業倫理に欠ける腐った輩とみなされるようになった。いまや会計や会計士を話題にする政治家はめったにいないし、金融評論家でさえそうだ。会計士という職業の陰気なイメージに加え、専門性が高すぎて理解できないという事情も相俟って、ふつうの人の住む世界から遠ざけられてしまった。今日では、チャールズ・ディケンズのように金融や会計の世界を生き生きと描き出し、社会的あるいは倫理的考察を加えられるだけの筆力と専門知識を持ち合わせた作家はめったにいない。こうして二〇世紀になってから文化や文芸の面で黙殺されたものの、会計士の数そのものはうなぎ上りに増えており、桁外れの数字を扱うそのスキルも飛躍的に高度化した。いやむしろ、そうした高度なスキルがなければ、複雑な金融業務を解き明かし、会計責任を果たすことはむずかしくなったと言うべきかもしれない。

本書で見てきたように、ルネサンス期のイタリアやスペイン、フランスといった強大な王国から、オランダ、イギリス、アメリカなどの商業国家にいたるまで、会計の発展には一つのパターンがある。最初にめざましい成果を上げたかと思うと、いつのまにかあやしい闇の中に引っ込んでしまうのである。商業や金融が最も発達した文化においてさえ、ディケンズが雄弁に書き立てたように、会計は「すばらしく輝かしく、途方もなく大変で、圧倒的な力を持ち、しかし実行不能」だった。会計は人間の能力を超えており、数字と書類の迷宮の中からその威力を発揮するには幸運の助けを借りなければならない、とディケンズは考えていた。(1)

何世紀にもわたって会計責任を確立する努力が続けられてきたことを考えると、いまだに監査が効果的に行われず、企業や政府が責任を果たさずにいるのは、理解に苦しむ。だがこれもお決まりのパターンがある。会計改革というものは、始まると直ちに頑強な抵抗に遭う、ということである。しかもテクノロジーの発達は、会計の仕事をむしろ一段と困難にした。規制当局も監査人も途方もない数字の山にたじろぎ、取引の高速化に手を焼き、デリバティブや証券化技術を駆使した複雑な金融商品にはお手上げ状態である。

経済破綻は世界の金融システムに組み込まれている

ビッグ・フォーと呼ばれる大手会計事務所は、能力は高いが立場は弱く、誘惑にも弱い。リスクの大きい金融商品の評価はいまなおむずかしく、金融市場を危険にさらす。大方の国で政府の財政はしだいに無秩序化しており、アメリカでは地方自治体が破綻し、ヨーロッパでは一部の国が債務不履行の危機に瀕している。国際会計基準審議会（ＩＡＳＢ）によれば、地方自治体や政府の会計はいまなお「原始的な無政府状態」にあるという。国家は、富裕国であれ、貧困国であれ、自国のバランスシートから年金債務を隠し、医療費を隠し、インフラ・コストを隠す。いまや国家といえども、民間の格付機関（ムーディーズ、スタンダード・アンド・プアーズ、フィッチ）にそろって格下げされる始末だ。アメリカ、フランス、イタリア、スペイン、ギリシャが次々にダウングレードの憂き目に遭った。国が信用を失う傍らで、多くの人がビッグ・フォーや格付機関の職業倫理と能力に疑問を呈するという、相互不信の悪循環が起きている。(2)

なぜ民主国家の政府は、金融の安定化のためにもっと効果的な措置を講じられないのか、と多くの人は思っていることだろう。ウォール街の手の込んだやり口から一般庶民のささやかな住宅ローンにいたるまで、政府にできることはありそうなものだ。それがなかなかできないのは、会計や金融がごく基本的な原則を理解するためでさえ高度な知識を必要とするようになったからであり、また政府も会計士も、ウィルスのように絶えず突然変異を繰り返す金融技術やツールに追いつけないからでもある。

政府や会計のプロフェッショナルでさえ正確な数字を入手できないほど無力だという事実を知った以上、一般市民や個人投資家は、もはや大企業を、とりわけ国境を越えて活動するグローバル企業を信用するわけにはいかない。建設的な政策論議を促すために、国際通貨基金（IMF）のティモシー・アーウィンは、政府はバランスシートを公表するとともに五〇年先までの予算計画も示すべきだと述べたことがある。また、企業はバランスシートをもっとわかりやすくすべきだと主張する者もいる。これらはごく簡単なことのように見えるが、ほんとうにそうだろうか。こうした提案はどれも、会計の透明化が歴史的に困難だった経緯を無視している し、中国の台頭に伴う新たな問題を見落としている。中国経済は世界の製造と金融のかなりの パーセンテージを占めている。つまり、世界の製造と金融のかなりの部分が、基本的に閉ざさ れた社会で行われているということだ。エコノミスト誌は、中国政府が発表する経済統計は 「常軌を逸した数字」で信用できないとして掲載しない。中国は会計責任を果たさない超大国 なのである。他の国や市場は中国よりはオープンだと言ってよいだろうが、透明性の欠如とい う悩みと無縁なわけではない。経済の破綻は、単なる景気循環ではなく、世界の金融システム そのものに組み込まれているのではあるまいか。金融システムが不透明なのは、けっして偶然 ではなく、そもそもそうなるようにできているのではないだろうか。(3)

必ず来る「清算の日」に備えるためには

本書でたどってきた数々の例から何か学べることがあるとすれば、会計が文化の中に組み込まれていた社会は繁栄する、ということである。ルネサンス期のイタリアの都市ジェノヴァやフィレンツェ。黄金時代のオランダ。一八世紀から一九世紀にかけてのイギリスとアメリカ。本書で取り上げたこれらの社会では、会計が教育に取り入れられ、宗教や倫理思想に根付き、芸術や哲学や政治思想にも反映されていた。

たとえばオランダでは、会計責任は単なる職業倫理でもなければ、一宗教集団の信条でもなく、文化のさまざまな面に深く根を下ろしていた。オランダ人は学校で会計を学び、職場や家庭で実践し、信仰の一環として会計責任を教えられた。さらに、美術作品の背景や聖書のメッ

ヤン・プロフォースト『死と守銭奴』(16世紀頃)
グルーニング美術館蔵、ブリュージュ、ベルギー
(©Lukas - Art in Flanders VZW/Hugo Maertens)

オランダやフランドルの画家たちは、市民の会計の能力を賛美すると同時に、人間は最後の収支を合わせることはできないと戒める作品を描いた。人間は神に対して責任を負わねばならない。最後の清算を行うのは神なのである。

セージからも会計の堕落に対する警告を読み取った。政治家は会計や責任の重要性を論じ、政治的パンフレットは監査の必要性を訴えた。そして社会的地位の高い者は、市長から王侯貴族の教育係にいたるまで、会計の知識を備えていることを市民から期待されていたし、基本的な会計責任が共和国にとってどれほど重要かを当人も熟知していた。

今日の経済学では複雑な数式が大きな部分を占め、人間の行動を類型化して理解しようとする。だが経済学は、数学的探究だけでなく文化の歴史的研究から生まれた学問だ。一八世紀フランスの経済学者ジャン＝バティスト・セイは、経済学を「富の動きの説明」と表現し、一九世紀ドイツの社会学者マックス・ウェーバーは「経済と社会」の両方を研究することの重要性を説いた。一八世紀フランス、一九世紀ドイツのいずれも、会計は文化の中に組み込まれており、おぞましい「清算」の日を迎えずに済んでいる。

今日の脆弱な高度金融社会の救世主となるのは、ジョサイア・ウェッジウッドのような誠実な実業家の規律ある会計や、アダム・スミスのような経済思想家の歴史的・倫理的取り組みだけではないし、もちろん最先端の高度な分析技術だけでもあるまい。絵画作品が発する古い教訓もきっと役に立つはずだ。たとえばヤン・プロフォーストの『死と守銭奴』は、信仰、倫理、政治、芸術の面から帳簿の大切さを説いている。会計が日常生活から切り離された結果、人々の関心は薄れ、多くを期待しなくなってしまった。かつて社会は、財政に携わる人に対し、会計を社会や文化の一部とみなすように求め、帳簿に並ぶ無味乾燥な数字からでさえ、宗教的・文学的意味を読み取っていた。いつか必ず来る清算の日を恐れずに迎えるためには、こうした文化的な高い意識と意志こそを取り戻すべきである。(4)

謝辞

まずはデーヴィッド・A・ベルに心からの感謝を捧げる。デーヴィッドは本書のすべての段階で力を貸してくれた。彼なしには本書を世に出すことはできなかっただろう。

本書の構想を練るにあたっては、ロブ・マッキン、ソーファス・レナート、ジョン・ポラック、テッド・ラブ、ピーター・バーク、アンソニー・グラフトン、ウィル・デリンジャー、ダン・エデルシュタイン、キース・ベイカー、ピーター・B・ミラー、ジム・グリーン、マット・カダーネ、ショーン・マコーレー、ピーター・スーテーリーブラス、アレックス・スターリングに助けてもらった。深く感謝する。

また、イシュトヴァーン・ホントには特別に感謝したい。

そして、アレサンドロ・アリエンツォ、エンツォ・バルディニ、アラステア・ベラニー、アン・ブレア、ロバート・ブルームフィールド、ジャンフランコ・ボレッリ、ジョン・ブリュワー、ジャネット・ブラウン、ジョイス・キャプラン、ポール・チェニー、ビル・コーネル、ビル・デヴレル、ジャン・ド・ヴリー、ケイト・エプスタン、リン・ファリントン、モティ・フエンゴールド、スティーブ・ファーガソン、ボリス・フィッシュマン、ロブ・フリードナ、ワンジュ・フリッキー、ベス・ギャレット、オスカー・ジエルダーブロム、ピーター・ゴードン、オーソラ・ゴリ、エミー・グレーブス・モンロー、カレン・ハルトネン、コリン・ハミルトン、デーブ・ハークネス、ランドルフ・ヘッド、カーラ・ヘス、スティーブ・ヒンドル、ブレア・ホクスビー、リン・ハント、マット・ジョーンズ、リチャード・ケーガン、ブルース・カーン、ベラ・カポシー、ジュリアス・キルシュナー、クリストファー・クレブス、トム・ラッカー、インゲル・リーマンス、マリー・ロール・リーゲイ、アレックス・リッピンコット、ジェームズ・リバシー、マーク・ロット、ピーター・マンコール、アレックス・マール、ジョン・マコーミック、シボーン・マケルダフ、マイケル・マッコーン、ダリン・マクマホン、ケン・マーチャント、ワイナンド・ミンハード、ピーター・N・ミラー、ケン・ミルズ、トニー・モロー、クレイグ・マルドロー、ジョン・ナジミー、クリストファー・ネイピア、ディエゴ・ナヴァロ・ボニーラ、ヴァネッサ・オーグル、デレク・パーソンズ、レナート・パスタ、ネイサン・パール・ローゼンタール、スティーブ・ピンクス、ジョン・ポコック、マルテン・プラック、パウロ・カトローネ、ダニエル・ラフ、ジャック・ラコフ、ディーゴ・ラマダ・クルト、オンスト・ラナム、ニール・サフィー、モーリー・サミュエルズ、マーガレット・ショッテ、ヴァネッサ・シュワルツ、カトリーヌ・セクレタン、リチャード・サージャンソン、アンディ・シャンクマン、クリスティーナ・シデラー、マイケル・ソーネンシャー、ノーミ・ストルゼンバーグ、ナオミ・タバック、ミシガン大学出版局、チャールズ・ファン・デン・ホーヴェル、エレン・ウェイランド・スミス、キャロライン・ウェーバー、カール・ヴェナーリンド、イーゼル・ウォロックにも感謝する。

聡明な編集者のララ・ヘイメルトには、本書に対する揺るぎない信頼にとりわけ感謝しなければならない。そしてもちろん、ベーシック・ブックスのすばらしいチーム、ケイティ・オドネル、ミシェル・ジェイコブ、ケイシー・ネルソン、ロジャー・ラブリー、そして校正のジョイ・マトコフスキーと製作のメロディー・ネグロンにも。

忍耐強いエージェントのロブ・マックィーンと尊敬すべき著作権代理人のリッピンコット、マッシー、マックィーンにも深く感謝する。

資金援助をしてくれたジョン・サイモン・グッゲンハイム記念財団、ジョン・D・アンド・キャスリーン・P・マッカーサー財団、資金と支援を提供してくれた南カリフォルニア大学ドーンサイフ文学芸術校と歴史学部にもこの場を借りてお礼申し上げる。

また、フィラデルフィアのビブー・レストラン、パリのショー＝レスカール家、フィレンツェのバルトリ家にはすっかりお世話になった。

このプロジェクトは、すばらしい図書館と司書のみなさんがいなかったら、とても実行できなかっただろう。ペンシルベニア大学稀覯書コレクション、ラトガース大学図書館、フィラデルフィア図書館、フランス国立図書館、プリンストン大学ファイアストーン図書館稀覯書コレクション、フィレンツェ国立文書館、ハンチントン図書館、南カリフォルニア大学図書館に感謝する。

本書のアイデアは、コロンビア大学一八世紀セミナー、バッファロー大学前近代セミナー、イェール大学フランス研究セミナー、TEDニュー・ウォール・ストリート、コロンビア大学メゾン・フランセーズ、ハーバード・ビジネススクール・セミナー「政治経済の新しい視点」、ウォートン・スクール経済史セミナー、スタンフォード人類学センター、USCケンブリッジ大学CRASSHセミナー、ケンブリッジ大学経済史セミナー、ボーチャード財団、ホイヘンス研究所（ハーグ）、デカルト研究センター（ユトレヒト）、フェリクス・メリティス財団（アムステルダム）、オーテル・キャノン財団（オスロ）、カリフォルニア大学バークレー校セミナー「啓蒙思想2・0」、ラトガース大学セミナー「近代ヨーロッパの政治論争」、「学際研究ジャーナル」、ルイジ・フィリポ財団、フェデリコ二世ナポリ大学、南カリフォルニア大学前近代研究センターおよび法律・歴史・文化センター、カリフォルニア工科大学ハンチントン図書館講演「近代の分類法を巡る論争」を経てより洗練されたものとなった。最後になったが、南カリフォルニア大学での私の会計・政治・倫理セミナーの学生たちにも感謝したい。彼らのおかげで、本書のテーマに関する私の理解はより深まったと感じる。

ソースノート

序　章　ルイ十六世はなぜ断頭台へ送られたのか

1　Louise Story and Eric Dash, "Lehman Channeled Risks Through 'Alter Ego' Firm," *New York Times*, April 12, 2010.

2　Alain Desrosières, *The Politics of Large Numbers: A History of Statistical Reasoning*, trans. Camille Nash (Cambridge, MA: Harvard University Press, 1998), 177; Keith Thomas, "Numeracy in Early Modern England," *Transactions of the Royal Historical Society* 37 (1987) : 103–132. 一八世紀の北アメリカについては、以下を参照されたい。Patricia Cline Cohen, A *Calculating People: The Spread of Numeracy in Early America* (Chicago: University of Chicago Press, 1982); Daniel Defoe, chapter 20 in *The Complete English Tradesman* (Edinburgh, 1839); Ceri Sullivan, *The Rhetoric of Credit: Merchants in Early Modern Writing* (Madison, NJ: Associated University Presses, 2002), 12–17.

3　Domenico Manzoni, *Quaderno doppio col suo giornale* (Venice: 1540), sig. ii verso. Paul F. Grendler, *Schooling in Renaissance Italy: Literacy and Learning 1300–1600* (Baltimore: Johns Hopkins University Press, 1989), 322.

4　A. C. Littleton, *Accounting Evolution to 1900*（邦訳『会計発達史』）(New York: American Institute Publishing, 1933), 25.

5　Max Weber, *General Economic History*, trans. Frank Hyneman Knight (New York: Free Press, 1950), 275.

6　Werner Sombart, *Der Moderne Kapitalismus*（邦訳『近世資本主義』）, 6th ed. (Leipzig, 1924), 118. 翻訳の引用元は、J. A. Aho, *Confession and Bookkeeping: The Religious, Moral, and Rhetorical Roots of Modern Accounting* (Albany: State University of New York Press, 2005), 8. 以下も参照されたい。Joseph A. Schumpeter, *History of Economic Analysis*, ed. Elizabeth Boody Schumpeter (New York: Oxford University Press, 1954), 156. 引用は以下による。Yuri Bondi, "Schumpeter's Economic Theory and the Dynamic Accounting View of the Firm: Neglected Pages from the *Theory of Economic Development*," Economy and Society 37, no. 4 (2008) : 528.

第１章　帳簿はいかにして生まれたのか

1　Suetonius, *The Twelve Caesars*（邦訳『ローマ皇帝伝』）, trans. Robert Graves (Harmondsworth, UK: Penguin Books, 1982), 69; *Res gestae divi Augusti*, trans. P. A. Brunt and J. M. Moore (Oxford: Oxford University Press, 1973), stanza 17.

2　Salvador Carmona and Mahmous Ezzamel, "Ancient

Accounting," in *The Routledge Companion to Accounting History*, ed. John Richard Edwards and Stephen P. Walker (Oxford: Routledge, 2009), 79.

3　Ibid., 14; Max Weber, *The Theory of Social and Economic Organizations*, trans. and ed. A. M. Henderson and Talcott Parsons (New York: Free Press, 1947), 191–192; 以下も参照されたい。Aho, *Confession and Bookkeeping*, 8.

4　Littleton, Accounting Evolution, 83; Richard Brown, *A History of Accounting and Accountants* (Edinburgh: T. C. & E. C. Jack, 1905), 17.

5　Augustus Boeckh, *The Public Economy of Athens* (London: John W. Parker, 1842), 185–189, 194; Aristotle, *The Athenian Constitution* (邦訳『アテナイ人の国制』), trans. P. J. Rhodes (London: Penguin Books, 1984), 93–94.

6　Boecke, *The Public Economy of Athens*, 194.

7　Brown, *A History of Accounting and Accountants*, 30.

8　David Oldroyd, "The Role of Accounting in Public Expenditure and Monetary Policy in the First Century AD Roman Empire," *Accounting Historians Journal* 22, no. 2 (1995): 121–122.

9　Ibid., 31.

10　Cicero, *The Orations of Marcus Tullius Cicero* (*Philippics*), trans. C. D. Yonge (London: Henry J. Bohn, 1852), 2:34.

11　Oldroyd, "The Role of Accounting," 123.

12　*Res gestae divi Augusti*, stanzas 15–16; Oldroyd, "The Role of Accounting," 125.

13　Oldroyd, "The Role of Accounting," 124.

14　Moses I. Finley, *The Ancient Economy* (Berkeley: University of California Press, 1973), 19.

15　Edward Gibbon, *History of the Decline and Fall of the Roman Empire* (邦訳『ローマ帝国衰亡史』), 4th ed. (London: W. and T. Cadell, 1781), 1: chap. XVII, 55.

16　M. T. Clanchy, *From Memory to Written Record: England 1066–1307* (London: Blackwell, 1979); F. E. L. Carter and D. E. Greenway, *Dialogus de Scaccario* (*The Course of the Exchequer*), *and Constitutio Domus Regis* (*The Establishment of the Royal Household*) (London: Charles Johnson, 1950), 64.

17　Clanchy, *From Memory to Written Record*, 2–92.

18　Robert-Henri Bautier, "Chancellerie et culture au moyen age," in *Chartes, sceaux et chancelleries: Études de diplomatique et de sigillographie médiévales*, ed. Robert-Henri Bautier (Paris: École des Chartes, 1990), 1:47–75; Brown, *A History of Accounting and Accountants*, 53–121.

19　Brown, *A History of Accounting and Accountants*, 54.

20　Thomas Madox, *The Anqituities and the History of the*

Exchequer of the Kings of England (London: Matthews and Knaplock, 1711); Clanchy, *From Memory to Written Record*, 78.

21 John W. Durham, "The Introduction of 'Arabic' Numerals in European Accounting," *Accounting Historians Journal* 19, no. 2 (1992) : 26.

22 Quentin Skinner, *The Foundations of Modern Political Thought* (Cambridge: Cambridge University Press, 1978), 1:3.

23 引用元は、Grendler, *Schooling in Renaissance Italy*, 307; Ingrid D. Rowland, *The Culture of the High Renaissance: Ancients and Moderns in Sixteenth-Century Rome* (Cambridge: Cambridge University Press, 1998), 110–113.

24 Grendler, *Schooling in Renaissance Italy*, 307.

25 Ibid., 308.

26 Carte Strozziane, 2a serie, n. 84 bis, Archivio di Stato, Florence. Geoffrey A. Lee, "The Coming of Age of Double Entry: The Giovanni Farolfi Ledger of 1299–1300," *Accounting Historians Journal* 4, no. 2 (1977) : 80 も参照されたい。イタリアを起源とする複式簿記については、以下を参照されたい。Federigo Melis, *Storia della ragioneria* (Bologna: Cesare Zuffi, 1950); Federigo Melis, *Documenti per la storia economica dei secoli XIII-XVI* (Firenze: Olschki, 1972); Raymond de Roover, "The Development of Accounting Prior to Luca Pacioli According to the Account-Books of Medieval Merchants," in *Studies in the History of Accounting*, ed. A. C. Littleton and B. S. Yamey (London: Sweet & Maxwell, 1956), 114–174; Raymond de Roover, "The Development of Accounting Prior to Luca Pacioli," in *Business, Banking and Economic Thought in Late Medieval and Early Modern Europe: Selected Studies of Raymond de Roover*, ed. Julius Kirschner (Chicago: University of Chicago Press, 1974), 119–180; Pietro Santini, "Frammenti di un libro di banchieri fiorentini scritto in volgare nel 1211," *Giornale storico della litteratura italiana* 10 (1887) : 161–177; Geoffrey Alan Lee, "The Oldest European Account Book: A Florentine Bank Ledger of 1211," *Nottingham Medieval Studies* 16, no. 1 (1972) : 28–60; Geoffrey Alan Lee, "The Development of Italian Bookkeeping 1211–1300," *Abacus* 9, no. 2 (1973) : 137–155.

27 De Roover, "The Development of Accounting Prior to Luca Pacioli," 124, 122.

28 Edward Peragallo, *Origin and Evolution of Double Entry Bookkeeping: A Study of Italian Practice from the Fourteenth Century* (New York: American Institute Publishing Company, 1938), 4–5; Brown, *Accounting and Accountants*, 99; Alvaro Martinelli, "The Ledger of

Cristianus Lomellinus and Dominicus De Garibaldo, Stewards of the City of Genoa (1340–41)," *Abacus* 19, no. 2 (1983) : 90–91.

29　ジェノヴァの会計記録の分析と再録については、以下を参照されたい。Alvaro Martinelli, "The Ledger of Cristianus Lomellinus and Dominicus De Garibaldo, Stewards of the City of Genoa (1340–41)," *Abacus* 19, no. 2 (1983) : 90–91.

30　Ibid., 85.

31　Ibid., 86.

第2章　イタリア商人の「富と罰」

1　引用元は、Iris Origo, *The Merchant of Prato: Daily Life in a Medieval Italian City* (London: Penguin Books, 1992), 66.

2　Ibid., 66, 259, 194.

3　Raymond de Roover, *The Rise and Decline of the Medici Bank 1397–1494* (Cambridge, MA: Harvard University Press, 1963), 2–3; Ludovica Sebregondi and Tim Parks, eds., *Money and Beauty: Bankers, Botticelli and the Bonfire of the Vanities* (Florence: Giunti Editore, 2011), 121.

4　Origo, *The Merchant of Prato, 194; De Roover, The Rise and Decline of the Medici Bank 1397–1494*, 38, 194.

5　Origo, *The Merchant of Prato*, 259, 276; Tim Parks, *Medici Money: Banking, Metaphysics and Art in Fifteenth-Century Florence* (New York: W. W. Norton, 2006), 32–33.

6　Pierre Jouanique, "Three Medieval Merchants: Francesco di Marco Datini, Jacques Coeur, and Benedetto Cotrugli," *Accounting, Business and Financial History* 6, no. 3 (1996) : 263–264.

7　Origo, *The Merchant of Prato*, 149.

8　Ibid., 115–116, 258.

9　Ibid., 257, 280.

10　Ibid., 119.

11　Ibid., 103, 117, 137.

12　Ibid., 115, 137, 122.

13　Basil S. Yamey, *Art and Accounting* (New Haven, CT: Yale University Press, 1989), 16.

14　Richard K. Marshall, *The Local Merchants of Prato: Small Entrepreneurs in the Late Medieval Economy* (Baltimore: Johns Hopkins University Press, 1999), 66–69.

15　Sebregondi and Parks, eds., *Money and Beauty, 147; Dante, The Inferno* (『神曲　地獄篇』), trans. Robert Pinsky (New York: Farrar, Straus and Giroux, 1995), Canto XVII, vv. 55–57.

16　Origo, *The Merchant of Prato*, 151.

17　Yamey, *Art and Accounting*, 68.

18 「マタイによる福音書」25:14–30 (Revised Standard Version).

19 Augustine, *Sermon 30 on the New Testament*, New Advent Catholic Encyclopedia, www.newadvent.org/fathers/160330.htm, stanza 2.

20 Giovanni Boccaccio, "First Day," in *The Decameron* (邦訳『デカメロン』), trans. J. M. Rigg (London: A. H. Bullen, 1903), 12.

21 Dante, "Purgatory," (『神曲 煉獄篇』) in *The Divine Comedy*, trans. Allen Mandelbaum (Berkeley: University of California Press, 1981), 2:10.105–111.

22 Jean Delumeau, *Sin and Fear: The Emergence of a Western Guilt Culture 13th-18th Centuries*, trans. Eric Nicholson (New York: St. Martin's Press, 1990), 189–197.

23 Robert W. Schaffern, *The Penitent's Treasury: Indulgences in Latin Christendom, 1175–1375* (Scranton, PA: University of Scranton Press, 2007), 45.

24 Ibid., 80–81.

25 Anthony Molho, "Cosimo de' Medici: Pater Patriae or Padrino?" in *The Italian Renaissance: The Essential Readings*, ed. Paula Findlen (Malden, MA: Wiley-Blackwell, 2002), 69–86.

26 Origo, *The Merchant of Prato*, 154.

27 Ibid., 315, 323.

28 Ibid., 342–346.

第3章 新プラトン主義に敗れたメディチ家

1 Roover, *The Rise and Decline of the Medici Bank 1397–1494*, 47.

2 引用元は、Coluccio Salutati, Invectiva contra Atonium Luscum. Curt S. Gutkind, *Cosimo de' Medici: Pater Patriae, 1389–1464* (Oxford: Clarendon Press, 1938), 1で引用された。

3 Ronald Witt, "What Did Giovanni Read and Write? Literacy in Early Renaissance Florence," *I Tatti Studies* 6 (1995): 87–88; Richard Goldthwaite, *The Economy of Renaissance Florence* (Baltimore: Johns Hopkins University Press, 2009), 354.

4 Lauro Martines, *The Social World of the Florentine Humanists 1390–1460* (Princeton, NJ: Princeton University Press, 1963), 320–336.

5 Machiavelli, *The Discourses*, trans. Leslie J. Walker (London: Penguin Books, 1983), 1:192.

6 Anthony Molho, *Firenze nel quattrocento* (Rome: Edizioni di Storia e Letteratura, 2006), 58.

7 De Roover, *The Rise and Decline of the Medici Bank 1397–1494*, 53–76.

8 Ibid., 120.

9 Nicolai Rubenstein, *The Government of Florence un-*

der the Medici 1434–1494 (Oxford: Oxford University Press, 1998); Parks, Medici Money, 98.

10 De Roover, *The Rise and Decline of the Medici Bank 1397–1494*, 69–70, 227, 265.

11 Goldthwaite, *The Economy of Renaissance Florence*, 355; Gutkind, *Cosimo de' Medici*, 196–199; Parks, *Medici Money*, 39.

12 Goldthwaite, *The Economy of Renaissance Florence*, 355.

13 コジモ個人の帳簿については、Cosimo de' Medici, "Calcolo della Fattoria del Mugello," 1448, filza 104, page 6 recto, Mediceo Avanti il Principato, Archivio di Stato di Firenzeを参照されたい。

14 Goldthwaite, *The Economy of Renaissance Florence*, 355, 460–461.

15 Raymond de Roover, *Money, Banking and Credit in Medieval Bruges* (Cambridge, MA: Medieval Academy of America, 1948), 35.

16 Ibid., 34, 37.

17 Ibid., 57–58; Federico Arcelli, *Il banchiere del Papa: Antonio della Casa, mercante e banchiere a Roma, 1438–1440* (Soveria Manelli, Italy: Rubbettino Editore, 2001), 79.

18 Plato, *The Republic* (邦訳『国家』), trans. Benjamin Jowett (Oxford: Oxford University Press, 1892), book VII.

19 De Roover, *The Rise and Decline of the Medici Bank 1397–1494*, 75.

20 Francesco Sassetti, "Memorandum of My Last Wishes, 1488," reproduced in Aby Warburg, "Francesco Sassetti's Last Injunctions to His Sons," in *The Renewal of Pagan Antiquity: Contributions to the Cultural History of the European Renaissance*, ed. Gertrude Bing (Los Angeles: Getty Research Institute, 1999), 451–465. Warburgの復刻、翻訳によるMarsilio Ficino's *Epistle to Giovanni Rucellai*, 255–258.

21 Giovanni Pico della Mirandola, *On the Dignity of Man*, trans. Charles Glenn Wallis, Paul J. W. Miller, and Douglas Carmichael (Indianapolis, IN: Hackett, 1998), stanza 212.

22 De Roover, *The Rise and Decline of the Medici Bank*, 71; de Roover, *Money, Banking and Credit in Medieval Bruges*, 86; Florence Edler de Roover, "Francesco Sassetti and the Downfall of the Medici Banking House," *Bulletin of the Business Historical Society* 17, no. 4 (1943) : 66.

23 De Roover, *The Rise and Decline of the Medici Bank*, 97.

24 Cited in Miles Ungar, *Magnifico: The Brilliant Life and Violent Times of Lorenzo de' Medici* (New York: Si-

mon and Shuster, 2008), 58.

25 引用元は、Ungar, *Magnifico*, 58; マキアヴェッリの引用は、de Roover, *The Rise and Decline of the Medici Bank*, 364による。

26 Giorgio Vasari, *The Lives of the Artists*, trans. Julia Conaway Bonadella and Peter Bonadella (Oxford: Oxford University Press, 1991), 212; フィチーノに関する引用は、Warburg, "Francesco Sassetti's Last Injunctions to His Sons," 233による。

27 引用元は、Warburg, "Francesco Sassetti's Last Injunctions to His Sons," 237–238.

28 Ibid.; de Roover, *Money, Banking and Credit in Medieval Bruges*, 88; de Roover, *The Rise and Decline of the Medici Bank*, 363; Edler de Roover, "Francesco Sassetti and the Downfall of the Medici Banking House," 76.

29 De Roover, *Money, Banking and Credit in Medieval Bruges*, 87; de Roover, The Rise and Decline of the Medici Bank, 87, 93.

30 バランスシートは、以下に再録され検討されている。De Roover, "Francesco Sassetti and the Downfall of the Medici Banking House," 72–74; Warburg, "Francesco Sassetti's Last Injunctions to His Sons," 237.

第4章 「太陽の沈まぬ国」が沈むとき

1 Grendler, *Schooling in Renaissance Italy*, 321–323.

2 Anthony Grafton, *Leon Battista Alberti: Master Builder of the Renaissance* (London: Allen Lane/Penguin Press, 2000), 154; Yamey, *Art and Accounting*, 130.

3 Yamey, *Art and Accounting*, 130.

4 引用元は、Louis Goldberg in *Journey into Accounting Thought*, ed. Stewart A. Leech (London: Routledge, 2001), 217.

5 パチョーリの原稿は以下に再録されている。John B. Geijsbeek, *Ancient Double-Entry Bookkeeping: Luca Pacioli's Treatise 1494* (Denver, 1914), 33.

6 Ibid., 39.

7 Ibid.; Brown, *A History of Accounting and Accountants*, 40, 111.

8 Grendler, *Schooling in Renaissance Italy*, 321.

9 パチョーリの引用元は、Geijsbeek, *Ancient Double-Entry Bookkeeping*, 27, 37.

10 Ibid., 41, 51–53.

11 Ibid., 41, 75.

12 Bruce G. Carruthers and Wendy Nelson Espeland, "Accounting for Rationality: Double-Entry Bookkeeping and the Rhetoric of Economic Rationality," *American Journal of Sociology* 97, no. 1 (1991): 30–67; Mary Poovey, *A History of the Modern Fact: Problems of Knowledge in the Sciences of Wealth and Society* (Chicago: University of Chicago Press, 1998), 31.

13 Ingrid D. Rowland, *The Culture of the High Renaissance: Ancients and Moderns in Sixteenth-Century Rome* (Cambridge: Cambridge University Press, 1998), 73–80.

14 Domenico Manzoni, *Quaderno doppio col suo giornale* [Double entry books and their journal] (Venice: Comin de Tridino, 1540); Raymond de Roover, "Aux origines d'une technique intellectuelle: La formation et l'expansion de la comptabilité à partie double," *Annales d'histoire économique et sociale* 9, no. 44 (1937) : 279–280; M. F. Bywater and B. S. Yamey, *Historic Accounting Literature: A Companion Guide* (London: Scolar Press, 1982), 41; Basil S. Yamey, "Fifteenth and Sixteenth Century Manuscripts on the Art of Bookkeeping," *Journal of Accounting Research* 5, no. 1 (1967) : 53; Bywater and Yamey, *Historic Accounting Literature*, 42.

15 Brown, *A History of Accounting and Accountants*, 120.

16 Baldesar Castiglione, *The Book of the Courtier*, trans. and ed. George Bull (London: Penguin Books, 1976), 10.

17 Ibid., 39.

18 Peter Burke, *The Fortunes of the Courtier: The European Reception of Castiglione's Cortegiano* (Cambridge: Polity Press, 1995), 39.

19 Paolo Quattrone, "Accounting for God: Accounting and Accountability Practices in the Society of Jesus (Italy, XVI-XVII Centuries)," *Accounting Organizations and Society* 29, no. 7 (2004) : 664.

20 Philippe Desan, *L'imaginaire économiqe de la Renaissance* (Paris: Presses Université de Paris-Sorbonne, 2002), 85.

21 Yamey, *Art and Accounting*, 45.

22 Ibid., 47.

23 Ibid., 53.

24 A. W. Lovett, "Juan de Ovando and the Council of Finance (1573–1575)," *Historical Journal* 15, no. 1 (1972) : 1–2.

25 Rafael Donoso-Anes, *Una Contribución a la Historia de la Contabilidad. Análisis de las Práticas Contables Desarrolladas por la Tesorería de la Casa de la Contratación de la Indias en Sevilla, 1503–1717* (Seville: Universidad de Sevilla, 1996), 122.

26 Rafael Donoso Anes, "The Casa de la Contratación de Indias and the Application of the Double Entry Bookkeeping to the Sale of Precious Metals in Spain 1557–83," *Accounting, Business and Financial History* 4, no. 1 (1994) : 84; Rafael Donoso Anes, "Accounting for the Estates of Deceased Travellers: An Example of

Early Spanish Double-Entry Bookkeeping," *Accounting History* 7, no. 1 (2002): 80–81.

27 Donoso Anes, "Accounting for the Estates of Deceased Travellers," 84.

28 Donoso Anes, *Una Contribución a la Historia de la Contabilidad*, 122. 復刻版 *Reales Ordenancas y Pragmáticas 1527–1567* (Valladolid: Editorial Lex Nova, 1987), 176–177を参照されたい。

29 Ramon Carande, *Carlos V y sus banqueros. Los caminos del oro y de la plata (Deuda exterior y tesoros ultramarinos)* (Madrid: Sociedad de Estudios y Publica- ciones, 1967), 15f.

30 Geoffrey Parker, *The Grand Strategy of Philip II* (New Haven, CT: Yale University Press, 1998), 21, 50; José Luis Rodríguez de Diego and Francisco Javier Alvarez Pinedo, *Los Archivos de Simancas* (Madrid: Lunwerg Editores, 1993); José Luis Rodríguez de Diego, ed., *Instrucción para el gobierno del archivo de Simancas* (año 1588) (Madrid: Dirección General de Bellas Artes y Archivos, 1989); José Luis Rodríguez de Diego, "La formación del Archivo de Simancas en el siglo xvi. Función y orden interno," in *El libro antiguo español IV*, ed. López Vidriero and Cátedra (Salamanca: Ediciones Universidad de Salamanca, 1998), 519–557; David C. Goodman, *Power and Penury: Government, Technology and Science in Philip II's Spain* (Cambridge: Cambridge University Press, 1988), chap. 4.

31 引用元は、Stafford Poole, *Juan de Ovando: Governing the Spanish Empire in the Reign of Philip II* (Norman: University of Oklahoma Press, 2004), 162.

32 A. W. Lovett, "The Castillian Bankruptcy of 1575," *Historical Journal* 23, no. 4 (1980): 900.

33 Lovett, "Juan de Ovando and the Council of Finance (1573–1575)," 4, 7.

34 Ibid., 9–11.

35 Ibid., 12; Antonio Calabria, The Cost of Empire: *The Finances of the Kingdom of Naples in the Time of the Spanish Rule* (Cambridge: Cambridge University Press, 1991), 44–45.

36 Lovett, "Juan de Ovando and the Council of Finance (1573–1575)," 12, 19.

37 Ibid., 15.

38 Ibid., 17.

39 Ibid., 19.

40 Ibid.

41 Marie-Laure Legay, ed., *Dictionnaire historique de la comptabilité publique 1500–1850* (Rennes: Presses Universitaires de Rennes, 2010), 394–396.

42 Esteban Hernández-Esteve, "The Life of Bartolomé Salvador de Solórzano: Some Further Evidence," *Ac-

counting Historians Journal 1 (1989) : 92.

43　Ibid.; Legay, *Dictionnaire historique de la comptabilité publique 1500–1850*, 395.

44　Esteban Hernández-Esteve, "Pedro Luis de Torregrosa, primer contador del libro de Caxa de Felipe II: Introducción de la contabilidad por partida doble en la Real Hacienda de Castilla (1592)," *Revista de Historia Económica* 3, no. 2 (1985) : 237.

45　引用元は、Jack Lynch, *The Hispanic World in Crisis and Change, 1598–1700* (Oxford: Oxford University Press, 1992), 18; Miguel de Cervantes Saavedra, *The History of don Quixote de la Mancha*, trans. anon. (London: James Burns, 1847), 137.

第5章　オランダ黄金時代を作った複式簿記

1　Fernand Braudel, *Civilisation materielle, économie et capitalisme XVeXVIIIe siècle* (Paris: Armand Colin, 1979), 2:41; Jacob Soll, "Accounting for Government: Holland and the Rise of Political Economy in Seventeenth Century Europe," *Journal of Interdisciplinary History 40*, no. 2 (2009) : 215–238.

2　Wantje Fritschy, "Three Centuries of Urban and Provincial Public Debt: Amsterdam and Holland," in *Urban Public Debts: Urban Government and the Market for Annuities in Western Europe (14th-18th Centuries)*, ed. M. Boone, K. Davids and P. Janssens (Turnhout, Belgium: Brepols, 2003), 75; James D. Tracy, *A Financial Revolution in the Habsburg Netherlands: Renten and Renteniers in the County of Holland, 1515–1565* (Berkeley: University of California Press, 1985), 221.

3　地方徴税官は、税を徴収する際に国債金利（四％）を支払った。中央政府は、一％を上回る利回りについては課税しなかった。Wantje Fritschy, "The Efficiency of Taxation in Holland," in *The Political Economy of the Dutch Republic*, ed. Oscar Gelderblom (London: Ashgate, 2009), 56, 88; Wantje Fritschy, " 'A Financial Revolution' Reconsidered: Public Finance in Holland During the Dutch Revolt 1568–1648," *Economic History Review* 56, no. 1 (2003) : 78.

4　引用元は、Henry Kamen, *Philip of Spain* (New Haven, CT: Yale University Press, 1997), 267.

5　Woodruff D. Smith, "The Function of Commercial Centers in the Modernization of European Capitalism: Amsterdam as an Information Exchange in the Seventeenth Century," *Journal of Economic History* 44, no. 4 (1984) : 986.

6　詩の引用元は、Robert Colinson, *Idea rationaria, or the Perfect Accomptant* (Edinburgh: David Lindsay, 1683), in B. S. Yamey, "Scientific Book- keeping and the Rise of Capitalism," *Economic History Review* 1, no.

2-3 (1949) : 102; Lodewijk J. Wagenaar, "Les mécanismes de la prospérité," in *Amsterdam XVIIe siècle. Marchands et philosophes: les bénéfices de la tolerance*, ed. Henri Méchoulan (Paris: Editions Autrement, 1993), 59–81; Adam Smith, *An Inquiry into the Nature and Causes of the Wealth of Nations* (邦訳『国富論』) (Amherst, NY: Prometheus Books, 1991), 4: chap. 3, part 1; Jan de Vries and Ad van der Woude, *The First Modern Economy: Success, Failure, and Perseverance of the Dutch Economy, 1500–1815* (Cambridge: Cambridge University Press, 1997), 129–131.

7 Caspar Barlaeus, *Marie de Medicis entrant dans l'Amsterdam; ou Histoire de la reception faicte à la Reyne Mère du Roy très-Chrestien, par les Bourgmaistres et Bourgeoisie de la Ville d'Amsterdam* (Amsterdam: Jean & Corneille Blaeu, 1638), 57; Simon Schama, *The Embarrassment of Riches: An Interpretation of Dutch Culture in the Golden Age*, 2nd ed. (New York: Vintage, 1997), 301; Clé Lesger, *The Rise of the Amsterdam Market and Information Exchange: Merchants, Commercial Expansion and Change in the Spatial Economy of the Low Countries c. 1550–1630*, trans. J. C. Grayson (London: Ashgate, 2006), 183–214.

8 Michel Morineau, "Or brésilien et gazettes hollandaises," *Revue d'Histoire Moderne et Contemporaine* 25, no. 1 (1978) : 3–30; Jan de Vries, "The Economic Crisis of the Seventeenth Century After Fifty Years," *Journal of Interdisciplinary History* 40, no. 2 (2009) : 151–194.

9 Oscar Gelderblom, "The Governance of Early Modern Trade: The Case of Hans Thijs, 1556–1611," *Enterprise and Society* 4, no. 4 (2003) : 606–639; Harold John Cook, *Matters of Exchange: Commerce, Medicine, and Science in the Dutch Golden Age* (New Haven, CT: Yale University Press, 2007), 20–21; Peter Burke, *A Social History of Knowledge from Gutenberg to Diderot* (Cambridge: Polity Press, 2000), 164.

10 Karel Davids, "The Bookkeepers Tale: Learning Merchant Skills in the Northern Netherlands in the Sixteenth Century," in *Education and Learning in the Netherlands 1400–1600. Essays in Honour of Hilde de Ridder-Symeons*, ed. Koen Goodriaan, Jaap van Moolenbroek, and Ad Tervoort (Leiden: Brill, 2004), 235–241.

11 Raymond de Roover, "Aux origins d'une technique intellectuelle. La formation et l'expansion de la comptabilité à partie double," *Annales d'histoire économique et sociale* 9, no. 45 (1937) : 285; M. F. Bywater and B. S. Yamey, *Historic Accounting Literature: A Companion Guide* (London: Scolar Press, 1982), 46; Yamey,

"Bookkeeping and the Rise of Capitalism," 106.

12 Yamey, "Bookkeeping and the Rise of Capitalism," 237; Bywater and Yamey, *Historic Accounting Literature*, 54–55, 80.

13 引用元は、Yamey, *Art and Accounting*, 115. このイメージは、Francesco Colonna's *Hypnerotomachia Poliphili* (Venice: Aldus Manutius, 1499) の中の対応する象形文字に由来すると思われる。

14 O. ten Have, "Simon Stevin of Bruges," in *Studies in the History of Accounting*, ed. A. C. Littleton and B. S. Yamey (New York: Arno Press, 1978), 236; J. T. Devreese and G. Vanden Berghe, *"Magic Is No Magic," the Wonderful World of Simon Stevin* (邦訳『科学革命の先駆者シモン・ステヴィン』) (Boston: Southampton, 2008), 201–212.

15 Bywater and Yamey, *Historic Accounting Literature*, 87.

16 Ibid., 16, 120; Ten Have, "Simon Stevin of Bruges," 242, 244; Geijsbeek, *Ancient Double-Entry Bookkeeping, 114; Kees Zandvliet, Maurits Prins van Oranje* [*Exhibition catalogue Rijksmuseum*] (Amsterdam: Rijksmuseum Amsterdam/ Waanders Uitgevers Zwolle, 2000), 276–277.

17 引用元は、Barlaeus, *Marie de Medicis entrant dans l'Amsterdam*, 16, 59–63.

18 J. Matthijs de Jongh, "Shareholder Activism at the Dutch East India Company in 1622: *Redde Rationem Villicationis Tuae! Give an Account of Your Stewardship!*" (paper presented at the Conference on the Origins and History of Shareholder Advocacy, Yale School of Management, Millstein Center for Corporate Governance and Performance, November 6–7, 2009), 1–56; *A Translation of the Charter of the Dutch East India Company* (*Verenigde Oostindische Compagnie, or VOC*), trans. Peter Reynders (Canberra: Map Division of the Australasian Hydrographic Society, 2009).

19 *A Translation of the Charter of the Dutch East India Company*, 3.

20 Jeffrey Robertson and Warwick Funnell, "The Dutch East India Company and Accounting for Social Capital at the Dawn of Modern Capitalism 1602–1623," *Accounting Organizations and Society* 37, no. 5 (2012): 342–360.

21 Schama, *The Embarrassment of Riches*, 338–339; De Jongh, "Shareholder Activism at the Dutch East India Company in 1622," 16.

22 Kristof Glamann, *Dutch Asiatic Trade 1620–1740* (The Hague: Martinus Nijhof, 1981), 245.

23 De Jongh, "Shareholder Activism at the Dutch East India Company in 1622," 22.

24　Ibid., 22–23, 31.
25　Glamann, *Dutch Asiatic Trade 1620–1740*, 252.
26　Ibid., 253–254.
27　引用元は、ibid., 253–256.
28　Ibid., 257–261.
29　Pieter de la Court and Jan de Witt, *The True Interest and Political Maxims of the Republic of Holland* (London: John Campbell, 1746), 4–6, 49–50. 商人の徳の新しい傾向については、J. G. A. Pocock, *The Machiavellian Moment: Florentine Political Thought and the Atlantic Republican Tradition* (Princeton, NJ: Princeton University Press, 1975), 478を参照されたい。
30　Antonin Lefèvre Pontalis, *Vingt années de république parlementaire au dix-septième siècle. Jan de Witt, Grand Pensionnaire de Hollande* (Paris: E. Plon, Nourrit & Cie, 1884), 1:313–318; Herbert H. Rowen, *John de Witt, Grand Pensionary of Holland 1625–1672* (Princeton, NJ: Princeton University Press, 1978), 391–398, esp. 393.
31　Pontalis, *Jan de Witt*, 1:88–89; Jan de Witt, *Elementa curvarum linearum liber primus*, trans. and ed. Albert W. Grootendorst and Miente Bakker (New York: Springer Verlag, 2000), 1.

第6章　ブルボン朝最盛期を築いた冷酷な会計顧問

1　Louis XIV, *Mémoires for the Instruction of the Dauphin*, trans. and ed. Paul Sonnino (New York: Free Press, 1970), 64.
2　Jacob Soll, *The Information Master: Jean-Baptiste Colbert's Secret State Information System* (Ann Arbor: University of Michigan Press, 2009), 3–15; Daniel Dessert, *Colbert ou le serpent venimeux* (Paris: Éditions Complexe, 2000), 44. コルベールの評伝は、Inès Murat, *Colbert*, trans. Robert Francis Cook and Jeannie Van Asselt (Charlottesville: University Press of Virginia, 1984); および Jean Meyer, Colbert (Paris: Hachette, 1981) を参照されたい。コルベールの業績については、以下を参照されたい。Daniel Dessert and Jean-Louis Journet, "Le lobby Colbert: un Royaume, ou une affaire de famille?" *Annales. Histoire, Sciences sociales* 30, no. 6 (1975) : 1303–1336; *Colbert 1619–1683* (Paris: Ministère de la Culture, 1983); Douglas Clark Baxter, *Servants of the Sword: French Intendants of the Army 1630–1670* (Urbana: University of Illinois Press, 1976).
3　Dessert, *Colbert ou le serpent venimeux*, 43.
4　François de Dainville, *L'éducation des jésuites XVI-XVIII siècles*, ed. Marie-Madeleine Compère (Paris: Éditions de Minuit, 1978), 315–322.
5　Dessert, *Colbert ou le serpent venimeux*, 44–45.

6　Pierre Jeannin, *Merchants of the Sixteenth Century*, trans. Paul Fittingoff (New York: Harper and Row, 1972), 91–103.

7　コルベールからル・テリエ宛の一六五〇年六月二三日付書簡。以下に収録された。Jean-Baptiste Colbert, *Lettres, instructions et mémoires*, ed. Pierre Clement (Paris: Imprimerie Impériale, 1865), 1:14; David Parrott, Richelieu's *Army: War, Government and Society in France 1624–1642* (Cambridge: Cambridge University Press, 2001), 370–375; Murat, *Colbert*, 8.

8　Jean Villain, *Mazarin, homme d'argent* (Paris: Club du Livre d'Histoire, 1956); Gabriel-Jules, comte de Cosnac, *Mazarin et Colbert* (Paris: Plon, 1892), vol. 1; Murat, *Colbert*, 22–25.

9　コルベールからマザラン宛の一六五一年九月三一日付書簡からの引用。書簡は以下に収録された。Colbert, *Lettres*, 1:132–141 at 132; コルベールからマザラン宛の一六五二年九月一四日付書簡。以下に収録された。Cosnac, *Mazarin et Colbert*, 1:324. On Mazarin's finances. 以下も参照されたい。Dessert, *Colbert ou le serpent venimeux*, 52; J. A Bergin, "Cardinal Mazarin and His Benefices," *French History* 1, no. 1 (1987): 3–26.

10　コルベールからマザラン宛の一六五二年九月一四日付書簡。以下に収録された。Cosnac, *Mazarin et Colbert*, 1:324; Daniel Dessert, *Argent, pouvoir, et société au Grand Siècle* (Paris: Fayard, 1984), 294.

11　マザランからコルベール宛の一六五四年七月二七日付書簡。以下に収録された。Cosnac, *Mazarin et Colbert*, 1:324.

12　Smith, *Wealth of Nations*（邦訳『国富論』), 446.

13　Marie de Rabutin-Chantal de Sévigné, *Lettres*, ed. M. Suard (Paris: Firmin Didot, 1846), 59.

14　Ibid., 63.

15　Dessert, *Argent, pouvoir et société au grand Siècle*, 210–237, 300; Murat, *Colbert*, 61–63; Jean-Baptiste Colbert, "Arrestation de Fouquet; Mésures préparatoires," 1661, in Colbert, *Lettres*, 2:cxcvi.

16　Pierre-Adolphe Chéruel, ed., *Mémoires sur la vie publique et privée de Fouquet, Surintendant des finances. D'après ses lettres et des pièces inédites conservées à la Bibliothèque Impériale* (Paris: Charpentier Éditeur, 1862), 1:489.

17　Dessert, *Colbert ou le serpent venimeux*, 34; Colbert, *Lettres*, 7:cxcvi.

18　Colbert, "Mémoires sur les affaires de finances de France pour servir à l'histoire," 1663, in Colbert, *Lettres*, 2:1, section 2, 17–68. これに関するデセールの分析は、*Colbert ou le serpent venimeux*, 17–37 を参照されたい。

19　Colbert, "Mémoires sur les affaires de finances de France pour servir à l'histoire," 19–20, 30–32, 50–51.

20　Ibid., 40–45.

21　Ibid., 44–45.

22　引用元は、Louis XIV, *Instructions of the Dauphin*, 29; ルイからアンヌ・ドートリッシュ宛の一六六一年書簡、以下で引用された。Murat, *Colbert*, 69; Colbert, *Lettres*, 2:1, ccxxvi- cclvii; ルイ一四世一六七〇年五月二四日付書簡の注記、コルベールからルイ一四世宛一六七〇年五月二二日付書簡, ccxxviii; コルベールからルイ一四世宛一六七三年五月二四日付書簡、ルイによる日付不詳の括弧書きメモあり, ccxxxii.またRichard Bonney, "Vindication of the Fronde? The Cost of Louis XIV's Versailles Building Programme," *French History* 21, no. 2 (2006): 212も参照されたい。

23　コルベールの書類については、Charles de La Roncière and Paul M. Bondois, *Catalogue des Manuscrits de la Collection des Mélanges Colbert* (Paris: Éditions Ernest Leroux, 1920), 1-100を参照されたい。

24　Colbert, "Mémoire pour l'instruction du Dauphin," manuscript in Colbert's hand, 1665, in Colbert, *Lettres*, 2:1, ccvx and ccxvii.

25　Colbert, *Lettres*, コルベールからルイ一四世宛書簡 "Au Roi. Pour le Conseil Royal," 2:1, cci.

26　Bnf Ms. Fr. 6769–91. 一六八〇年の帳簿に記された数字は、以下に再現されている。*Lettres*, 2:2, 771–782; "Receuil de Finances de Colbert," Bnf Ms. Fr. 7753. 個人的なメモその他については、Peter Stallybrass, Roger Chartier, J. Franklin Mowrey, and Heather Wolfe, "Hamlet's Tables and the Technologies of Writing in Renaissance England," *Shakespeare Quarterly* 55, no. 4 (2004): 379–419を参照されたい。

27　Jean-Baptiste Colbert, "Abrégé des finances 1665," Bnf. Ms. Fr. 6771, fols. 4-verso-7-recto; "Abrégé des finances 1671," Bnf. Ms. Fr. 6777, final "table." Colbert, *Lettres*, 2:2, 771-783には、一六八〇年の帳簿に記された数字がすべて含まれているが、帳簿の装幀などには触れられていない。

28　Clément, in Colbert, *Lettres*, 7:xxxviii.

29　Claude Le Pelletier, "Mémoire présenté au Roi par M. Le Pelletier, après avoir quitté les finances, par lequel il rend compte de son administration," June 1691, in Arthur André Gabriel Michel de Boislisle and Pierre de Brotonne, eds., *Correspondance des Contrôleurs Généraux des Finances* (Paris: Imprimérie Nationale, 1874), 1:544; Lionel Rothkrug, *Opposition to Louis XIV: The Political and Social Origins of the French Enlightenment* (Princeton, NJ: Princeton University Press, 1965), 212–213.

第7章　英国首相ウォルポールの裏金工作

1 J. E. D. Binney, *British Public Finance and Administration 1774–92* (Oxford: Oxford University Press, 1958), 5.

2 引用元は、Paul Seaward, "Parliament and the Idea of Political Accountability in Early Modern Britain," in *Realities of Representation: State Building in Early Modern Europe and European America*, ed. Maija Jansson (New York: Palgrave Macmillan, 2007), 55–56.

3 Samuel Pepys, Diary, Thurs 21 December 1665; Sunday 4 March 1665/6; and Friday 2 March 1665/6. The Diary of Samuel Pepys Online: www.pepysdiary.com.

4 Henry Roseveare, The Treasury, 1660–1870: *The Foundations of Control* (London: Allen and Unwin, 1973), 1, 21–28.

5 William Peter Deringer, "Calculated Values: The Politics and Epistemology of Economic Numbers in Britain, 1688–1738" (PhD diss., Princeton University, 2012), 79; Raymond Astbury, "The Renewal of the Licensing Act in 1693 and Its Lapse in 1695," *The Library* 5, no. 4 (1978) : 311; Charles Davenant, *Discourses on the Publick Revenues* (London: James Knapton, 1698), 1:266, 14–15.

6 *The Mercator* 36, August 13–15, 1713, 以下に引用された。Deringer, "Calculated Values," 222.

7 Angus Vine, "Francis Bacon's Composition Books," *Transactions of the Cambridge Bibliographical Society* 14, no. 1 (2008) : 1–31; Margaret C. Jacob, *Scientific Culture and the Making of the Industrial West* (Oxford: Oxford University Press, 1997), 29–33; Thomas Hobbes, *Leviathan* (邦訳『リヴァイアサン』), ed. Richard Tuck (Cambridge: Cambridge University Press, 1996), chap. 4, p. 29; chap 5., p. 31.

8 William Coxe, *Memoirs of the Life and Administration of Sir Robert Walpole* (London: Longman, Hurst, Reese, Orme and Brown, 1816), 1:2.

9 Robert Walpole, *A State of the Five and Thirty Millions Mention'd in the Report of a Committee of the House of Commons* (London: E. Baldwin, 1712), 2.

10 Ibid., 4–5; Hubert Hall, "The Sources for the History of Sir Robert Walpole's Financial Administration," *Transactions of the Royal Historical Society* 4, no. 1 (1910) : 34.

11 John Brewer, *The Sinews of Power: War, Money and the English State 1688–1783* (New York: Alfred A. Knopf, 1989), 116–117.

12 Jeremy Black, *Robert Walpole and the Nature of Politics in Early Eighteenth Century England* (New York:

St. Martin's Press, 1990), 27.

13 Norris Arthur Brisco, *The Economic Policy of Robert Walpole* (New York: Columbia University Press, 1907), 43–45; Richard Dale, *The First Crash: Lessons from the South Sea Bubble* (Princeton, NJ: Princeton University Press, 2004), 74.

14 Dale, *The First Crash*, 130. 一八世紀におけるフランスの産業の発展については、以下も参照されたい。Jeff Horn, *The Path Not Taken: French Industrialization in the Age of Revolution* (Cambridge, MA: MIT Press, 2008).

15 Dale, *The First Crash*, 82. Deringer, "Calculated Values," 39–47.

16 引用元は、Deringer, "Calculated Values," 85–88; Archibald Hutcheson, *A Collection of Calculations and Remarks Relating to the South Sea Scheme & Stock, Which have been already Published with an Addition of Some Others, which have not been made Publick 'till Now* (London, 1720).

17 Deringer, "Calculated Values," 84.

18 J. H. Plumb, *Sir Robert Walpole: The Making of a Statesman* (Boston: Houghton Mifflin, 1956), 1:306–319.

19 Ibid., 1:302.

20 Deringer, "Calculated Values," 145; 引用元は、John Trenchard, *An Examination and Explanation of the South Sea Company's Scheme for Taking in the Publick Debts. Shewing, That it is Not Encouraging to Those Who Shall Become Proprietors of the Company, at Any Advanced Price. And That it is Against the Interest of Those Proprietors Who Shall Remain with Their Stock Till They are Paid Off by the Government, That the Company Should Make Annually Great Dividend Than Their Profits Will Warrant. With Some National Considerations and Useful Observations* (London, 1720), 8, 16–17, 25–26.

21 Edward Pearce, *The Great Man: Sir Robert Walpole: Scoundrel, Genius and Britain's First Prime Minister* (London: Jonathan Cape, 2007), 427.

22 引用元は、Helen Paul, "Limiting the Witch-Hunt: Recovering from the South Sea Bubble," *Past, Present and Policy Conference* 3–4 (2011): 2 and John Richard Edwards, "Teaching 'merchants accompts' in Britain During the Early Modern Period," *Cardiff Business School Working Paper Series in Accounting and Finance* A2009/2 (2009), 20; Deringer, "Calculated Values," 146.

23 Paul, "Limiting the Witch-Hunt," 7; Pearce, *The Great Man*, 95; John Carswell, *The South Sea Bubble* (Stanford, CA: Stanford University Press, 1960), 260–

261.

24 Plumb, *Sir Robert Walpole*, 1:332.

25 Deringer, "Calculated Values," 149; Carswell, *The South Sea Bubble*, 237; Paul, "Limiting the Witch-Hunt," 3.

26 Thomas Gordon, *Cato's Letters* (Saturday, January 19, 1723), Liberty Fund, http://oll.libertyfund.org/index, IV: no. 112.

27 Brisco, *The Economic Policy of Robert Walpole*, 61; Black, *Robert Walpole*, 27.

28 Brisco, *The Economic Policy of Robert Walpole*, 62–65; Black, *Robert Walpole*, 29.

29 Samuel Johnson, *London* (1738), ed. Jack Lynch, http://andromeda.rutgers.edu/~jlynch/Texts/london.html; Henry Fielding, *Shamela*, ed. Jack Lynch, http://andromeda.rutgers.edu/~jlynch/Texts/shamela.html.

第8章　名門ウェッジウッドを生んだ帳簿分析

1 Eric Hobsbawm, *Industry and Empire: The Birth of the Industrial Revolution* (邦訳『産業と帝国』), (New York: Free Press, 1998), xi.

2 Roger North, *The Gentleman Accomptant* (London, 1714), i recto-v recto, 1–2; Binney, *British Public Finance and Administration*, 256.

3 Edwards, "Teaching 'merchants accompts' in Britain During the Early Modern Period," 1, 13–17; N. A. Hans, *New Trends in Education in the Eighteenth Century* (London: Routledge & Keegan Paul, 1951), 66–69, 92–93.

4 Edwards, "Teaching 'merchants accompts' in Britain During the Early Modern Period," 25–27.

5 Margaret C. Jacob, "Commerce, Industry and the Laws of Newtonian Science: Weber Revisited and Revised," *Canadian Journal of History* 35, no. 2 (2000): 272–292; Jan de Vries, "The Industrial Revolution and the Industrious Revolution," *Journal of Economic History* 54, no. 2 (1994): 249–270.

6 Edwards, "Teaching 'merchants accompts' in Britain During the Early Modern Period," 19.

7 引用元は、Richard Bentley, *Sermons Preached at Boyle's Lecture*, ed. Alexander Dyce (London: Francis Macpherson, 1838), 227–228; Margaret Jacob, *The Newtonians and the English Revolution 1689–1720* (Ithaca, NY: Cornell University Press, 1976), 160; Deborah Harkness, "Accounting for Science: How a Merchant Kept His Books in Elizabethan London," in *Self-Perception and Early Modern Capitalists*, ed. Margaret Jacob and Catherine Secretan (London: Palgrave Macmillan, 2008), 214–215.

8 Matthew Kadane, The Watchful Clothier: *The Life of*

an Eighteenth-Century Protestant Capitalist (New Haven, CT: Yale University Press, 2013), 45; Adam Smyth, *Autobiography in Early Modern Britain* (Cambridge: Cambridge Univer- sity Press, 2010), chap. 2.

9 Kadane, *The Watchful Clothier*, 162, 169.

10 ジョサイア・ウェッジウッドからベントレー宛の一七六二年一〇月二六日付書簡。以下に収録された。Josiah Wedgwood, *Correspondence of Josiah Wedgwood*, ed. Katherine Eufemia Farrer (Cambridge: Cambridge University Press, 2010), 1:6.

11 Ibid. 前掲書に収録されたウェッジウッドからベントレー宛一七六九年一〇月一日付書簡 1:297; 同一七七〇年九月三日付書簡 1:375; ウェッジウッドから弟のジョン・ウェッジウッド宛一七六六年六月四日付書簡 1:87; ウェッジウッドからジョン・ウェッジウッド宛一七六五年三月付書簡 1:39. また Sidney Pollard, *The Genesis of Modern Management: A Study of the Industrial Revolution in Great Britain* (London: Edward Arnold, 1965), 211も参照されたい。

12 Yamey, *Art and Accounting*, 36.

13 Pollard, *The Genesis of Modern Management*, 210.

14 Ibid., 222–223.

15 James Watt Papers, ジェームズ・ワットから父宛一七五五年七月二一日付書簡, MS 4/11 letters to father, 1754–1774, Birmingham City Library.

16 A. E. Musson and Eric Robinson, *Science and Technology in the Industrial Revolution* (Manchester, UK: Manchester University Press, 1969), 210–211; Pollard, *The Genesis of Modern Management*, 214, 229, 231.

17 引用元は、ウェッジウッドからベントレー宛一七七〇年八月二日付書簡。以下に収録された。Wedgwood, *Correspondence*, 1:357. 以下も参照されたい。Brian Dolan, *Josiah Wedgwood: Entrepreneur to the Enlightenment* (London: Harper Perennial, 2005), 288; Nancy F. Koehn, "Josiah Wedgwood and the First Industrial Revolution," in *Creating Modern Capitalism: How Entrepreneurs, Companies, and Countries Triumphed in Three Industrial Revolutions*, ed. Thomas K. McCraw (Cambridge, MA: Harvard University Press, 1997), 40.

18 ウェッジウッドからベントレー宛一七六九年九月二七日付書簡。以下に収録された。Wedgwood, *Correspondence*, 1:291; Koehn, "Josiah Wedgwood and the First Industrial Revolution," 45.

19 Neil McKendrick, "Josiah Wedgwood and Cost Accounting in the Industrial Revolution," *Economic History Review* 23, no. 1 (1970): 49に引用された。以下も参照されたい。ウェッジウッドからベントレー宛一七七二年八月二三日付書簡。以下に収録された。Wedgwood, *Correspondence*, 1:477.

20 McKendrick, "Josiah Wedgwood and Cost Accounting in the Industrial Revolution," 50–54.
21 Ibid., 54–55.
22 Dolan, *Josiah Wedgwood*, 40; McKendrick, "Josiah Wedgwood and Cost Accounting in the Industrial Revolution," 58–59.
23 McKendrick, "Josiah Wedgwood and Cost Accounting in the Industrial Revolution," 60–62.
24 T. S. Ashton, *Economic Fluctuations in England, 1700–1800* (Oxford: Oxford University Press, 1959), 128; McKendrick, "Josiah Wedgwood and Cost Accounting in the Industrial Revolution," 64.
25 Dolan, *Josiah Wedgwood*, 52.
26 Carl B. Cone, "Richard Price and Pitt's Sinking Fund of 1786," *Economic History Review* 4, no. 2 (1951): 243; Peter Dickson, *The Financial Revolution in England: A Study in the Development of Public Credit 1688–1756* (New York: St. Martin's Press, 1967).
27 Binney, *British Public Finance and Administration*, 254, 207–208, 254.
28 Ibid., 254.
29 Ibid.
30 In Wedgwood, *Correspondence*, ウェッジウッドからベントレー宛一七八〇年六月一日付書簡 2:466; ウェッジウッドからベントレー宛一七八〇年六月一〇日付書簡 2:469; ウェッジウッドからベントレー宛一七八〇年六月五日付書簡 2:468; ジョサイア・ウェッジウッド・ジュニアからウェッジウッド宛一七九〇年七月五日付書簡 3:149; ジョサイア・ウェッジウッド・ジュニアからウェッジウッド宛一七八九年七月二八日付書簡 3:95.
31 ウェッジウッドからプリーストリー宛一七九一年一一月三〇日付書簡。以下に収録された。Wedgwood, *Correspondence*, 3:178.
32 Dolan, *Josiah Wedgwood*, 368.
33 Ibid., 380.
34 Adam Smith, *Wealth of Nations*（邦訳『国富論』）, 3:3, 2; 4:5, 34.
35 Jeremy Bentham, *An Introduction to the Principles of Morals and Legislation*（邦訳『道徳および立法の諸原理序説』）(1789), 1–13.

第9章　フランス絶対王政を丸裸にした財務長官

1 啓蒙思想と金融論議の中心地としてのフランスの役割については、以下を参照されたい。Robert Darnton, "Trends in Radical Propaganda on the Eve of the French Revolution (1782–1788)" (DPhil diss., Oxford University, 1964), 196–232; John Shovlin, *The Political Economy of Virtue: Luxury, Patriotism, and the Origins of the French Revolution* (Ithaca, NY: Cornell

University Press, 2006), 148.

2 Marc Nikitin, "The Birth of a Modern Public Sector Accounting System in France and Britain and the Influence of Count Mollien," *Accounting History* 6, no. 1 (2001) : 75–101; Yannick Lemarchand, "Accounting, the State and Democracy: A Long-Term Perspective on the French Experiment, 1716–1967," *LEMNA* WP 2010 43 (2010) : 1–26; Seaward, "Parliament and the Idea of Political Accountability in Early Modern Britain," 59. 英語では、accountability という言葉は明確に財政面・政治面両方の責任を意味する。ロマンス語系の言語では、今日でも単に「責任」を表す。オックスフォード英語辞典も参照されたい。イギリスの公会計については、以下を参照されたい。William F. Willoughby, Westel W. Willoughby, and Samuel McCune Lindsay, *The System of Financial Administration of Great Britain: A Report* (New York: D. Appleton, 1917); P. G. M. Dickson, *The Financial Revolution in England*, 81; John Torrance, "Social Class and Bureaucratic Innovation: The Commissioners for Examining the Public Accounts 1780–1787," *Past and Present* 78 (1978) : 65; Henry Roseveare, *The Treasury, 1660–1870*, 1.

3 Yannick Lemarchand, "Introducing Double-Entry Bookkeeping in Public Finance," *Accounting, Business, and Financial History* 9 (1999) : 228–229. ポスターについては以下を参照されたい。"Modelles des Registres Journaux que le Roy, en son Conseil, Veut et ordonne estre tenus par les Receveurs Généraux des Finances, Caissier de leur Caisse commune, Commis aux Recettes générales, Receveurs des Tailles, Et autres Receveurs des Impositions (...). Execution de l'Edit du mois du juin 1716. des Déclarations des 10 Juin 1716. 4 Octobre & 7 Décembre 1723. Et de l'Arrest du Conseil du 15 Mars 1724 portant Réglement pour la tenuë desdits Registres-Journaux (1724)."

4 Yannick Lemarchand, "Comptabilité, discipline, et finances publiques: Un expérience d'introduction de la partie double sous la Régence," *Politiques et Management Public* 18, no. 2 (2000) : 93–118.

5 Claude Pâris La Montagne, "Traitté des Administrations des Recettes et des Dépenses du Royaume," (1733) AN 1005, II: 3–8, 48–49, 55, 66, 336. これらの論文が、原稿に記された一七三三年の日付より前に書かれたかどうかははっきりしない。パーリ兄弟が一七二〇年代に行った会計改革については、以下を参照されたい。*Déclaration du Roy concernant la tenue des Registres Journaux* (Versailles: October 4, 1723), 1. この宣言は法律の条文として規定され、「会計士、財務官、出納係、会計見習いその他我が

国の財務・税務・公的資金保管に携わるすべての人間は、毎日記録をつけることによって、複式簿記会計の法規に従わなければならない」とされた。

6　Pâris La Montagne, "Traitté des Administrations des Recettes et des Dépenses du Royaume," 128.

7　Jean-Claude Perrot, *Une histoire intellectuelle de l'économie politique XVIIeXVIIIe siècle* (Paris: Éditions de l'EHESS, 1992), 162; Sophus Reinert, *Translating Empire: Emulation and the Origins of Political Economy* (Cambridge, MA: Harvard University Press, 2011), 177; Steven L. Kaplan, *Bread, Politics, and Political Economy in the Reign of Louis XIV* (The Hague: Martinus Nijhof, 1976), 2:660–675.

8　David Hume, "Of Public Credit," in *Essays, Moral, Political and Literary*, 2:ix, 2, and 2:x, 28; J. G. A. Pocock, *The Machiavellian Moment*（邦訳『マキァヴェリアン・モーメント』), 496–497; Istvan Hont, "The Rhapsody of Public Debt: David Hume and Voluntary State Bankruptcy," in *Jealousy of Trade: International Competition and the Nation-State in Historical Perspective*, ed. Istvan Hont (Cambridge, MA: Belknap Press of Harvard Press, 2005), 326; Eugene Nelson White, "The French Revolution and the Politics of Government Finance, 1770–1815," *Journal of Economic History* 55, no. 2 (1995): 229; Michael Sonenscher, *Before the Deluge: Public Debt, Inequality, and the Intellectual Origins of the French Revolution* (Princeton, NJ: Princeton University Press, 2007), 1–3; Dan Edelstein, *The Terror of Natural Right: Republicanism, the State of Nature and the French Revolution* (Chicago: University of Chicago Press, 2009), 102; Edmund Burke, *Reflections on the French Revolution, in Readings in Western Civilization: The Old Regime and the French Revolution*（邦訳『フランス革命の省察』), ed. Keith Michael Baker (Chicago: University of Chicago Press, 1987), 432.

9　White, "The French Revolution and the Politics of Government Finance," 230–231; Léonard Burnand, *Les Pamphlets contre Necker. Médias et imginaire politique au XVIIIe siècle* (Paris: Éditions Classiques Garnier, 2009), 81; René Stourm, *Les finances de l'Ancien Régime et de la Révolution. Origins du système actuel* (first printing 1885; New York: Burt Franklin, 1968), 2:188.

10　J. F. Bosher, *French Finances 1770–1795: From Business to Bureaucracy* (Cambridge: Cambridge University Press, 1970), 23–25; Joël Félix, *Finances et politiques au siècle des Lumières. Le ministère L'Averdy, 1763–1768* (Paris: Comité pour l'Histoire Économique et Financière de la France, 1999), 144–145.

11　Jean Egret, *Necker, ministre de Louis XVI 1776–1790* (Paris: Honoré Champion, 1975), 123, 170; Michel

Antoine, *Le coeur de l'État* (Paris: Fayard, 2003), 506–519; Burnand, *Les pamphlets*, 80–81; Jean Egret, *Parlement de Dauphiné et les affaires publiques dans la deuxième moitié du XVIIIe siècle* (Paris: B. Arthuad, 1942), 2:133–140; Marie-Laure Legay, "The Beginnings of Public Management: Administrative Science and Political Choices in the Eighteenth Century in France, Austria, and the Austrian Netherlands," *Journal of Modern History* 81, no. 2 (2009) : 280; Shovlin, *The Political Economy of Virtue*, 148.

12 Charles Alexandre, vicomte de Vergennes, "Lettre de M. le marquis de Caraccioli à M. d'Alembert," in *Collection complette de tous les ouvrages pour et contre M. Necker, avec des notes critiques, politiques et secretes* (Utrecht, 1782), 3:63; Louis-Petit de Bachaumont et al., *Mémoires secrets pour servir à l'histoire de la République des lettres en France* (London: John Adamson, 1784), 15:56.

13 Egret, Necker, 61. Burnand, *Les Pamphlets contre Necker*, 95; Augéard は多くの煽動的パンフレットを書いた。Bachaumont, *Mémoires secrets pour servir à l'histoire de la République des lettres en France*, 15:152. 引用元は "Lettre de M. Turgot à M. Necker," in *Collection Complette*, 1:8.

14 "Lettre de M. Turgot à M. Necker," in *Collection Complette, 1:8; Jacques-Mathieu Augéard, Mémoires Sécrets* (Paris: Plon, 1866), 136. Burnand, *Les Pamphlets contre Necker*, 96, 108–110を参照されたい。

15 Michel Antoine, *Le coeur de l'État*, 506–519; Burnand, *Les Pamphlets contre Necker*, 80–81; Jacques Necker, *Sur le Compte Rendu au Roi en 1781. Nouveaux éclaircissemens par M. Necker* (Paris: Hôtel de Thou, 1788), 7–8; Stourm, *Les finances de l'Ancien Régime et de la Révolution*, 2:194–197; Robert D. Harris, "Necker's Compte Rendu of 1781: A Reconsideration," *Journal of Modern History* 42, no. 2 (1970) : 161–183; Robert Darnton, "The Memoirs of Lenoir, Lieutenant of Police of Paris, 1774–1785," *English Historical Review* 85, no. 336 (1970) : 536; Egret, *Necker*, 170; Jeremy Popkin, "Pamphlet Journalism at the End of the Old Regime," *Eighteenth-Century Studies* 22, no. 3 (1989) : 359. ネッケルの赤字については、以下を参照されたい。Jacques Necker, *Compte rendu au roi* (Paris: Imprimerie du Cabinet du Roi, 1781), 3. 1リーヴル＝純金0・29グラム。1リーヴル＝20スー、1スー＝12ドゥニエ。

16 政治文化における数学と社会学の台頭については、以下を参照されたい。Keith Michael Baker, "Politics and Social Science in Eighteenth-Century France: The 'Société de 1789,'" in *French Government and Society*

1500–1850: Essays in Memory of Alfred Cobban, ed. J. F. Bosher (London: Athlone Press, 1973), 225.

17 Necker, *Compte rendu au roi*, 2–4; Munro Price, *Preserving the Monarchy: The Comte de Vergennes 1774–1787* (Cambridge: Cambridge University Press, 1995), 55–56.

18 Necker, *Compte rendu au roi*, 3–5, 104.

19 Ibid., 45.

20 Ibid., 10, 116; Egret, *Necker*, 200.

21 Burnand, *Les Pamphlets contre Necker*, 96; Jean-Claude Perrot, "Nouveautés: L'économie politique et ses livres," in *L'Histoire de l'édition française*, ed. Roger Chartier et Henri-Jean Martin (Paris: Fayard/Promodis, 1984), 2:322; Stourm, *Les finances de l'Ancien Régime et de la Révolution*, 191; Charles-Joseph Mathon de la Cour, *Collection de Compte-Rendu, pièces authentiques, états et tableaux, concernant les finances de France depuis 1758 jusqu'en 1787* (Paris: Chez Cuchet, Chez Gatteu, 1788), iii-iv.

22 Bosher, *French Finances*, 126; Legay, "Beginnings of Public Management," 285.「一七七九年一〇月一七日の会計布告の序文において、ネッケルは、財務省の会計システムに不備が多く、そのために政府会計の管理が不可能になっていることを指摘した。ネッケルは、財務省の情報は不完全であり、多くの支出は追跡不能だと述べている。そして、正確な会計を行うためには途方もない作業が必要だと警告した」。引用元は、Stourm, *Les finances de l'Ancien Régime et de la Révolution*, 2:189; M. A. Bailly, *Histoire financière de la France depuis l'origine de la Monarchie jusqu'à la fin de 1786. Un tableau général des anciennes impositions et un état des recettes et des dépenses du trésor royal à la même époque* (Paris: Moutardier, 1830), 1:238; Egret, *Necker*, 177. 引用元は、ヴェルジェンヌからルイ一六世宛一七八一年五月三日付書簡、Jean-Louis Soulavie, *Mémoires historiques et politiques du règne de Louis XIV* (Paris: Treuttel et Würtz, 1801), 4:149–159に収録。

23 Renée-Caroline, marquise de Créquy, *Souvenirs de 1710 à 1803* (Paris: Garnier Frères, 1873), 7:33–36.

24 "Les pourquoi, ou la réponse verte," in *Collection complette*, 3:141.

25 Charles Alexandre, vicomte de Calonne, *Réponse de M. de Calonne à l'Écrit de M. Necker; contenant l'Examen des comptes de la situation des Finances Rendus en 1774, 1776, 1781, 1783 & 1787 avec des Observations sur les Résultats de l'Assemblée des Notables* (London: T. Spilsbury, 1788), 6, 51. プリンストン大学稀覯書コレクションに収められた写本は、「証拠書類または付属文書」とともに綴じられており、そこに

はカロンヌの作成した表も含まれている。

26 Desrosières, *The Politics of Large Numbers*, 31.

27 *Courrier d'Avignon*, April 22, 1788, 134–135.

28 François-Auguste-Marie-Alexis Mignet, *History of the French Revolution, from 1789–1814* (London: George Bell and Sons, 1891), 36.

29 Seaward, "Parliament and the Idea of Political Accountability in Early Modern Britain," 59; "Of Accountability," *Authentic Copy of the New Constitution of France, Adopted by the National Convention, June 23, 1793* (London: J. Debrett, 1793), 15, clauses 105–106. オックスフォード英語辞典に accountability が初めて登場したのは、一七九四年である。*Constitution of 1791*:「各省庁の詳細な決算は、大臣または長官が確認・署名のうえ、議会会期の開始時に印刷配布しなければならない。各種税収および一切の公的収入についても同様とする。収支報告は種別に従って仕訳し、地区別に年間の合計を公表しなければならない。宮廷、行政府、その他諸機関の特別支出も公表しなければならない(5, 3)」。

30 *Convention Nationale: Projet d'organisation du Bureau de Comptabilité* (Paris: Par Ordre de la Convention Nationale, 1792), 25, 28, Maclure Collection, 1156:1, University of Pennsylvania, Special Collections Library; Antoine Burté, "Pour L'Assemblée Nationale. Observations rapides sur les conditions d'eligibilité des Commissaires de la Comptabilité" (Paris: Imprimérie Nationale,1792), 5–13, Maclure Collection, 735:5, University of Pennsylvania, Special Collections Library.

31 Isser Woloch, *The New Régime: Transformations of the French Civic Order, 1789–1820s* (New York: W. W. Norton, 1994), 40; "Compte rendu par le Ministre de la Marine à l'Assemblée Nationale 31 Oct. 1791" (Paris: Imprimérie Nationale, 1791), Maclure 974:19, University of Pennsylvania, Special Collections Library.

第10章 会計の力を駆使したアメリカ建国の父たち

1 引用元は、Previts and Merino, *A History of Accountancy in the United States*, 15–17; Bernard Bailyn, *The New England Merchants in the Seventeenth Century* (New York: Harper Torchbook, 1964), 170.

2 W. T. Baxter, "Accounting in Colonial America," in *Studies in the History of Accounting*, ed. Littleton and Yamey, 278.

3 引用元は、Previts and Merino, *A History of Accountancy in the United States*, 17, 21.

4 John Mair, frontispiece and page 4 of preface to *Book-Keeping Methodiz'd; or A methodical treatise of MERCHANT-ACCOMPTS, according to the Italian Form* (Edinburgh: W. Sands, A. Murray, and J. Co-

chran, 1765). Library Company of Philadelphia: Am 1765 Mai Dj.8705.M228 1765.

5　Baxter, "Accounting in Colonial America," 279.

6　Ibid.

7　Max Weber, *The Protestant Ethic and the Spirit of Capitalism*（邦訳『プロテスタンティズムの倫理と資本主義の精神』), 50–67.

8　Benjamin Franklin, *The Autobiography and Other Writings on Politics, Economics and Virtue*, ed. Alan Houston (Cambridge: Cambridge University Press, 2004), 34–35.

9　Benjamin Franklin, *Papers of Franklin*, ed. by Leonard W. Lebaree and Whitfield Bell Jr. (New Haven, CT: Yale University Press, 1960), 1:128; Franklin, Autobiography（邦訳『フランクリン自伝』), 81.

10　Franklin, *Papers of Benjamin Franklin*, 5:165–167.

11　Ibid., 5:174–175.

12　Benjamin Franklin, *DIRECTIONS to the DEPUTY POST-MASTERS, for keeping their* ACCOUNTS (Broadside, Philadelphia, 1753), Pennsylvania Historical Society, Ab［1775］-35, 61×48cm; *The Ledger of Doctor Benjamin Franklin, Postmaster General, 1776. A Facsimile of the Original Manuscript Now on File on the Records of the Post Office Department of the United States* (Washington, DC,1865).

13　*The Ledger of Doctor Benjamin Franklin*, 127, 172–173.

14　Benjamin Franklin and George Simpson Eddy, "Account Book of Benjamin Franklin Kept by Him During His First Mission to England as Provincial Agent 1757–1762," *Pennsylvania Magazine of History and Biography* 55, no. 2 (1931): 97–133; Ellen R. Cohn, "The Printer at Passy," in *Benjamin Franklin in Search of a Better World*, ed. Page Talbott (New Haven, CT: Yale University Press, 2005), 246–250.

15　Stacy Schiff, *A Great Improvisation: Franklin, France, and the Birth of America* (New York: Henry Holt, 2005), 87, 268; フランクリンとネッケルは、一七八〇年二月二日と八一年四月一〇日に書簡を取り交わした; 引用元は、Benjamin Franklin, *The Writings of Benjamin Franklin*, ed. Albert Henry Smyth (New York: Macmillan, 1907), 8:581–583.

16　Stephanie E. Smallwood, *Saltwater Slavery: A Middle Passage from Africa to American Diaspora* (Cambridge, MA: Harvard University Press, 2008), 98.

17　William Peden, "Thomas Jefferson: The Man as Reflected in His Account Books," *Virginia Quarterly Review* 64, no. 4 (1988): 686–694; Thomas Jefferson, *The Works of Thomas Jefferson*, Federal Edition (New York: G. P. Putnam's Sons, 1904–1905). II "inscription "for an african slave" : 1.

18　All of Washington's accounts are online: http://memory.loc.gov/ammem/gwhtml/gwseries5.html.

19　Previts and Merino, *A History of Accountancy in the United States*, 46; Jack Rakove, *Revolutionaries: A New History of the Invention of America* (New York: Houghton Mifflin Harcourt, 2010), 233.

20　Marvin Kitman, *George Washington's Expense Account* (New York: Grove Press, 1970), 15.

21　Facsimile of the *Accounts of G. Washington with the United States, Commencing June 1775, and Ending June 1783, Comprehending a Space of 8 Years* (Washington, DC: Treasury Department, 1833), 65–66.

22　Ibid., 5–6; Kitman, *George Washington's Expense Account*, 127–129, 276.

23　Thomas K. McCraw, *The Founders and Finance: How Hamilton, Gallatin, and Other Immigrants Forged a New Economy* (Cambridge, MA: Harvard University Press, 2012), 65–66.

24　Michael P. Schoderbek, "Robert Morris and Reporting for the Treasury Under the U.S. Continental Congress," *Accounting Historians Journal* 26, no. 2 (1999): 5–7.

25　Ibid., 7–8; Charles Rappleye, *Robert Morris: Financier of the American Revolution* (New York: Simon and Schuster, 2010), 231.

26　Rappleye, *Robert Morris*, 234; Schoderbek, "Robert Morris and Reporting for the Treasury Under the U.S. Continental Congress," 10–11.

27　Schoderbek, "Robert Morris and Reporting for the Treasury Under the U.S. Continental Congress," 12.

28　Ibid., 16–17.

29　Robert Morris, *A State of the Receipts and Expenditures of Public Monies upon Warrants from the Superintendent of Finance, from the 1st of January, 1782, to the 1st of January 1783*. Schoderbek, "Robert Morris and Reporting for the Treasury Under the U.S. Continental Congress," 18, 28に引用された。

30　引用元は、McCraw, *The Founders and Finance*, 16.

31　Ibid., 17–18.

32　Ibid., 24, 54.

33　Jack Rackove, *Original Meanings: Politics and Ideas in the Making of the Constitution* (New York: Vintage Books, 1997), 236.

34　Ron Chernow, *Alexander Hamilton* (New York: Penguin Books, 2004), 249.

35　ジュネーブ出身のアルベール・ガラタンは、一時期ハーバード大学でフランス語を教え、その後アメリカ史上最も長く財務長官に仕えた人物であるが、彼は一七九六年に *Sketch of the Finances of the United*

States を書いた；*Journal of the First Session of the Second House of Representatives of the Commonwealth of Pennsylvania* (Philadelphia: Francis Bailey and Thomas Lang, 1791), last two pages of "Appendix"；John Nicholson, *Accounts of Pennsylvania* (Philadelphia: Comptroller-General's Office, 1785), 1 of the "Advertisement."

第11章　鉄道が生んだ公認会計士

1 Lady Holland, *A Memoir of the Reverend Sydney Smith* (London: Longman, Brown, Green and Longmans, 1855) 2:215.

2 Hugh Coombs, John Edwards, and Hugh Greener, eds., *Double-Entry Bookkeeping in British Central Government, 1822–1856* (London: Routledge, 1997), 3–5.

3 John Bowring, *Report on the Public Accounts of the Netherlands* (London: House of Commons, 1832); Nikitin, "The Birth of a Modern Public Sector Accounting System in France and Britain, 90. 引用元は John Bowring, *Report of the Public Accounts of France to the Right Honorable the Lords Commissioners of His Majesty's Treasury* (London: House of Commons, 1831), 3–7.

4 Oliver Evans, "Steamboats and Steam Wagons," *Hazard's Register of Pennsylvania* 16 (July-January 1836)：12.

5 Hobsbawm, *Industry and Empire*, 88, 93.

6 Previts and Merino, *A History of Accountancy in the United States*, 69, 110, 134; Alfred D. Chandler, *The Visible Hand: The Managerial Revolution in American Business* (Cambridge, MA: Harvard University Press, 1977), 122.

7 Theodore M. Porter, *Trust in Numbers: The Pursuit of Objectivity in Science and Public Life*（邦訳『数値と客観性』）(Princeton, NJ: Princeton University Press, 1995), 60.

8 Ibid., 87–88.

9 Chandler, *The Visible Hand*（邦訳『経営者の時代』）, 11, 110; Vanessa Ogle, *Contesting Time: The Global Struggle for Uniformity and Its Unintended Consequences, 1870s-1940s* (Cambridge, MA: Harvard University Press, forthcoming).

10 Chandler, *The Visible Hand*, 110–112; Previts and Merino, *A History of Accountancy in the United States*, 99.

11 引用元は Previts and Merino, *A History of Accountancy in the United States*, 112; Mark Twain, Letter to *The San Francisco Alta California*, May 26, 1867.

12 "Reports of Cases Decided on All the Courts of Equity and Common Law in Ireland for the Year 1855," *The*

Irish Jurist 1 (1856) : 386–387; *Times of London*, February 18, 1856; ディケンズの引用元は、*The Dictionary of National Biography*, ed. Sydney Lee (New York: Macmillan, 1897), 50:103.

13　Brown, *A History of Accounting and Accountants*, chaps. 3–4; Previts and Merino, *A History of Accountancy in the United States*, 69.

14　Brown, *A History of Accounting and Accountants*, 285.

15　David Grayson Allen and Kathleen McDermott, *Accounting for Success: A History of Price Waterhouse in America 1890–1990* (Cambridge, MA: Harvard Business School Press, 1993), 4; Previts and Merino, *A History of Accountancy in the United States*, 99; Porter, *Trust in Numbers* (邦訳『数値と客観性』), 91, 103.

16　Allen and McDermott, *Accounting for Success*, 14, 34.

17　John Moody, *How to Analyze Railroad Reports* (New York: Analyses, 1912), 18–21; Previts and Merino, *A History of Accountancy in the United States*, 216.

18　Previts and Merino, *A History of Accountancy in the United States*, 157.

19　Ibid., 116–117.

20　Ibid., 98.

21　Ibid., 132; D. A. Keister, "*The Public Accountant*," The Book-Keeper 8, no. 6 (1896) : 21–23.

22　Charles Waldo Haskins, *Business Education and Accountancy* (New York: Harper & Brothers, 1904), 32, 54.

23　Charles Waldo Haskins, *How to Keep Household Accounts: A Manual of Family Accounts* (New York: Harper & Brothers, 1903), v, 13–14.

第12章　『クリスマス・キャロル』に描かれた会計の二面性

1　Honoré de Balzac, *L'Interdiction* (邦訳『禁治産』) (Paris: Éditions Garnier Frères, 1964), 37.

2　Charles Dickens, *A Christmas Carol* (邦訳『クリスマス・キャロル』) (Clayton, DE: Prestwick House, 2010), 21.

3　Charles Dickens, *Little Dorrit* (邦訳『リトル・ドリット』), ed. by Peter Preston (Ware, UK: Wordsworth Editions, 1996), 102.

4　Henry David Thoreau, *Walden or Life in the Woods* (邦訳『森の生活』) (Mansfield Centre, CT: Martino, 2009), 26.

5　Ibid., 17, 28.

6　Amanda Vickerey, "His and Hers: Gender, Consumption and Household Accounting in Eighteenth-Century England," *Past and Present* 1, Supplement 1 (2006) : 12–38.

7　Porter, *Trust in Numbers* (邦訳『数値と客観性』),

17–30.

8　Thomas Malthus, *An Essay on the Principle of Population*（邦訳『人口論』）(New York: Ox- ford University Press, 1999), 61.

9　Janet Browne, "The Natural Economy of Households: Charles Darwin's Account Books," in *Aurora Torealis: Studies in the History of Science and Ideas in the Honor Tore Frängsmyr*, ed. Marco Beretta, Karl Grandin, and Svante Lindqvist (Sagamore Beach, MA: Watson, 2008), 104.

10　質問項目は、以下に再録されている。Francis Darwin, ed., *The Life and Letters of Charles Darwin* (London, 1887), 3:178–179. 引用はすべてこれに拠った。

11　Browne, "The Natural Economy of Households," 88–99.

12　Ibid., 92–94.

13　Ibid., 97; Charles R, Darwin, *The Descent of Man, and Selection in Relation to Sex*（邦訳『人間の進化と性淘汰』）(London: John Murray, 1871), 1:167–182.

14　Joseph Conrad, *Heart of Darkness*（邦訳『闇の奥』）, ed. Ross C. Murfin (Boston: Bedford/St. Martin's, 1989), 33.

15　Rosita S. Chen and Sheng-Der Pan, "Frederick Winslow Taylor's Contributions to Cost Accounting," *Accounting Historians Journal* 7, no. 2 (1980) : 2.

16　Daniel J. Boorstin, *The Americans: The Democratic Experience* (New York: Vintage Books, 1973).

17　Cited by John Huer, *Auschwitz USA* (Lanham, MD: Hamilton Books, 2010), 31.

18　Alfred C. Mierzejewski, *Most Valuable Asset of the Reich: A History of the German National Railway* (Chapel Hill: University of North Carolina Press, 2000), 2:20–21.

第13章　大恐慌とリーマン・ショックはなぜ防げなかったのか

1　Allen and McDermott, *Accounting for Success*, 32–37.

2　Ibid., 31.

3　Ibid., 45, 61.

4　William Z. Ripley, "Stop, Look, Listen! The Shareholder's Right to Adequate Information," *Atlantic Monthly*, January 1, 1926.

5　Allen and McDermott, *Accounting for Success*, 67.

6　Ibid., 64; John Kenneth Galbraith, *The Great Crash of 1929*（邦訳『大暴落1929』）(New York: Houghton Mifflin Harcourt, 2000), 64.

7　Previts and Merino, *A History of Accountancy in the United States*, 275.

8　Securities Act of 1933, www.sec.gov/about/laws/sa33.pdf, section 19; Stephen A. Zeff, "The SEC Rules Historical Cost Accounting: 1934 to the 1970s," *Ac-*

counting and Business Research 37, suppl. 1 (2007) : 1; Mike Brewster, *Unaccountable: How the Accounting Profession Forfeited a Public Trust* (Hoboken, NJ: John Wiley & Sons, 2003), 81.

9 Allen and McDermott, *Accounting for Success*, 71; Previts and Merino, *A History of Accountancy in the United States*, 70, 270.

10 Kees Camfferman and Stephen A. Zeff, *Financial Reporting and Global Capital Markets: A History of the International Accounting Standards Committee 1973–2000* (Oxford: Oxford University Press, 2006), 21–24; "The Norwalk Agreement," www.fasb.org/news/memorandum.pdf.

11 Barbara Ley Toffler, *Final Accounting: Ambition, Greed and the Fall of Arthur Andersen* (New York: Crown, 2003), 18; Robert A. G. Monks and Nell Minow, *Corporate Governance* (New York: John Wiley & Sons, 2008), 563.

12 Toffler, *Final Accounting*, 28, 41.

13 Ibid., 14.

14 Allen and McDermott, *Accounting for Success*, 171–172.

15 Ibid., 173.

16 Ibid., 175–181.

17 Philip G. Joyce, *Congressional Budget Office: Honest Numbers, Power, and Policymaking* (Washington, DC: Georgetown University Press, 2011), 16–17.

18 Richard Cantor and Frank Packer, "Sovereign Credit Ratings," *Current Issues in Economics and Finance of the Federal Reserve Board of New York* 1, no. 3 (1995) : 41.

19 Allen and McDermott, *Accounting for Success*, 181.

20 Mark Stevens, *The Big Six: The Selling Out of America's Accounting Firms* (邦訳『ビッグ・シックス』) (New York: Simon and Schuster, 1991), 28.

21 Richard Melcher, "Where Are the Accountants?" *BusinessWeek*, October 5, 1998.

22 Toffler, *Final Accounting*, 203.

23 Ibid., 138.

24 William Jefferson Clinton, "Statement on Signing the Gramm-Leach-Bliley, Act November 12, 1999," www.presidency.ucsb.edu/ws/?pid=56922.

25 ワールドコムとウェイスト・マネジメントに関するSECによるアーサー・アンダーセンの摘発については、以下を参照されたい。www.sec.gov/litigation/complaints/comp17753.htm and www.sec.gov/litigation/litreleases/lr17039.htm.

26 Toffler, *Final Accounting*, 217.

27 Ibid., 213.

28 Elizabeth Bumiller, "Bush Signs Bill Aimed at Fraud

in Corporations," *New York Times*, July 31, 2002. 二〇〇二年にブッシュ大統領がSECの予算を二七%削減し、委員長のハーベイ・ピットは「この程度の予算では重要な取り組みができない」と公に非難した。Stephen Labaton, "Bush Tries to Shrink S.E.C. Raise Intended for Corporate Cleanup," *New York Times*, October 19, 2002.

29　Adam Jones, "Auditors Criticized for Role in Financial Crisis," *Financial Times*, March 30, 2011; Adam Jones, "Big Four Rivals Welcome Audit Shakeup," *Financial Times*, February 2, 2013.

30　Andrew Ross Sorkin, "Realities Behind Prosecuting Big Banks," *New York Times*, March 11, 2013.

31　Matt Taibbi, "The People vs. Goldman Sachs," *Rolling Stone*, May 11, 2011; "Government Accounting Book-Cooking Guide: The Public Sector Has Too Much Freedom to Dress Up the Accounts," *Economist*, April 7, 2012; Peter J. Henning, "Justice Department Again Signals Interest to Pursue Financial Crisis Cases," *New York Times*, August 26, 2013.

終　章　経済破綻は世界の金融システムに組み込まれている

1　Dickens, *Little Dorrit*（邦訳『リトル・ドリット』）, 107.

2　"Government Accounting Book-Cooking Guide: The Public Sector Has Too Much Freedom to Dress Up the Accounts," *Economist*, April 7, 2012.

3　"An Aberrant Abacus: Coming to Terms with China's Untrustworthy Numbers," *Economist*, May 1, 2008; Timothy Irwin, "Accounting Devices and Fiscal Illusions," IMF *Staff Discussion Note*, March 28, 2012, www.imf.org /external/pubs/ft/sdn/2012/sdn1202.pdf; Alan J. Blinder, "Financial Collapse: A Ten-Step Recovery Plan," *New York Times*, January 19, 2013.

4　Jean-Baptiste Say, *Traité d'économie politique ou simple exposition de la manière dont se forment, se distribuent et se composent les richesses*（Paris: Crapalet, 1803）.

日本版特別付録　帳簿の日本史（編集部）

本書では、今までの歴史家たちが見逃してきた帳簿の力に注目し、それがいかに世界史を作り上げてきたかを追ってきた。古代文明の時代からリーマン・ショックまで、幅広い時代をカバーしている本書だが、一方で「日本の歴史の中では、帳簿や会計はいつ頃から用いられ、どのように進歩し、いかなる役割を果たしてきたのだろうか？」と、疑問に思われた方も多いかもしれない。そこで、ここでは編集部より「帳簿の日本史」と題して特別付録をお届けする。

初期の帳簿は律令制とともに中国から輸入された

日本の「帳簿史」は、律令国家の成立とともに始まった。飛鳥時代、孝徳天皇や中大兄皇子《なかのおおえのおうじ》らが中心となり推し進められた大化の改新は、中国の律令制を参考に、天皇を中心とした新たな国家体制を日本に導入しようとする政治改革であった。その動きの中で、日本は「帳簿によって財政の収支を記録する文化」も中国から輸入したのだ。

では、日本における初期の帳簿は、誰が、どのようにつけていたのだろうか。

当時の会計帳簿としては今も、正税帳《しょうぜいちょう》と呼ばれる資料が残っている。正税帳とは、中央から各国（地方の行政単位。尾張国、摂津国など）に派遣された国司《こくし》が作成した、その国における一年間の収支決算報告書である。地方行政のトップであった国司たちは、その国における戸籍の作成や、税の徴収に関する責務を担っていたが、その具体的な内容は文章で朝廷へ報告することを義務付けられていたのだ。

当時、地方の財源は「正税」が中心であった。正税とは、各国の正倉という倉庫に蓄えられていた稲のことで、国司たちはこれを、毎年春に高利で農民に貸し付け、その利息を徴収することで財源を確保していた。その収入と、諸経費の支出をまとめたのが正税帳である。

朝廷へ毎年提出されていたこの正税帳は、民部省の主税寮という機関で監査された後、不備があった場合には差し戻され、不足分の納入などが要求された。一方、各国で実際に正税帳をまとめていたのは、国司の下で働いていた事務職クラスの役人であり、代々朝廷に仕えていた一族や、渡来人の一族などが中央から派遣され、その任にあたっていた。

資料としては残っていないが、その他にも兵部省や大蔵省など、中央の各行政機関においても、毎年の収入と支出をまとめた会計帳簿は作成されていたと考えられている。また、東大寺の写経所では、経を書き写す際に、それを依頼してきた行政機関や貴族に対して見積もりを作成し、請求するための帳簿を作っていたこともわかっている。このように、様々な組織で作成されていた帳簿だが、当時はその際に木簡を使用することもあった。木簡は文書を作成するためのデータ整理や、簡単な報告を記載するために使われていたようだ。

しかしながら、この時代の帳簿は収入と支出を書き留めただけのものであり、財政の正確な把握に不可欠な複式簿記からは程遠いものだった。また、当時の日本には、一年の収支を正確に見積り、それをもとに国家予算を立てる、といった習慣がなかったため、帳簿が政府や各地方自治体で大きな役割を果たすこともなかった。先の正税帳も、財政の正確な把握のためというよりも、国司の勤務評価の資料として活用されていた。これは、当時の日本はそもそも国家予算を立てられるほど行政機関が発達していなかったことや、律令制を敷く際に、それまでの豪族たちが各地で蓄えていた財産を中央政府が徴収していたため、厳しく財政を管理しなくても良いほど国庫が潤っていたためだと考えられている。

「財布の紐」が中央から地方へ

奈良時代と比べて、平安時代はあまり資料が残っておらず、会計帳簿についても未だわからない部分が多い。だが、会計の技術に関しては、先の時代から大きな進歩はなかったと考えられている。一方で、正税帳のようなしっかりとした帳簿は、徐々に作られなくなっていったようだ。それは、律令制下での徴税システムが、制度疲労を来していたためである。

奈良時代末期から、民衆の間では重税から逃れるため、戸籍上の本貫地《ほんかんち》（所在地）から不法に離脱する、浮浪・逃亡が相次いでいた。また、税の負担を軽くするために男子を女子として役所に届け出る「偽籍」も増加していた。このため、「戸籍をもとに土地を配分し、民衆一人ひとりから税を徴収する」という班田収授のシステムは、平安時代にはほとんど機能しなくなっていたのである。

一方、それまでの日本の国家財政を支えていた「貯金」も、当然ながら時を経るにつれて、底をつきはじめていた。平安京をはじめとする都の建設や、蝦夷討伐など、この時代には大規模な国家事業が続いていたため、徴税という「フロー」の面だけではなく、「ストック」の面からも国家財政は厳しい局面を迎えることになっていたのだ。

そこで中央政府は、徴税システムの変革にとりかかった。この頃には、各地の国司は受領《ずりよう》と呼ばれるようになっていたが、その受領に対し朝廷は、「四年の任期の中で一定額の税を納めれば、あとの国内統治は一任する」との方針を示した。いわば、「納めるものだけ納めれば、あとは自由にやって良い」という制度に変わったのである。

この枠組のもとでは、朝廷から義務付けられた以上の税を取り立てることができれば、受領たちはその余剰分を自らの取り分とすることができる。そこで彼らは、家来を引き連れて赴任したり、赴任先で地元の有力者を配下につけたりしながら徴税を徹底し、私腹を肥やしていった。その儲けの一部は、中央政府への賄賂にも使われたため、日本の貴族階級は地方・中央ともに豊かになっていった。

こうして、社会の変化に対応できなくなっていた徴税制度は、各国の受領たちに権限を移譲することで、再び機能し始めた。その改革の中心にいたのは、摂関政治を行っていた藤原氏である。道長の時代には全盛を極めた藤原氏だったが、やがて時代の主役は武士たちへと移っていく。

その過程で重要だったのは、「財布の紐」が、中央政府から各地の受領たちへ移っていたことであろう。それぞれの国で絶大な力を有するようになった受領たちの中には、帰京せずに土着化していく者もいた。彼らの一部はやがて自衛のために武装化し、地元の富豪層を従えて武士団を形成した。その中から、平氏や源氏などが登場するのである。

江戸時代には独自の複式簿記が存在していた

鎌倉・室町時代には、幕府によって守護・地頭が各地に設置され、彼らがその土地の徴税を請け負うようになったものの、中央と地方の関係は受領制とほとんど変わらなかった。そして、その中から力をつけた者が大名となり、やがて戦国時代が始まるのである。

その後、日本の帳簿に革命が起きるのは、江戸時代になってからだ。江戸時代には、日本三大商人と呼ばれる伊勢商人、近江商人、大阪（大坂）商人の間で、独自の複式簿記が使われるようになった。

もちろん、それは西洋の正式な複式簿記とは異なり、筆による縦書きで、ゼロがなかった（十進法ではあるものの、算盤での計算においてゼロは「飛んで」と読み上げられるため、帳簿にも記載されなかった）が、損益計算書や貸借対照表にあたるものが存在しており、また一部には減価償却の概念も取り入れられるなど、西洋式のものと比べても機能的に遜色のない帳簿であった。江戸時代の商人たちは、この「日本流複式簿記」と算盤を手に、世界の中でも非常に高水準の帳簿をつけていたのである。

この時代、彼らが複式簿記を生み出すことができたのは、急速な経済発展という背景があってこそだった。その中心になったのは大阪である。当時の大阪には、各藩が年貢米や特産物を販売するために設置した蔵屋敷が置かれており、全国からあらゆる物資が集まっていた。また、堂島の米市場では世界初の先物取引（未来の売買について、前もって価格や数量を約束する取引）も行われており、大阪は「天下の台所」として、日本経済・商業の拠点となっていたのである。

一方で、この時代の経済発展は、江戸の大量の消費者によっても支えられていた。一八世紀の初めには、江戸の人口は一〇〇万人を超えていたと考えられており、これは当時のパリやロンドンをも上回る、世界最大級の大都市だったのだ。また、当時は江戸を中心とした東日本では金貨が、そして大阪を中心とした西日本では銀貨が主に使われていたため、その両替を行う両替屋も誕生した。このように、流通や金融が高度に発展していく中で、日本においても複式簿記が生まれたのである。

その会計技術は、それぞれの商人たちの間で、江戸時代を通じて大切に扱われていた。伊勢商人の系譜にあたる三井家では、組織的な帳簿の教育が行われていたこともわかっている。毎年秋になると、閉店後に若い店員を集めて、先輩社員が読み書き算盤などの講義を行うことで、帳簿の技術は脈々と受け継がれていったという。この伝統を守りながら、三井家は両替商としても活躍し、幕府御用商人となって力をつけていった。

やがて江戸幕府が倒れ、時代は明治へ移る。明治維新の最中、あらゆるものが西洋化していく中で、ヨーロッパで生まれた本格的な複式簿記も、日本に持ち込まれることになった。渋沢栄一が中心となって設立された国立銀行では、イギリスの銀行家、アラン・シャンドの教えのもと複式簿記が導入され、また、森有礼《ありのり》が創設した商法講習所（一橋大学の前身）でも、アメリカの簿記教師ウィリアム・ホイットニーによる複式簿記の講義が行われた。さらに、福沢諭吉も一八七三年に西洋式簿記書を翻訳した『帳合之法』を出版するなどし、その後全国に洋式の複式簿記が広がっていった。とはいえ、もともと西洋の複式簿記と近い帳簿を使用していたこともあり、日本の明治期における簿記の移行は何ら混乱もなく、非常にスムーズに行われた。

時代が変わっても、帳簿の力を身につけていた商人たちの影響力は衰えることがなかった。列強に追い付くため、「富国強兵」のスローガンを掲げた明治政府は、江戸時代から大きな資産を有していた商人の力に目をつけたのだ。先に挙げた三井家は政商として、政府・官僚と強い繋がりをもつようになり、西南戦争後には、財政難に陥った政府から官営工場の払い下げを受ける。世界遺産に登録された富岡製糸場は、その一例である。こうした工場が、日本の殖産興業、産業革命をリードしていく。

その後三井家は、三井銀行、三井物産などを立ち上げ、政府との太いパイプを維持しながら多角化する。そして財閥を形成した三井家は、当時の二大政党のうち、立憲政友会に多くの人と金を送り込んだ（もう一方の立憲民政党では、三菱財閥がその役割を担った）。

このように日本史においても、帳簿は歴史を動かす主役であったのだ。

（本付録の執筆にあたっては、速水融・慶應義塾大学名誉教授、山口英男・東京大学教授、由井常彦・明治大学名誉教授の三氏にご協力いただいた）

解説　この十年でいちばん好きな本

山田真哉

「会計」という視点を軸にして、歴史の裏側を紐解いてみせたのが、本書『帳簿の世界史』です。その面白さは何と言っても、会計が歴史を動かすダイナミズムにあります。会計はそもそも経済に影響を与えるものですが、本書で語られるのは、会計が政治や文化に影響を与え、さらには歴史までをも動かしてきたという驚愕の事実です。

本書に登場するのは、コジモ・デ・メディチ、コルベール、ネッケルといった、学校で教えられる「世界史」では、決して主役とは言えない人物たちです。名前に聞き覚えがあったとしても、「何をやった人？」と聞かれたら、すぐには答えが出ないのではないでしょうか。たとえばその一人、ネッケルを『角川世界史辞典』（私のお気に入りの辞典です）で引いてみると、次のように書いてあります。

フランスの銀行家。ジュネーヴ生まれ。経済的手腕を買われ、ルイ16世治下で2度にわたり財務総監となり、国庫の再建にあたった。特権層と対決する姿勢に欠けたが、民衆の期待は大きく、1789年7月の彼の罷免が、バスティーユ牢獄襲撃のきっかけとなった。

うんうん、なるほど……と、世界史好きな私も、今まではこの説明で納得し、何ら疑問を持つことはありませんでした。しかし、何気なく書かれている「国庫の再建にあたった」という一言――この裏にこそ、世界史を変える劇的なドラマが潜んでいたのです。

本書の第9章がそれに当たります。一七七七年、ネッケルはルイ一六世に請われて、莫大な負債を抱えたフランスの財務長官に就任しました。厳格な監査を通して、国家の帳簿を精緻化していったネッケル。彼はやがて国庫再建の一環として、「神秘のベール」に包まれていた国家財政を全国民に公開します。この『会計報告』は民衆に大きなショックを与えました。宮廷重視の、あまりにも偏った予算配分だったからです。これに民衆は怒りを爆発させ、それがやがてフランス革命へとつながっていきます。そしてルイ一六世は断頭台の露と消え、絶対王政の時代は幕を閉じることになったのです――。

私は会計士・税理士として、普段から「帳簿」に向き合っています。今の時代、「会計」「決算」というのはあって当然のもので、世界経済はそれなくして成り立たないと言っても過言ではありません。しかし本書で描かれるのは、その存在が当たり前ではなかった時代に奮闘した会計人たちの姿です。そして、当たり前でなかったものが当たり前になる時代の境目では、まさに「その時歴史が動いた」とでも言うべき、数多くのドラマが生まれていたのです。

たとえば本書の冒頭に登場する、ルイ一四世の下で財務総監を務めたコルベール。彼は王国の決算を王がいつでも見られるように、ポケットに入るサイズの小型帳簿を作成しました。そしてルイ一四世は収入・支出・資産が記入されたその帳簿を年に二回、コルベールから受け取り、実際に持ち歩いていたのです。コルベールは、国の繁栄のためには国王自らが監査責任者にならなければならないと考え、会計を「国家運営」の技術へと作り変えました。コルベールによる会計革命の結果、ひっ迫していたフランスの財政は劇的に改善、ルイ一四世は世界最大の富豪となり、「朕は国家なり」と豪語するに至ったのです。

メディチ家を繁栄に導いたコジモ・デ・メディチもまた、私たちに監査の重要性を教えてくれます。メディチ家といえば、銀行業で大成功した一族ですが、銀行の支店はヨーロッパ中に展開されていました。それらをまとめあげるためには、どう考えても高度な会計、簿記の技術が必要になってきます。メディチ家はこれをどうしていたか。第3章にある通り、コジモ自らが監査を行っていたのです。

本書では、「監査」が一つのキーワードになっています。監査とは、帳簿が適正につけられているかどうかを、第三者が確認することです。本当に面倒な、時間のかかる作業ですが、会計士が監査をする場合、自分の専門ではない分野の数字も見ることになるので、感覚的に「正しい／正しくない」という判断ができません。そのため、目の前の数字から実際の業務を想像しながら、膨大な項目を一つひとつチェックしていくことになります。

そこで間違いを見つけたら経理担当者は修正をするわけですが、この修正がまた、煩雑な手続きを要します。というのも、帳簿上のそれぞれの数字は他の数字と密接にリンクしているので、どこかを修正すると、それが影響を与える範囲すべてを修正しなければならないのです。この修正の作業に、実に多くの時間を費やします。間違った帳簿ほど面倒なものはないのです。古今東西、人間は皆なんだかんだミスをするもの。特に、会計のプロでない人が作った帳簿には、だいたい間違いが潜んでいます。そう考えると、各国に散らばるいくつもの支店の監査を行っていたコジモ・デ・メディチの作業量は、気が遠くなるようなものだったことでしょう。その苦労は、察するに余りあります。しかし、その努力によってこそ、メディチ家は一時代を築くことができたのです。

メディチ家やフランスをはじめ、オランダ、イギリス、アメリカなど、本書には会計の徹底化によって富み栄え、力をつけた組織や国がいくつも登場します。組織や国が繁栄するためには、帳簿が文化としてきちんと根付いていることが大事なのです。

それは、今の時代でも変わりません。私はよく、「会計とは人をクールダウンさせるツールだ」と言っています。企業経営においても、帳簿を顧みることのない経営者は、しばしば無計画な新規展開を始めたり、気に入った人材を手当たり次第雇用したりして、自社をダメにしてしまいます。一方で、帳簿を片手に持つ経営者は冷静な判断を下すことができ、無謀な経営とは距離を置くことができます。

しかし、この「帳簿の力」は、いつの時代も軽視されがちです。たとえばメディチ家は、コジモの息子の代になると会計を疎んじるようになり、わずか三世代で没落してしまいました。小型帳簿を持ち歩いていたルイ一四世も、自分の失敗をも白日の下にさらしてしまう帳簿をやがて遠ざけるようになり、散財の果てにフランスを破綻させてしまいました。会計は味方にすれば心強い存在ですが、一旦敵に回してしまうとあっという間に組織を崩壊させてしまう怖い存在でもあるのです。

日本でも、たとえば粉飾決算が問題になったオリンパスや東芝、最近では格安旅行会社のてるみくらぶなど、「会計の嘘」によって信用を失ったり、社会的な問題に発展したりするケースは後を絶ちません。それに対し、メディアや株主は徹底的な情報開示を求めて争います。本書を読んで驚いたのは、そうした対立は歴史上、何百年も前から繰り返されていたという事実です。古くはオランダの東インド会社においても、株主たちは帳簿の情報開示を強く求めていました。会計の透明性を求める戦いは、一進一退を重ねながら、今もなお続いているのです。

「権力とは財布を握っていることである」というアレクサンダー・ハミルトンの言葉からもわかる通り、歴史上、帳簿は権力の源泉になってきました。今でも、決算書の数字によって企業の株価が上下し、社長の進退までも決まります。しかし、権力の源泉であるがゆえに、帳簿は不正とセットの存在でもありました。

かつて帳簿（すなわち権力）は不正だらけでした。その作成はすべて密室で行われ、決して公開されることはなかったのです。しかし、イタリアで、オランダで、フランスで、イギリスで、そしてアメリカで、会計士たちを中心に多くの人々が時には激論を交わし、時には血を流すことで、帳簿は徐々に透明性を獲得してきました。

今、私たちが当たり前のように使っている「会計」「決算」というものの裏には、そうした熱い物語があったのです。歴史とは権力の変遷です。そして、権力の源泉が帳簿だとすれば、帳簿こそが歴史の主役だったとも言えるでしょう。つまり本書は、そうした視点から世界史を捉え直した非常に優れた歴史書であります。私にとってはこの十年でいちばん好きな本、大切な一冊です。

最後に、ちょっと余談を。本書で描かれている「帳簿の歴史」には、まだ続きがあります。つまり、「帳簿の未来」です。それに関して、いま会計業界でもっともホットなテーマになっているのが仮想通貨です。

仮想通貨は、ブロックチェーンという技術によって成り立っています。本稿で詳述するには紙幅が足りませんが、会計士目線でざっくり説明すると、仮想通貨とは、ブロックチェーンによって「帳簿が乗っかっている貨幣」なのです。

これまでは、貨幣と帳簿は物理的に別々のものでした。そのために人々は記帳や簿記の技術をもって貨幣を管理してきました。しかし別々であるが故に、帳簿の方を改竄してしまえば、実際の有高とは異なっていても不正ができてしまいました。ところがブロックチェーンによって成立している仮想通貨は、いうなれば通貨＝帳簿であり、これができないのです。

仮想通貨は帳簿と結びついており、手元にある仮想通貨がこれまでどういうやり取りを経て自分の元に入ってきたのか、という経緯がすべて記入されています。そして、この帳簿は公開されており、全世界の人によって管理・監視されています。もし帳簿を書き換えよう（改竄しよう）と思ったら、仮想通貨のネットワークに繋がっている世界中のコンピュータを同時にハッキングし、瞬時に書き換える必要があるのですが、そうした能力を持つコンピュータは理論上存在しません。それゆえ、仮想通貨の改竄は事実上不可能と言われているのです。

二〇一八年一月には、コインチェック社の仮想通貨不正流出事件がありました。しかしこの事件でも、流出した仮想通貨の行方は、公開されている帳簿にすべて記録され続けており、その流れを追うことができています。そのため、犯人は奪い取った仮想通貨を簡単には使うことができません（それをドルやユーロなど、現実の通貨に換金しようとすればすぐに特定されてしまいます）。

仮想通貨は、帳簿の数字を書き換えたり、隠したりすることが極めて難しいお金です。これは、不正と戦い続けてきた「帳簿の歴史」にとっては、大きな転換点だと言えるでしょう。先人たちが作り上げてきた「帳簿の歴史」は、遂に「帳簿＝貨幣」となったことで、新たな時代を迎えようとしているのです。

（公認会計士・税理士）

著者

ジェイコブ・ソール　Jacob Soll

1968年ウィスコンシン州マディソン生まれ。南カリフォルニア大学教授。歴史学と会計学を専門とし、これまでの政治歴史学者たちが見落としてきた重要な要素に注目して、近代政治や近代国家の起源を探る研究を行う。

ルイ一四世の財務総監であるコルベールが近代国家を建設するためにどのような改革を行ったかをまとめた『The Information Master』を執筆した際、ルイ一四世が年に二回、自分の収入・支出・資産が記入された帳簿を受け取っていながらも、やがてその習慣を打ち切り、フランスを破綻させてしまったという事実を知り、「帳簿の世界史」の研究を始める。その他の著作に、マキャベリの『君主論』が編集者や出版社によってどのように改変されてきたかを研究した『Publishing the Prince』がある。ニューヨーク・タイムズや、政治雑誌「ニュー・リパブリック」にも連載を持つ。

訳者

村井章子（むらい・あきこ）

翻訳家。上智大学文学部卒業。おもな訳書に『トマ・ピケティの新・資本論』（トマ・ピケティ、日経BP社）、『「イスラム国」はよみがえる』（ロレッタ・ナポリオーニ、文春文庫）、『LEAN IN（リーン・イン）　女性、仕事、リーダーへの意欲』（シェリル・サンドバーグ、日本経済新聞出版社）など。

デザイン

永井翔（ながい・しょう）

単行本　2015年4月　文藝春秋刊

THE RECKONING:
FINANCIAL ACCOUNTABILITY and the RISE and FALL of NATIONS
by Jacob Soll

First published in the United States by Basic Books,
a member of Perseus Books Group
Japanese translation rights arranged
with Perseus Books, Inc., Boston, Massachusetts
through Tuttle-Mori Agency, Inc., Tokyo

原著はペルシウス・ブックス・グループのベーシック・ブックスより刊行された。日本語版権はペルシウス・ブックス（マサチューセッツ州ボストン）との契約で、タトル・モリ エイジェンシー（東京）の仲介により文藝春秋が取得した。

文春文庫

帳《ちょう》簿《ぼ》の世《せ》界《かい》史《し》

定価はカバーに表示してあります

2018年4月10日　第1刷
2023年5月30日　第10刷

著　者　ジェイコブ・ソール
訳　者　村《むら》井《い》章《あき》子《こ》
発行者　大沼貴之
発行所　株式会社　文藝春秋

東京都千代田区紀尾井町 3-23　〒102-8008
TEL　03・3265・1211㈹
文藝春秋ホームページ　http://www.bunshun.co.jp

落丁、乱丁本は、お手数ですが小社製作部宛お送り下さい。送料小社負担でお取替致します。

印刷製本・大日本印刷

Printed in Japan
ISBN978-4-16-791060-0